바나나쌤의 ①
한 번
배우면
평생
써먹는
1달
완성
영문법

한 번 배우면 평생 써먹는
바나나쌤의 1달 완성 영문법 1

2022년 3월 9일 초판 1쇄 | 2023년 12월 19일 8쇄 발행

지은이 아티엔바나나(르네)
펴낸이 박시형, 최세현

마케팅 권금숙, 양근모, 양봉호   **온라인홍보팀** 신하은, 현나래, 최혜빈
디지털콘텐츠 김명래, 최은정, 김혜정   **해외기획** 우정민, 배혜림
경영지원 홍성택, 강신우   **제작** 이진영
펴낸곳 (주)쌤앤파커스   **출판신고** 2006년 9월 25일 제406-2006-000210호
주소 서울시 마포구 월드컵북로 396 누리꿈스퀘어 비즈니스타워 18층
전화 02-6712-9800   **팩스** 02-6712-9810   **이메일** info@smpk.kr

© 아티엔바나나(르네) (저작권자와 맺은 특약에 따라 검인을 생략합니다)
ISBN 979-11-6534-478-8 (13740)

쌤앤파커스(Sam&Parkers)는 독자 여러분의 책에 관한 아이디어와 원고 투고를 설레는 마음으로 기다
리고 있습니다. 책으로 엮기를 원하는 아이디어가 있으신 분은 이메일 book@smpk.kr로 간단한 개
요와 취지, 연락처 등을 보내주세요. 머뭇거리지 말고 문을 두드리세요. 길이 열립니다.

바나나쌤의 ①

한 번
배우면
평생
써먹는

1달
완성
영문법

쌤앤
파커스

★ 바나나 선생님의 미니 프롤로그 ★

안녕하세요! 1달 동안 여러분이 몰랐던 쉽고 재미있는 영문법의 세계로 안내할 바나나예요. 그동안 영문법이 지루해서, 이해가 안 가서 도중에 포기한 친구들이 많죠? 저 또한 그런 경험이 있기 때문에 누구보다 쉽게! 친절하게! 재미있게! 자세하게! 영문법을 알려주려고 2년에 걸쳐 이 책을 썼어요.

사실 저도 처음부터 영어를 잘했던 건 아니에요. 세상에서 영어를 제일 싫어하던 '영포자'가 바로 저였답니다. 그러다가 사소한 계기로 영어를 정말 잘하고 싶어졌고, 그때부터 독하게 영문법을 독학했어요. 그 이후에는 어렵게 배운 걸 써먹고 싶어서 고등학생이던 17살 때부터 친구들에게 영어를 가르치기 시작했죠. 이후에는 학원 강사로 활동하며 수많은 학생을 가르쳤는데, 그게 입소문이 나서 대치동 대형 영어 학원에서 스카우트 제의를 받기도 했어요.

하지만 저는 영어에 대한 갈망과 외국 생활에 대한 호기심으로 다시 외국으로 훌쩍 날아갔어요. 그렇게 캐나다, 호주, 미국에서 살며 영어를 더 깊게 공부했고, 나중에는 호주에 학원을 차리고 영어를 가르치기도 했죠. 그리고 깨달았어요. 영어를 가르치는 일이야말로 제 천직임을요! 제게 영어를 배운 모든 학생이 단기간에 영어 실력이 빠르게 향상됐고, 그 덕분에 시험에 합격하고 이민 생활에 잘 적응하는 모습을 보는 게 너무너무 뿌듯했거든요. 이 모든 것이 바로 영문법을 익힌 후에 저에게 생긴 변화이며 영어가 제 인생에서 일구어낸 기적이에요.

저 또한 다른 과목을 열심히 해도 영어만은 포기해버리는 영포자였기 때문에 여러분이 영어를 공부할 때 얼마나 막막한지, 어디에서 막히는지, 어느 지점에서 포기하는지 잘 알고 있어요. 일단 막막하다고 생각되면 다른 영어 공부법을 찾을 시간에 지금 당장 영문법부터 시작하세요. 영어 공부 중에 앉아서 하는 공부는 영문법이 처음이자 마지막이에요. 이번 기회에 영문법으로 영어의 기초만 잘 다져놔도 여러분의 인생에서 가장 잘한 일 중에 하나로 손꼽을 수 있을 거라 자신합니다. 왜냐하면 저도 그랬으니까요! 영어 하나로 앞으로 다양한 기회를 내 손으로 만들 수 있고 인생이 바뀔 수도 있어요.

이제부터 저와 함께 공부할 영문법은 여러분의 영어 인생의 '치트키'가 될 거예요. 제가 여러분의 죽은 영어는 살리고, 잠자고 있는 영어는 정신이 번쩍 나게 깨워줄 거거든요. 영문법이 지루해서 진도 나가기가 어려웠던 학생, 각종 시험을 앞두고 영문법 총정리가 필요한 친구들, 영어를 손에서 놓은 지 오래지만 다시 도전하고 싶은 분들 모두 환영합니다. 1달 동안 저와 함께 열심히 공부하면서 영어 실력과 자신감, 두 마리 토끼를 모두 잡아봐요. 그럼 한 번 배우면 평생 써먹을 수 있는 영문법, 지금부터 만나볼까요?

* 조금 더 자세하고 재미난 바나나쌤의 이야기는 DAY 0 프롤로그에서 만나요!

★ 짬뽕의 자기소개 ★

하이~! 여러분과 함께 바나나 선생님에게 영어를 배울 짬뽕이에요. 학교와 학원에서 영어를 10년 넘게 배웠지만, 여전히 제 머릿속에서는 영어가 뒤죽박죽 섞인 짬뽕 같아서 영어계의 짬뽕이라 불린답니다.

사실 저는 대학생이 된 지금까지도 영어가 뭔지 잘 모르겠어요. 단어는 아는데 해석은 못 하겠고, 문장에 that이나 which가 왜 들어가는지 도무지 이해가 안 되거든요. 여러분도 그렇지 않나요? 그래서 이번에야말로 확실하게! 정말 확실하게 영문법을 마스터하겠디고 결심했어요. 그러니 아리송한 부분이 있다면 여러분을 대신해서 제가 마구마구 질문할게요. 영어 왕초보라고 놀리면 안 돼요! 그럼 1달 동안 같이 열심히 해봐요!

지금 당장, 영문법을 공부해야 하는 이유!

 쌤, 왜 영문법을 공부해야 하나요?

영문법을 배우지 않고 영어를 잘하고 싶어 하는 것은 마치 생물학을 배우지 않고 곧바로 의사가 되고 싶어 하는 경우와 같아요. 기본적인 몸의 구조조차 파악하지 않은 의사가 수술은 물론이거니와 다른 무엇 하나 제대로 진행할 수 있을까요?

영어도 마찬가지예요. 영어의 체계와 구조를 배우지 않은 상태에서 섀도잉 등의 단편적인 방식으로 영어를 공부한다면, 연습한 내용을 외우고 베껴 쓸 수는 있어도 스스로 문장을 만들기는 어렵습니다. 결국 섀도잉으로 훈련하다가도 문법 공부가 필요한 순간이 반드시 오는데, 이는 영어 공부에도 순서가 있기 때문이에요. 의사가 되려면 '기초학문(생물학/화학/병리학)-임상 과목(치료법/진단법)-실습'순으로 공부하는 순서가 정해져 있듯이, 영어 또한 문법 공부로 기초를 이해한 뒤에 독해와 작문, 듣기 공부를 하고 원어민과 함께 대화하는 실전 스피킹에 뛰어드는 게 정석입니다. 영어 공부의 순서는 많은 곳에서 다양하게 제시되어왔지만, 우리처럼 외국어로 영어를 배울 때는 언제나 기초부터 정도(正道)를 따라 공부하는 것이 가장 효과적인 방법이라고 저는 믿고 있어요. 물론 제가 학생들을 가르치면서 직접 검증한 방법이기도 하고요.

그런데 영어를 잘하는 사람들이 섀도잉이나 미드로 공부하던데요?

물론 어떤 방법으로든 영어를 열심히 공부하면 실력이 늘죠. 하지만! 영어 실력을 가장 빠르게 쌓는 지름길이 있는데, 굳이 먼 길로 빙빙 돌아갈 필요가 있을까요? 섀도잉이나 미드 영어 공부법은 영어의 기초가 없는 학생들에게 너무 큰 노력과 시간을 요구하거든요. 문장이 어떻게 이루어지는지도 모르는 채 그저 문장을 달달 외우고 따라 하다 보면 결국 '영어＝암기과목'이 되기 쉽습니다. 이런 영어 공부법도 우선은 영문법을 배우고 기초를 쌓은 후에 시도해야 가장 효율적이에요. "아는 만큼 보인다"라는 말이 있듯이, 영어의 뼈대를 알고 나면 그 어떤 공부법으로 영어를 공부하더라도 내용을 훨씬 빠르고 쉽게 이해할 수 있습니다. 영문법을 한번 배워두면 여기저기에 써먹고 활용하면서 평생 안고 갈 수 있답니다.

그런데 영문법… 너무 지루해요. 어떻게 공부해야 하나요?

이미 이야기했듯이 영어 공부는 '문법-독해와 작문-듣기-말하기'순으로 하는 것이 최선의 방법이에요. 이대로 잘 따라가려면 문법 공부로 기초를 다지는 게 중요하겠죠? 하지만 그동안 문법 공부를 시도한 친구들은 지루한 설명과 방대한 공부 분량, 이해되지 않는 설명들 때문에 중간에 포기한 적이 많았을 거예요. 그래서 저는 영문법을 쉽게 이해하고 재미있게 공부할 수 있다는 취지 아래, 그 누구보다 쉽게 설명하려고 노력했어요. 그래도 문법이다 보니 공부 분량이 꽤 많을 테지만, 최대한 친절하고 자세하게 풀이했으니 생각보다 어렵지 않을 거랍니다. 저 바나나쌤과 짬뽕 학생 사이에 오가는 '티키타카' 대화로 공부하다 보면 친한 친구와 함께 맘에 드는 선생님에게 과외를 받듯이 즐겁게 공부할 수 있어요.

그리고 영문법을 처음 공부할 때는 모든 내용을 완벽하게 이해하려 하지 말고 가볍게 보고 넘어가세요. 어느 정도 문법 틀을 이해하고 나면 다시 한번 쭉 되짚어가며 공부하세요. 그러다 보면 내가 이해하지 못하거나 부족한 부분이 무엇인지를 깨닫게 뇌면서 문법의 기초가 탄탄하게 쌓일 거예요.

바나나쌤의 영어 공부 순서가 따로 있나요?

제가 직접 공부해보고 가르치며 찾은 영문법 공부 순서를 잘 따라오면, 1달 만에 영어로 글을 읽는 게 가능해져요. 이것이 불가능했던 친구는 제 강사 인생 10년간 단 한 명도 없었으니 여러분도 할 수 있습니다! 물론 개인의 역량이나 쏟는 에너지, 시간에 따라 학생들 사이에서도 실력과 수준 차이는 있었어요. 하지만 분명한 건 '영어로 읽기 / 영어로 문장 구성하기'는 누구나 단기간에 쉽게 배울 수 있다는 거예요. 공부의 순서는 이러해요.

[이 책의 공부 순서]

1 뼈대	11 12시제	21 수동태
2 5형식	12 조동사	22 후치수식
3 문장	13 동명사	23 관계대명사
4 명사	14 to부정사	24 관계부사
5 대명사	15 분사	25 분사구문
6 동사	16 1형식	26 가정법
7 형용사	17 2형식	27 비교구문
8 부사	18 3형식	28 특수구문
9 전치사	19 4형식	29 첫 독해
10 접속사	20 5형식	30 첫 영작 & 영어 대화

단어로만 적으니 딱딱해 보이죠? 하지만 이 책의 장점은 쉽고 재밌다는 거잖아요?

1. 쉽고 친절한 설명 덕분에 아리송했던 영문법, 속 시원하게 이해!
2. 바나나쌤과 짬뽕의 '핑퐁 대화 수업'이 재밌어서 머리에 쏙쏙!
3. 오늘 배운 내용을 '복습노트'와 '오늘의 퀴즈'로 재점검!
4. 돌고 돌던 영어 공부의 재미와 실력을 찾아주며 소중한 내 시간 절약!

저와 함께 공부해서 영어로 글을 읽고 문장을 만드는 게 가능해지면, 그때부터는 학교에서 중요시하던 자잘한 부분을 공부하거나 다양한 공부법을 활용하면 됩니다. 특히 학생들이 과도하게 신경 쓰는 관사, 수일치 등은 초기 영어 공부에는 그리 중요하지 않아요. 오히려 간단하게 글을 읽고 쓰는 수준이 된 이후에 추가로 공부하면 훨씬 효과적으로 쉽게 익힐 수 있다는 걸 기억해주세요.

자, 지금부터 수많은 학생들에게 수능, 토익 등의 영어 시험 점수 향상, 영주권 취득, 원어민과의 대화, 영미 소설 읽기 등을 가능하게 했던 바나나쌤만의 방법으로 영어 공부를 시작해볼까요?

Let's get started!
시작할까요?

이 책은 이렇게 공부하세요!

1
1단계.
쉽고 재미있게 영문법 공부!

펜을 들고 바나나쌤과 영어 왕초보 짬뽕의 수업에 함께 참여해요. 중요하게 익혀야 할 형식이나 단어, 문장 구조 등은 박스와 컬러, 각종 표 등으로 세세하게 체크하고 친절하게 설명했으니 이해하기 쉬울 거예요.

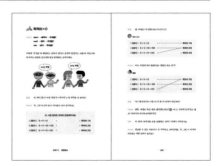

2
2단계.
복습노트로 중요한 것만 요점 정리!

오늘 배운 내용 중에 꼭 기억해야 할 부분을 보기 좋게 정리한 복습노트예요. 수업이 끝나고 복습노트를 보면서 다시 한번 익히면 머릿속에 차곡차곡 정리되어 잘 까먹지 않는답니다.

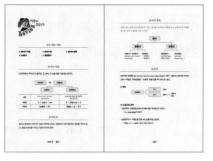

3
3단계.
오늘의 퀴즈로 내 실력 점검!

오늘 배운 내용의 핵심이 고스란히 담긴 퀴즈로 공부한 내용을 제대로 이해했는지 확인해보세요. 퀴즈를 직접 푼 다음, 책 뒤편에 수록된 정답과 맞춰보고 나에게 부족한 부분을 확인하면 오늘 공부 끝!

목차

 DAY 0

**프롤로그:
영포자 바나나,
독학으로
영어 선생님이
되다!**

 DAY 1

**영어는
한국어와
뼈대부터
다른 태생!**

 DAY 2

**영어 문장,
알고 보니
형태가 달랑
5개?**

DAY 3

태초에 4명의 멤버가 문장을 만들었나니!

DAY 4

영어 문장을 이루는 주연급 문법요소, 명사!

DAY 5

영어 문장을 이루는 주연급 문법요소, 대명사!

Well begun is half done.
시작만 해도 반은 성공!

DAY 10

영어 문장을 이루는 조연급 문법요소, 접속사!

DAY 11

시제, 그림 한 장으로 싹 정리!

DAY 12

동사의 매니저, 조동사

DAY 13

**준동사:
동사인 듯 동사 아닌
동사 같은 명사,
동명사!**

DAY 14

**준동사:
노래하고 춤추고
연기하는
만능 엔터테이너,
to부정사!**

DAY 15

**준동사:
PP냐 V-ing냐,
그것이 문제로다,
분사!**

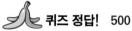

I believe you
could make it!
여러분은 해낼 수 있어요!

DAY 0

프롤로그:

영포자 바나나,
독학으로
영어 선생님이 되다!

이 챕터는 바나나 선생님의 영어 공부 인생을 담은
긴 버전의 프롤로그예요. 강한 동기부여를 받고 싶으신 분은
이 챕터를 읽고 "나도 할 수 있다"라는 자신감을 얻으세요.
바로 영문법 공부를 시작하고 싶나면 UAY 1부터 공부하고
동기부여가 필요할 때 이 챕터를 보세요!

오늘 수업과
관련된 영상은
← 여기!

영어 선생 10년 차, 영어 공부엔 비법이 없다고 하는 사람들에게 저는 이렇게 대답합니다.

왜 영문법을 배워야 하냐고요?

여러분은 유튜브나 수많은 영어책에서 '영어 표현'이나 '패턴 영어'를 보며 공부한 적이 있을 거예요. 또 무조건 단어를 외우거나 맘에 드는 동영상의 영어 문장을 통째로 외우기도 했을 테고요. 무엇이든 영어와 관련된 공부를 하면 영어 실력은 향상되기 마련입니다. 하지만! 이런 영어 공부법은 멀리 돌아가는 방법이에요. 영어 실력을 단기간에 빠르게 올리기 위해서는 무조건 뭘 해야 할까요? 바로 문법 공부입니다. ☺

아마 많은 분이 제가 문법 이야기를 꺼내자마자 이미 마음의 문을 닫았을지도 모르겠네요. 아무래도 문법 공부는 지루한 편이니까요. ☹ 하지만 영어는 물론 다른 언어를 공부할 때도 언제나 핵심은 '문법'에 있어요. 문법이란 언어의 '규칙'이니까요. 영어 패턴을 공부할 때는 언어 규칙 중의 일부를 띄엄띄엄 배우게 되고, 문장을 통째로 외울 때는 외우는 과정에서 언어 규칙을 습득합니다. 결국 어떤 영어 공부법이든 언어 규칙을 배운다는 교집합이 생기는 거죠.

하지만 이러한 공부들은 언어 규칙에 초점을 맞춘 '문법' 자체를 공부하고 나서 하는 게 훨씬 효율적이라고 말씀드리고 싶어요. 이건 마치 속옷(문법)을 입고 나서 옷(패턴/단어 공부)을 입느냐, 아니면 옷을 입고 속옷을 입느냐와 같은 문제랄까요? 여러분은 어느 쪽을 선택할 건가요? 당연히 기본이 되는 속옷을 입고 나서 옷을 입는 게 편하지 않겠어요? ☺ 영어를 공부할 때도 마찬가지입니다. 모든 일에 순서가 있듯이 영어 공부도 문법이 우선이 되어야 해요.

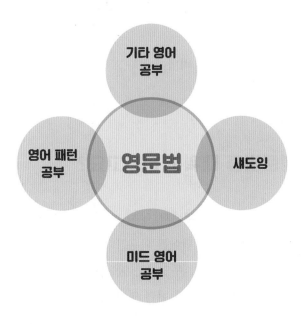

여러분의 영어 실력이 제자리걸음인 데는 과거에 잘못된 방식으로 가르친 학교 수업도 하나의 이유가 될 수 있어요. 문법은 문법 규칙을 배우고 나서 그 규칙을

문장에 실질적으로 적용해서 쓰는 것이 가장 중요한데, 학교에서는 단순히 용어나 규칙을 외우는 것에만 집중했으니까요. 결국 이런 수업은 학생들의 공부 의욕을 사라지게 하기에 충분했죠. 또 문법의 핵심인 규칙 적용법을 제대로 배우지 않고 대충 넘어가는 주객전도의 결과를 낳기도 했습니다.

그래서! 영어를 공부하다 포기하기를 수없이 반복하는 한국인을 위해 제가 조금 다른 방식으로 영문법을 차근차근 알려드리려고 해요. 오늘부터 여러분은 수백 번, 아니 수천 번을 들었지만 단 한 번도 이해하지 못했던 영역인 영문법을 독파하게 될 거예요. 누구랑? 저 바나나랑요! 🙂

🍌 호기심 많은 바나나, 대한민국에서 영포자가 된 이유

저는 타고난 성격이 모범생과는 거리가 먼 사람이었어요. 부모님이 시키는 대로 얌전히 앉아 있는 타입도 아니었고, 머리가 받쳐줘서 공부 잘하는 학생으로 살아본 적도 없죠. 저희 아버지는 영어 선생님이었는데, 제가 이 말을 하면 대부분의 사람들이 "아! 네가 지금 영어를 잘하는 건 모두 아빠 덕이구나!"라고 말했어요. 하지만 아쉽게도 아버지는 천방지축인 제가 공부로 성공할 거라 믿지 않으셨죠. 그래서 오로지 모범생인 언니에게만 정성을 쏟아가며 공부를 시켰습니다. 결과적으로 저는 아버지에게 영어 단어 apple 한마디조차 배운 적이 없답니다. 🙁

그래도 학창 시절에 내신 영어 시험을 치면 1~2등급은 나왔어요. 그렇다고 해서 제가 영어를 잘하는 사람이었을까요? 천만에요! 😮 단지 벼락치기의 좋은 예일 뿐이었죠. 내신 영어를 잘하는 방법이란 오로지 교과서를 몽땅 외우면 되는, 생각보다 단순한 것이었거든요.

선생님이 설명하는 내용은 뜻도 전혀 이해하지 못한 채 외우라는 것만 생각 없이 달달 외웠어요. 무조건 영어 문장에서 단어 순서만 기억했습니다. 왜냐하면 시험 문제로는 늘 "to 뒤에 sing과 singing 중 무엇이 들어가나?" 같은 게 나왔으니까요. 그럼 또 왜 그 단어가 와야 하는지도 모르는 채 그저 외운 대로 "to 뒤에는 동사원형 sing"이라고 기계적인 답을 써냈을 뿐이죠. 그러다가 문득 이런 생각이 들었어요.

'잠깐! 이 문제엔 대체 왜 이런 답이 오는 거지? 이유가 있을 텐데?'

궁금한 걸 참지 못했던 저는 질문을 쏟아내기 시작했습니다.

 선생님, to부정사 뒤에는 왜 항상 동사원형이 와요?

 to부정사니까!

 그러니까 왜요?

 공부 못하는 애들이 꼭 그런 거 묻더라. 그냥 외워. 쓸데없는 질문 하지 말고!

대부분의 선생님들은 제 질문이 쓸데없는 것이니 몰라도 된다고 했고, 답이 돌아오지 않아서 그랬는지 질문은 고학년이 되어 자연스럽게 줄었습니다. 그렇게 영어에 대한 호기심은 두려움으로 변했고, 영어는 저에게 가까이할 수 없는 대상, '정우성' 같은 존재가 되어버렸죠. 멋있지만 저와는 관련이 없달까요. 저는 영어가 꿈꾸지 못할 저 세계의 무엇일 뿐이라고 결론지었습니다. ☹

이해하지 못하는 걸 외우니 영어가 더욱더 싫어지는 건 당연한 일. 영어 공부는 제게 막노동과 같았고 암기 그 이상도 이하도 아니게 되었습니다. 그래도 주변에서는 내신 성적이 어느 정도 나오니 걱정하지 않아도 된다고 했지만… 웬걸요? 고등학교 첫 모의고사에서 영어 점수가 5등급이 나온 거예요. 이것조차 답을 알고 제대로 푼 게 아니라 상상력과 찍기 신공의 점수였어요. 진짜 실력 그대로였다면 아마 7등급 정도였을걸요? 😫

시험 점수조차 이 정도가 되고 나니 영어가 진짜진짜 싫어졌습니다. 수학보다 더 싫었어요. 수학은 공식을 외우면 몇 개는 확실히 알고 풀기라도 하는데, 영어는 제게 모든 것이 감이었거든요. 외운 걸 적용해서 얼추 답을 짐작하곤 했어도, 제대로 이해하고 푼 적은 단 한 번도 없었으니까요. 점수가 잘 나오면 운이 좋았을 뿐이고, 나쁘면 저의 실력이 드러난 거였죠. 저에게 영어란 그만큼 불안한 존재였습니다. 영어 때문에 정시로 대학 가긴 글렀고 내신으로 가야겠다고 생각할 정도로요.

🍌 나도 영어를 잘하고 싶어!

영어가 제 인생 밖으로 점점 밀려났을 때쯤, 성인이 된 언니와 고등학교 1학년인 저는 난생처음 단둘이 싱가포르로 해외여행을 가게 되었어요. 언니는 외고 출신이라 나름 영어에 자신이 있었던 반면, 당연히 저는 언니 없이는 호텔 밖으로 단한 발짝도 못 나가는 신세였죠. 그런데 여행의 리더였던 언니는 혹시라도 돈이 모자랄까 봐 쇼핑은 최대한 지양하고 길거리 음식도 사 먹지 않는 거예요. 해외에서도 모범생티를 팍팍 낸 거죠. 😑 전 언니의 행동이 답답해서 "놀러 왔을 때 즐겨야지 여기서 절약하고 있냐!"라며 반발했고, 우리 자매는 싸우기 시작했습니다. 싸움 끝에 저는 언니에게 제가 쓸 수 있는 돈을 달라고 요구했는데, 언니는 제게 딱 1달러를 주었죠.

그런데 그때의 저는요, 너무 무식해서 1달러가 얼마인지도 몰랐어요. 1달러짜리 지폐가 외국 돈인 데다 비싸 보이니까 10만 원은 될 줄 알았죠. 😊 무식해서 용감했던 저는 달랑 1달러만 들고 무작정 호텔을 나갔습니다. 영어는 "Hi!", "Hello!"밖에 몰랐고 묵는 호텔이 어딘지도 몰랐지만 상관없었어요. 저의 뇌 프로세스는 간단했으니까요. '열 받아?! 그니는 나길 거야!'

철부지에 '막가파'였던 저는 1달러를 들고 혼자 호기롭게 버스를 탔습니다. 환

전도 하지 않은 미국 돈을 내니 버스 기사님은 당황했고, 저는 당당하게 "Sorry. No English!"를 외치며 자리에 앉았죠. 그때 뒷좌석에 있던 한 아저씨가 제 버스비를 대신 내주었고, 그렇게 토니 아저씨를 만났습니다.

아저씨는 제게 5살짜리 아들 제임스를 소개하고 점심을 함께 먹지 않겠냐고 물었습니다. 그래서 싱가포르에서 가장 유명하다는 카야 토스트와 밀크티를 함께 먹었는데, 우와! 전 태어나서 그렇게 맛있는 토스트는 처음 먹어봤어요! 이 친절한 부자는 처음 보는 제게 음식을 대접했을 뿐만 아니라 가볼 만한 곳을 지도에 일일이 체크해주었어요. 토니 아저씨는 중국 악센트가 있는 영어로 계속해서 뭔가를 설명했지만, 저는 "Okay?" 말고는 한 단어도 알아들을 수가 없었습니다. 사실 저는 토니 아저씨에게 얼마나 고마운지, 토스트가 얼마나 맛있는지 말하고 싶어서 입이 간질간질했어요. 그러나 영어 모의고사 5등급이던 저는 아저씨에게 "땡큐! 딜리셔스!" 하며 활짝 웃는 것 외에는 해줄 수 있는 게 없더라고요. 그렇게 고마운 마음을 잘 전하지 못한 채 토니 아저씨와는 굿바이 인사를 하고 헤어졌습니다.

아저씨와 헤어진 뒤 전 또 한참을 혼자 돌아다니다가 가수 '비'의 팬이라는 싱가포르 소녀들을 우연히 만나게 되었어요. 그들은 대화가 되지 않는 저에게 동네

투어를 시켜줬고, 호텔 이름조차 기억하지 못하는 가여운 코리안 걸을 위해 기꺼이 공항에 전화해 제가 묵던 호텔을 알아봐줬습니다. 게다가 숙소까지 데려다주는 호의까지 베풀었고요! 고마운 것도 고마운 것이지만, 저는 이런 호의가 너무 낯설고 놀라워서 충격을 받기까지 했어요. 알지도 못하는 제게, 다시는 돌려받지 못할 친절을, 아무 조건 없이 베풀다니요! 세상은 넓고 좋은 사람은 많았던 것이죠. 전 하루 동안 좋은 사람들을 만난 덕분에 싱가포르를 안전하게 홀로(?) 여행했고, 드디어 소녀들 덕분에 언니를 다시 만나게 되었습니다. 언니가 혹시라도 저를 때리거나 호텔 문을 안 열어줄까 봐 긴장했지만, 웬걸요. 저를 찾아 온종일 시내를 돌아다녔다는 언니는 제 얼굴을 보자마자 눈물 콧물을 터뜨리며 엉엉 울기 시작했습니다.

"이 정신 나간 계집애야! 여기가 어디라고 혼자 나가! 으허어엉!"

한국에 돌아와 사람들에게 여행담을 들려주니 다들 제게 미쳤다고, 다시는 그런 위험한 짓을 하지 말라고 하더라고요. 물론 저도 제 무모함을 잘 알았죠. ☺ 하지만 다음부터는 조심해야겠다고 생각하면서도, 상상하지 못했던 낯선 외국인과의 만남, 새로이 본 세상, 이국적인 풍경… 이 모든 것이 황홀해서 다시 한번 외국에 나가고 싶다는 열망에 휩싸였습니다. 또 당장 토니 아저씨와 소녀들에게 감사 편지를 전하고 싶었지만, 제 영어 실력으로는 이런 감정을 전달할 수 없었죠. 하는 수 없이 영어를 잘하는 언니에게 부탁해서 겨우 짧은 이메일을 작성할 수 있었습니다.

"너희를 만난 건 기적이야. 너무너무 고마워!"

사실 메일에는 싱가포르에서 언니가 제게 얼마나 악독하게 굴었는지와 제가 호텔을 나갈 수밖에 없었던 이유 등을 쓰고 싶었어요. 하지만 언니에게 통역을 부탁했으니 그럴 수가 없었겠죠? 😞 바로 이때부터였어요. 가슴속에서 영어 공부에 대한 절실함이 끓어오르기 시작한 건요. 이런 설렘은 처음이었어요!

'나도 영어로 말할래.
친구들에게 편지도 직접 쓰고 언니에 관해 뒷말도 하고 싶어!
외국 친구들이 하는 말도 바로바로 알아듣고
찰진 농담도 하고 싶어!'

하고 싶은 건 죽어도 해야 하는 성격, 지독한 고집을 가진 제가 드디어 제대로 된 목표를 만난 거예요!

영포자의 영어 공부 칠전팔기

공부하겠다는 의지가 활활 타오르자 제 마음은 이미 미국 캘리포니아의 어딘가에 가 있는 것만 같았어요. 😎 그러나 타오르는 마음과 다르게 현실에서는 영어 공부를 어디서부터 어떻게 시작해야 하는지 막막함이 더 컸어요. 결국 누구나 한 번쯤 해봤을 법한 방법인 인터넷과 책을 뒤지며 '영어 공부 비법'을 수없이 찾아다녔습니다.

그렇게 여러 권의 책을 읽으며 알게 된 것은 '영어 고수들이 얼마나 고생하며 영어를 공부했는지'였을 뿐, 정작 알고 싶었던 구체적인 공부법은 찾을 수가 없었어요. 공부법 책은 '자기계발서'를 읽는 것과 다르지 않았던 것이죠. 그래서 나만의 영어 공부법, 영어 비법을 찾아야겠다고 결심했습니다. 저같이 머리 나쁜 영포자가 어떻게든 영어를 이해할 방법을요! 😵

다시 원점으로 돌아와 영어 공부법 책 대신 영어 정복용 책을 사 모으기 시작했습니다. 〈맨투맨〉, 〈그래머 인 유즈〉, 〈케임브리지〉, 〈EBS 영어강의〉 책이 30권 이상 쌓여갔죠. 그런데 문법, 단어, 독해, 리스닝, 스피킹에 관한 책을 쌓아놓고 보니 눈앞이 깜깜했어요. '달랑 영어 한 과목 공부하자고 이 많은 걸 공부해야 한다고?' 영어란 진정 끔찍한 것이 분명했어요. 하지만 저는 한다면 하는 사람! 정신을 차리고 책을 훑어보니 모든 책에서 공통점 하나를 발견할 수 있었어요. 바로 몇 가지 문법 용어를 반복해서 쓴다는 점이었습니다.

"얘는 명사니까~, 얘는 동명사니까~, 얘는 to부정사니까~"

헐…! 🫠 🙁 영포자였던 저는 이 모든 것이 외계어 같은 기호로 보일 뿐, 무슨 말인지 하나도 알아들을 수 없었어요. 수학을 공부할 때 곱셈, 뺄셈이 뭔지, 루트가 뭔지 알아야 하는 것처럼, 영어에도 기본적인 명사, 부사, 수동태, 분사 등의 문법 용어가 있었던 것이죠. 영어의 기초가 없던 저는 영어를 이해하기 위해 문법 공부를 제일 먼저 시작해야 했습니다.

하아… 😳 그런데 문법 공부는… 정말이지 괴로웠어요. 🫠 문법책은 대부분 품사와 to부정사, 동명사를 가장 먼저 설명하잖아요? 그런데 저는 이게 뭐고 어디에 어떻게 쓰이는지, 이걸 왜 배우는지조차 모르겠더라고요. 이게 내 영어 실력에 도움이 되는 건지 믿을 수도 없었고요. 주변의 영어 고수에게 도움을 청했지만, 별다른 해답이나 소득은 없었어요. 이쯤 되자 내 방식이 맞는지 의심이 들면서 다시 영어를 포기하고 싶은 생각이 들기도 했습니다. 하지만 스스로 이를 악물고, 무슨 말인지 전부 이해하진 못해도 우선 딱 책 한 권만 끝내보자는 각오로 임했죠.

그렇게 난생처음으로 문법책 한 권을 처음부터 끝까지 다 보는 데 성공했어요. 그리 두껍지 않은 책이었지만 꼼꼼히 다 보기까지는 꼬박 한 달이나 걸렸어요. 보는 내내 너무너무 많은 질문이 생겼기 때문이죠.

제가 문법책을 보며 공부한 방식은 이러했어요. 공부하면서 떠오르는 질문을 메모했고, 책에서 답을 못 찾으면 직접 검색하고 공부하며 질문에 대한 답을 하나하나 스스로 찾아갔습니다.

Q1. 아니, to부정사는 대체 왜 쓰는 거야?
Q2. to부정사는 이름이 왜 부정사야? 부정사가 뭐지?
Q3. to부정사는 왜 동명사랑 같이 배우지? 얘들이 무슨 연관성이 있나?
Q4. to부정사의 to는 전치사 to랑 똑같이 생겼는데 어떻게 구분하지?
Q5. 얘들은 영어에서 어느 자리에 쓰이지?

이 질문들에 답하려면 상당히 깊이 공부해야 했기 때문에 혼자 답을 찾고 이해하는 데까지 시간이 꽤 오래 걸리는 게 당연했어요. 그래서 문법책을 볼 때 모든 걸 한 번에 이해하려고 하지 않았어요. 문법책의 수준을 조금씩 높이며 차근차근 공부하려고 노력했죠.

그렇게 문법책을 한 권, 두 권… 열 권, 스무 권을 독파했고, 마침내 궁금했던 것들을 이해할 수 있게 되었어요. 문법요소를 알고 나니 문법이 서로 어떻게 연관되는지, 어떻게 해야 문장을 만들 수 있는지 깨닫게 된 거죠. ☺

그리고 동시에 정말 화가 났어요! 😲 그동안 선생님들에게 쓸데없다고 무시당했던 질문들이 영어를 이해하는 데 가장 기초이자 상식이며 영어 공부의 열쇠였기 때문이죠.

to부정사나 동명사가 왜 그렇게 불리는지를 알고 나니 문법이 자연스레 이해되고 암기도 쉬워졌어요. 그뿐만 아니라 그렇게 배운 문법들을 여기저기에 응용할 수 있었고, 글을 읽는 데도 큰 도움이 되었죠.

영포자가 깨달은 가장 쉽고 빠른 영어 공부법

아래는 영포자였던 제가 영어를 공부하면서 깨달은 점들이에요.

[영포자 바나나가 영어를 공부하며 알게 된 것!]

---

① 영어의 체계와 말의 짜임은 한국어와 굉장히 다르구나! 한국어와 영어의 언어적 차이를 이해하고 한국어와 비교해서 공부하면 훨씬 쉽겠어!

② 영어 체계는 생각보다 굉장히 단순하네! 문장이 크게 5종류라니! 이 체계를 배운 뒤에 다른 문장 구성요소를 어디에 넣는지 순서만 알면 정말 쉽게, 올바른 문법으로 말할 수 있는 거구나!

③ 언어 체계를 이해한 다음, 형식별로 문장 구성요소를 하나하나 짚어가며 공부했더니 독해, 단어, 리스닝, 스피킹 공부 모두 가능하잖아!

이렇게 세 가지 깨달음을 얻고 본격적으로 독해와 단어 공부를 병행했어요. 얼마 전까지만 해도 저세상 외계어 같던 영어 문장들이 이때부터는 사전만 있으면 토씨 하나 틀리지 않고 완벽하게 해석되기 시작했어요. 너무나도 감격스러운 시간이었답니다! 그러다 차차 난이도를 높여 공부하다 보니, 세부적이고 자잘한 문법 공부, 어려운 단어 공부가 필요한 순간이 오는 건 당연했어요. 그래도 영어로 글을 읽는 데는 전혀 문제가 없었습니다. 영어로 된 글을 이해한다는 건 정말이지 소름 돋을 정도로 기분 좋은 일이었죠. ☺

> '세상에! 영어 체계와 문법을 이해하고 나니까 영어로 된 글이 술술 읽히네? 영어로 글을 쓰는 건 어떨까? 아마 엄청 어렵겠지?'

영어를 읽을 줄 알게 되니 점점 욕심이 생겼어요. 그래서 아주 간단한 것부터 원하는 것을 쓰기 시작했고 문장 형식별로 짧고 쉬운 문장을 만들다가 다양한 수식어를 붙이며 문장 길이를 늘려나갔습니다.

이게 가능하다니! 심지어 어렵지 않다니! 문법을 배우고 나니 짧은 문장에 요소를 붙이고 빼며 활용하는 방법을 알게 되었고, 그때부터 영어 실력이 몰라볼 정도로 빠르게 향상되었습니다.

17세, 영어 선생으로 데뷔하다!

"그래! 이 쉬운 영어를 친구들에게 알려줘야 해!"

영어 문법을 깨우친 저는 두근거림과 사명감을 안고 절친들을 불러 모았어요. 저만큼이나 영어를 못해 매일 절박한 심정이던 미술반 친구들에게 제가 깨달은 영어의 비법을 알려주리라 다짐했죠.

> **바나나** 얘들아, 놀라지 마. 이 언니가 이제 영어로 글을 읽고 쓸 줄 안다~!
> **친구들** 야, 너 지난 3월 모의고사 성적이 나보다 낮거든? 장난치나~!
> **바나나** 아니 아니, 진짜라니까! 내가 진짜로 영어 문법을 마스터했어.
>   그랬더니 글이 읽힌다니까?

친구들이 처음엔 시큰둥하게 제 말을 듣는 둥 마는 둥 했지만 몇 번의 강의 후엔 신뢰가 쌓인 것 같았어요. 무슨 말이냐고요? 낄낄대고 놀기에도 부족한 점심시간에 자발적으로 빈 교실에 모여 영어 스터디를 하게 되었거든요. 😊

< 바나나의 영어교실 >

얘들아, 너희 영어랑 한국어의 차이가 뭔 줄 알아? 그게 뭐냐면 말이지~!

이것이 제 인생의 첫 영어 강의였습니다. 처음에는 놀면서 수다나 떨 생각이던 친구들은 언제부터인지 필기까지 하며 수업을 듣기 시작했어요. 게다가 교과서와 영어 교재를 들고 저를 찾아와 질문하는 데까지 이르렀죠. 제 수업 덕분에 저뿐만 아니라 친구들 모두 영어 실력이 2등급 이상 올랐고, 급기야는 제게 돈을 주고 정식으로 과외를 받겠다는 사람들까지 생겼습니다. 그렇게 17세, 저의 영어 강사로서의 역사가 시작된 것이죠.

더 넓은 세계에서 실용적인 영어를 만나다!

이후에 대학에 가서도 해외여행이나 외국 생활에 대한 꿈은 변함이 없었어요. 전공이 영문학이 아니었는데도 늘 제 손에는 영어책이 있었죠. 학교에서 준비하라는 공모전은 뒷전으로 한 채 영어 관련 장학금을 찾아다녔고, 방과 후에는 영어 강사로 활동하며 영어를 숨 쉬듯 제 곁에 두었어요.

친구들이 MT를 가고 동아리 모임을 하며 즐거운 대학 생활의 추억을 쌓을 때, 저는 그렇게 강사 생활과 과외로 차곡차곡 돈을 모았어요. 대학 시절 내내 자발적인 '아싸'로 지내며 외롭고 쓸쓸한 적이 한두 번이 아니었지만, 토니 아저씨와 먹던 가야 토스트, 아무도 나를 모르는 낯선 싱가포르에서 버스를 타고 시내를 구경한 어린 날의 경험이 힘든 시기를 견딜 수 있도록 버팀목이 되어주었어요. 그리고 마침내 저는 혼자 힘으로 캐나다 유학을 떠날 수 있었습니다.

그렇게 떠난 캐나다에서는 통·번역 공부를 해서 통·번역 디플로마와 TESOL 자격증을 취득했어요. 덕분에 한국에 돌아와서는 더 큰 학원에서 수백 명의 학생을 가르칠 기회를 얻을 수 있었죠.

차츰차츰 영어 강사로서 입지를 다지던 어느 날, 대치동의 한 대형 학원에서 연락이 왔어요. 저를 스카우트하고 싶다고요! 처음엔 강의 실력을 인정받았다는 사실에 너무 신이 나서 온 동네에 자랑하고 다녔죠. 하지만 그때 20대 초중반이던 저는 무섭기도 했어요. '여기서 일하며 본격적인 커리어를 시작하면 언제 다시 외국 생활을 해볼 수 있을까? 그런데 아직 내가 봐야 할 세계는 너무 많이 남았는걸!'

저는 그 길로 스카우트 제의를 거절하고 호주로 떠났어요. 물론 주변에선 저더러 미쳤다고 했죠. 하지만 저는 이곳보다 더 넓은 세상과의 만남을 앞두고 있었기에 담담하게 떠날 수 있었습니다.

영어를 잘한다고 해서 호주에서 무조건 신세계가 열렸던 건 아니에요. 저는 미국식 영어를 구사했기 때문에 처음에는 호주식 발음을 전혀 알아들을 수가 없었거든요. 한국에서 꽤 잘나가던 영어 강사로서 엄청난 '현타'를 맞기도 했죠. 😵 하지만 원래 공부는 부딪히면서 하는 거잖아요? 전 호주 친구들과 동고동락하며 새로운 영어 발음과 표현을 흡수하기 시작했어요. 현지 생활을 하며 영어를 배우는 과정은 매우 혹독했지만, 무지막지하게 재밌기도 했답니다. 😊

호주에서는 바리스타, 바텐더, 레스토랑, 매니저 등 평생 제가 해볼 거라곤 상상하지 못했던 새로운 경험을 하며 인생이 더욱 재밌어졌어요. 특히 제가 일한 호텔의 대형 바는 하룻밤에 200명이 넘는 손님이 방문하는 곳이었어요. 1분에 10명이 넘는 손님들이 혀가 꼬부라진 호주식 영어 사투리로 제게 주문을 했는데, 그걸 알아들으려고 애쓰며 일한 시간이 오늘날 영어 듣기 실력에 큰 자산이 되었죠.

하지만 피(?)는 못 속인다고, 영어를 가르치던 생활이 너무 그리웠던 저는 급기야 모아놓은 돈으로 호주에 영어 학원을 차렸습니다. 영어 점수가 간절하게 필요한 학생들에게 이민 영어와 실용 스피킹을 위주로 가르치면서, 저는 '영어를 가르치는 일'이 나를 살아 있게 만드는, 하늘이 내려준 천직이라는 걸 다시 한번 깨닫게 되었습니다.

꿈만 같던 호주 생활을 정리하고 나니 통장에는 1억이 넘는 돈이 모여 있었어요. 이 돈으로 뭘 해야 후회 없는 20대를 보낼 수 있을까 고민한 끝에, 저는 다시 미국에서 새로이 대학을 다니기로 결심했습니다. 한국에서 대학을 다닐 때는 그 흔한 동아리 활동조차 해본 적이 없던 터라 미국 대학에서는 원 없이 공부하고 놀기도 하면서 대학 생활을 즐겨보고 싶었죠.

하지만 제가 미국에서 전공한 Speech Communication and Rhetoric은 외국인 학생이 거의 듣지 않는 수업이었어요. 그래서 대부분의 전공 수업에서 제가 유일한 외국인 학생이었죠. 저는 어떻게 해서든 미국인 친구들에게 뒤처지지 않고 싶었고, 매일매일 도서관에서 밤을 지새우며 지냈습니다.

이렇게 공부도 열심히 했지만 놀기도 열심히 했어요. 속사포처럼 랩을 하듯 수업하는 교수님들과 토론하고, 미국인 룸메이트와 밤새 마카로니앤드치즈를 먹으며 1960년대 미국 영화를 몰아봤던 시간은 20대의 잊지 못할 추억이 되었죠. 미국에서 대학을 다니는 동안, TV나 영화에서 알려주지 않은 미국의 문화와 생활을 몸소 느낄 수 있었고, 그 덕분에 우리에게 진짜 필요한, 살아 있는 현장 영

어 공부는 어떤 것인지 다시 한번 고민하는 시간을 가지기도 했답니다. ☺

영어를 공부하고 만난 새로운 삶

몇 년간 외국에서 살아보며 여행하고, 일하고, 공부하며 영어 내공을 단단하게 쌓고 나니 결국 드는 생각은 딱 한 가지였어요.

'영어 공부는 진짜 '존잼'이야!'

17세, 문법책을 쌓아두고 씨름하던 그날의 제가 없었다면, 50개국 이상을 여행하며 원하던 삶과 꿈을 이룬 오늘날의 바나나는 결코 존재할 수 없었을 거예요. 제 인생은 영어 문법 공부를 시작으로 지금까지 왔다고 해도 과언이 아니에요. 영어가 제게 기회와 꿈을 주었고 제 삶을 바꾸는 동기가 되었습니다.

책상에 앉아서 하는 공부는 문법 공부까지만 하면 돼요. 기본기를 갖추고 나면 놀면서 하는 게 진짜 영어 공부니까요. 제 인생을 바꾼 문법 공부가 여러분의 인생도 180도 바꿀 수 있을 거라고 자신 있게 말할 수 있습니다. 제가 옆에서 도와드릴 테니까요. ☺ 그럼 우리 1달 동안 잘해봐요!

★ 다음 페이지의 편지는 바나나 선생님이 여러분에게 보내는 편지예요. 우선 영문법 공부를 시작하기 전에 이 편지를 읽으며 해석해보세요. 지금 내 독해 실력이 어느 정도인지 판단하는 지표가 될 거예요. 만약 절반도 해석하지 못하더라도 좌절하지 마세요. 이 책이 끝날 때쯤엔 이 글을 완벽하게 해석하고 있는 자신을 발견할 테니까요.
이 책을 끝마칠 때쯤, DAY 29에서 이 편지를 자세하게 풀이하며 설명할 테니 영문법 공부를 시작하기 전과 영문법을 공부한 후의 영어 실력을 비교해보세요!

Dear students

When I was young, I felt so lost and alone and really didn't feel like I fit in anywhere, especially at school. There were so many rules and constraints, and my stomach aches, just thinking about it. I felt like I was being crushed under a sea of conformity, smothering me of any individuality. Everywhere I turned, I was forced into blind obedience and constantly scolded and made to feel inferior if I questioned any adult or authority figure. As I grew older, I began to understand that grades were the standard by which I was always being measured. I was definitely not the perfect student and grew increasingly frustrated and burdened. I had no idea what I was good at, or what I wanted to do with my life. I guess I was always the odd one out, the so-called "weirdo," and it made me very unhappy.

Growing up in a highly conservative environment had made me constantly repress my true self, and it wasn't until I went on my first international exchange to Singapore at the age of 17 that I came to the realization that being different was ok. I began to study English and for the first time in my life, I was exposed to and surrounded by people who were so different to everyone whom I had previously known. They spoke and acted in a way which seemed to embody free thinking and a sense of self. My confidence grew daily as my English improved, and I was able to communicate more and more freely with my newly found friends, whom only a short time earlier had seemed to be like aliens to me.

From here, I finally felt empowered to step outside of the shadow of my own doubt and into the unknown. I began to travel the world extensively through Europe, Oceania, Africa, and greater Asia. Everywhere I went, my newly discovered passion for the English language enabled me to make new friends and to learn about the world in ways I had only dreamt about. I finally understood that I was not a "weirdo" and that in fact the world is a bubbling cauldron full of different people, each with their own unique cultures and "standards." I came to realize that the true beauty of this world lies somewhere in the small gaps between what is considered normal to one and foreign to another.

I decided to focus my time on helping others and learning not only to accept but to love myself. I began to experience joy in the little things whether it was walking in the Sahara, thinking of the mint tea I would enjoy that evening before falling asleep under the stars or the smiles on the unwashed faces of some children in the Philippines after a game of marbles. They had nothing but were so happy and content. it was truly beautiful and amazing, and I was also finally happy!

I know that, generally speaking, the English language is seen to be a necessary skill, which enables us to advance ourselves academically. But it really is so much more than that. It opens up so many new doors to amazing friendships and an extraordinary world of experiences and understanding that are just waiting for you.

For those of you who are thinking to embark on this incredible journey with me, know that I will be right here with you and hopefully catch a glancing smile from you in a far-off land.

Kind regards, Banana

* 해석은 2권의 DAY 29에서 만나요!

DAY 1

영어는 한국어와 뼈대부터 다른 태생!

오늘 배울 내용

- 유럽인에게는 영어가 정말 쉬울까?

- 유럽인에게 영어가 쉬운 이유

- 한국인에게 영어가 어려운 이유

- 영어 단어, 코에 걸면 코걸이, 귀에 걸면 귀걸이?

- 영어와 한국어의 차이

오늘 수업과
관련된 영상은
← 여기!

바나나 짬뽕, 이름이 너무 재밌는데 이름에 얽힌 뜻이라도 있나요?

짬뽕   제가 학교랑 학원에서 영어를 10년 넘게 배우지 않았겠어요? 여기저기서 영어를 배우긴 했는데, 그 영어들이 머릿속에서 뒤죽박죽 짬뽕처럼 뒤얽혀 있어서 스스로를 영어계의 짬뽕이라고 부르기로 했답니다. ☺

바나나 아니, 그렇게 웃픈 사연이! ☹ 자, 드디어 영어 수업 첫날인데 기분이 어때요?

짬뽕   첫날이라 그런지 가슴이 막 두근거려요!

바나나 저도 지금 짬뽕만큼이나 설렌답니다! 그럼 오늘은 첫 수업이니까 저의 재미난 영어 공부 경험담으로 살랑살랑 가볍게 시작해볼까요?

🍌 유럽인에게는 영어가 정말 쉬울까?

바나나 짬뽕도 영어 공부에 매진한 적이 있죠? 저 또한 한국의 여느 학생들과 마찬가지로 고등학생 때 영어를 아주 치열하게, 속된 말로 '빡세게' 공부했어요. 문법 공부는 말할 것도 없고, 수험서랑 영어책만 100권 넘게 읽었답니다. 또 단어를 새로 배우면 포스트잇에 적어서 온 집 안에 붙여놓고 외우고… 자는 시간조차 아까워서 이어폰을 끼고 영어 파일을 들으면서 잠들고… ☹ 남들이 볼 땐 과할 정도로 '오버'하며 영어 공부에 매진했어요.

짬뽕 우와~! 그래서 현재 바나나쌤의 영어 실력이 완성된 거군요!

바나나 맞아요! 하지만 제가 영포자였던 건 DAY 0 프롤로그에서 얘기했으니 모두 알고 있죠? 밥 먹는 시간, 자는 시간까지 아껴가며 몇 년을 공부했으니 다른 친구들보다 영어를 잘하게 된 건 어찌 보면 자연스러운 결과가 아닌가 싶어요. 하지만 해외에서 생활하면서 그동안의 노력이 허무해졌던 순간이 있었어요. 제가 호주에 살 때의 일인데요, 어느 날 친구네 홈 파티에서 프랑스에서 온 알리라는 친구를 만나게 되었죠.

알리는 논쟁을 좋아하는 프랑스 사람답게 경제, 문화, 사회 등 다방면의 주제로 대화를 이끌어나갔어요. 이 친구는 말주변이 워낙 좋기도 했지만, 사용하는 단어가 세련되어서 대화하는 내내 '와, 이 친구 정말 똑똑하구나. 배울 점이 많겠어!'라는 생각이 들 정도였거든요.

짬뽕 음, 그 친구가 프랑스 소르본 대학 출신이거나 스펙이 좋았던 거 아니에요?

바나나 Actually, 짬뽕의 생각과는

정반대예요! 알리와는 파티를 계기로 친해져서 이후에도 자주 만나게 되었는데, 세상에! 알고 보니 알리는 호주에 온 지 겨우 1년, 게다가 영어를 공부한 것도 1년밖에 되지 않았다는 거예요. 영어로 경제나 사회 이슈를 유창하게 말하는데 단 1년이 걸리다니! 😮

짬뽕　헉, 1년요? 그런데 지적인 대화가 가능하다고요?

바나나　그런데 더 큰 반전이 있어요. 알리는 특별히 영어 문법이나 단어를 공부한 적이 없었다는 거예요. 게다가 고등학교 졸업 후 대학에 가지 않고 이 나라, 저 나라에서 아르바이트를 하며 여행하는 게 직업인 친구였어요. 그런데 단지 1년의 호주 생활만으로 이토록 고급 수준의 영어를 할 수 있다니! 제겐 정말 충격적인 사실이 아닐 수 없었죠. 저는 지금 수준의 영어 실력을 갖추기까지 헤아릴 수 없을 만큼 많은 시간을 영어에 쏟아부었거든요. 😫

짬뽕　음… 알리는 그냥 천재가 아니었을까요?

바나나　하하, 겪어보니 천재는 아니었어요. 그래서 곰곰이 생각해봤죠. 프랑스 출신인 알리에게는 영어가 어떻게 그렇게 쉬울 수 있을까? 또 반대로 나를 포함한 한국 사람들에게는 영어가 왜 그렇게 어려울까? 제가 국내외에서 수년간 한국 학생들을 가르치는 동안, 영어권 나라에서 5~10년을 살고도 커피조차 주문하지 못하는 친구들을 많이 보았거든요.

짬뽕　아… 그거 바로 제 얘기예요. 영어를 10년간 배우고도 커피 한 잔 주문하지 못하는 사람, 바로 나…. 😞

바나나　짬뽕, 좌절하지 말고 들어봐요. 아래는 유럽인이 영어를 마스터하는 데 걸리는 시간이라고 해요.

영어학계에서 큰 영향력을 발휘하는 케임브리지 대학의 통계에 따르면, 유럽 사람은 일주일이면 영어의 기본기를 떼고, 2주면 중급, 3주면 중상급, 한 달이면 고급 영어를 쓰는 상급자가 된다고 해요. 그리고 40~50일 정도면 'proficiency' 단계가 되는데, 단어의 뜻 그대로 영어를 능수능란하게 구사할 수 있게 되는 거죠. 물론 먹고 자고 노는 시간을 제외하면 그보다는 더 걸릴 테지만요. 그래도 단 한 달 만에 영어 상급자가 될 수 있다니 놀랍지 않나요?

[유럽 사람들이 영어를 마스터하는 데 걸리는 시간]		
기본기	Pre-intermediate(A2)	180~200 hours / 약 8일
중급	Intermediate(B1)	350~400 hours / 약 14일
중상급	Upper intermediate(B2)	500~600 hours / 약 21일
고급	Advanced(C1)	700~800 hours / 약 30일
능숙자	Proficiency(C2)	1000~1200 hours / 약 40~50일

* 출처: Cambridge ESOL

짬뽕　헉, 한국인은 죽었다 깨어나도 안 되는 영어를 저렇게 단시간에 마스터한다고요? ☺

바나나　It's crazy, right? 그런데 저는 위의 통계가 거짓이 아니라는 걸 매일 실감하며 살고 있어요. 제 남자친구 아티를 통해서 말이죠.

짬뽕　아! 쌤의 프랑스인 남자친구 아티, 맞죠?

바나나　네. ☺ 저와 아티는 식사하며 다큐멘터리나 SF 영화를 자주 보는데요, 장르 특성상 다루는 주제가 다양하다 보니 어려운 용어나 모르는 단어가 꽤 많이 나와요. 저 같은 경우는 때때로 영상을 멈추고 단어를 찾기도 하는데, 그때마다 아티가 불쑥 단어를 알려주는 거예요.

아티   sabotage는 상대방이 성과를 얻는 것을 방해하는 공작이라는 뜻이야.

바나나   오, 아티! 이렇게 어려운 단어를 어떻게 알았어?

아티   프랑스에서도 똑같이 쓰거든.

바로 이런 경우처럼 말이죠! 알고 보니 영어 단어와 프랑스어 단어는 스펠링이 같거나 살짝 변형된 경우가 많은 데다, 영어 단어를 비음을 섞고 끝을 올려 발음하면 프랑스어 단어가 되는 경우도 무척 많더라고요.

[프랑스어와 영어]	
[스펠링이 같은 단어들]	[스펠링이 조금 다른 단어들]
action (E)액션 (F)악시옹	artist (E)알티스트 artiste (F)악티스트
addiction (E)어딕션 (F)아딕시옹	dentist (E)덴티스트 dentiste (F)단티스트
patience (E)페이션스 (F)파시엉스	journalism (E)저널리즘 journalisme (F)조날리즘
flexible (E)플렉서블 (F)플렉시블	organism (E)올거니즘 organisme (F)올가니즘

—— 유럽 언어와 영어는 다 같은 뿌리 출신!

짬뽕 와… 프랑스어와 영어가 이렇게나 비슷하단 말인가요?

바나나 네, 프랑스는 역사적으로 영국에 영향을 많이 준 국가예요. 오래전 영국 왕실은 후계자가 없던 탓에 프랑스 노르망디 귀족에게 왕실을 내어줬고, 그 덕에 왕족과 귀족, 국민들까지 프랑스어 열풍에 휩쓸렸어요. 그 이후 영어에 프랑스어의 잔재가 많이 남게 되었고, 그래서 영어에는 프랑스어에서 온 단어가 많은 편이죠. 우리가 자주 쓰는 beef, pork 등의 단어도 프랑스어에서 왔다는 사실이 놀랍지 않나요? 😃

짬뽕 오, 처음 듣는 이야기예요!

바나나 그런데 영어와 비슷한 언어는 프랑스어만이 아니에요. 독일어, 스페인어, 이탈리아어 등의 유럽권 언어는 그 뿌리가 모두 라틴어라서 어원이 비슷한 단어가 매우 많아요. 그래서 유럽 친구들은 한국어를 쓰는 우리보다 영어를 훨씬 쉽게 배울 수 있는 거예요. 단어가 비슷하니까 그 차이만 습득하면 되거든요.

—— 할리우드 영화, 팝 뮤직! 유럽에선 TV만 틀면 나오는 영어

바나나 유럽 국가는 영미권(영어를 모국어로 쓰는 문화권)과 비슷한 문화를 공유한다는 점에서 영어 교육에 큰 이점을 가지고 있어요. 영국을 제외한 유럽 국가의 대부분은 한국처럼 자국 영화나 드라마, 음악 등의 수요가 많지 않은데요, 그래서 대부분 미국이나 영국에서 만든 작품을 보고 팝을 들으면서 성장합니다. 제 친구 알리 또한 고향인 프랑스에서 미국 만화나 영국 드라마를 방영해 줬기 때문에 자연스럽게 그것들을 보며 자랐다고 해요. 물론 더빙된 작품도 있었지만, 그렇지 않은 작품도 많아서 영어에 노출된 환경에서 자랐다고 볼 수 있죠. 이러한 문화적 배경 덕분에 유럽 사람들은 아주 어릴 때부터 영어에 익숙해지는 거예요.

그중에서도 핀란드나 독일의 경우 학교에서 자국어와 함께 영어로 진행하는 수업을 듣고, 자막이나 더빙이 없는 영어 채널을 본다고 해요. 이렇게 영어를 제2의 국어처럼 쓰다 보니 모국어 수준으로 구사할 수 있게 되는 거죠. 물론 한국도 미국 문화를 공유하긴 하지만, 영어 프로그램을 자막 없이 볼 만큼 영어에 능숙해지는 건 아직 쉽지 않은 일이에요. 그래도 이제는 "Calm down.(진정해)", "Whatever!(어쨌든!)" 등은 10대와 20대도 알 만큼 대중적인 표현이 되었죠? '한글＋영어'로 이루어진 '콩글리시 단어'도 많이 만들어지는 등 예전에 비하면 영어가 일상에서 자연스럽게 쓰이고 있어요. 😃

짬뽕 저도 미드를 자주 보다 보니 아주 기본적인 "How are you?(안녕!)", "Good morning!(좋은 아침!)", "Never mind!(신경 쓰지 마!)" 같은 일상 용어가 조금씩 귀에 들어오기 시작했어요. 😮

바나나 언젠가 한국 사람들에게도 영어가 좀 더 익숙해지는 날이 오겠죠?

──── 여권도 필요 없는 글로벌한 지리적 접근성

바나나 그러나 아쉽게도 유럽과 비교해 한국이 결코 가질 수 없는 것이 있어요. 바로 지리적 접근성이에요. 알리는 어릴 때부터 독일, 영국, 스웨덴 등 프랑스와 근접한 다른 나라로 휴가를 다녔는데, 다양한 나라 사람들이 모인 휴가지에서는 영어를 쓰는 것이 일반적이었다고 해요. 아무래도 한국인보다는 영어를 접할 기회가 훨씬 많았던 거죠. 그런데 요즘은 한국 사람들도 전 세계로 여행을 많이 다니잖아요? 지리적으로 멀다는 핑계가 안 통하는 글로벌 시대! 우리도 영어를 접할 기회를 얼마든지 만들 수 있다고요!

―― **진짜 비밀은 언어의 체계!**

바나나   지금까지 유럽 사람들이 영어를 잘할 수 있는 비법에 대해서 쭉 이야기해봤는데요, 가장 중요한 것은 바로 문법! 이 문법의 체계가 비슷하다는 점이에요. 프랑스어, 이탈리아어, 독일어, 스페인어 등의 유럽 언어는 문장의 구조와 법칙이 영어와 매우 닮았거든요. 구조가 비슷하니 당연히 언어 습득이 수월할 수밖에 없겠죠?

유럽인에게 영어가 쉬운 이유

바나나   그럼 유럽 언어들과 영어가 어디가 어떻게 얼마나 닮았는지 살펴볼게요!

1. 문장 구성의 순서가 매우 비슷하다
바나나   주어 뒤에 동사, 동사 뒤에 목적어나 보어를 쓰는 영어와 문장 구성의 순서가 비슷해요.

프랑스어	Je suis Renee. 주어 동사 보어
영어	I am Renee. 주어 동사 보어
한국어	나는 르네야. 주어 보어 동사

2. 한국어에는 없는 관사 'a/an/the'를 가지고 있다

프랑스어	**Je suis un professeur.** 주어 동사 관사 보어
영어	**I am a teacher.** 주어 동사 관사 보어
한국어	**나는 선생님이야.** 주어 보어 동사 "관사 없음"

3. 의문문을 만들 때 주어, 동사 도치 방식을 쓴다

바나나 평서문을 의문문으로 만들 때 주어와 동사의 자리를 바꾸는 도치 방식을 적용하는 문법 구조 또한 영어와 매우 유사해요.

프랑스어	**Es tu Renee?** 동사 주어 보어
영어	**Are you Renee?** 동사 주어 보어
한국어	**네가 르네야?** 주어 보어 동사

이렇게 여러 가지 닮은 점 덕분에 유럽 사람들은 영어를 조금만 배워도 문장을 만들거나 이해하는 것을 크게 어려워하지 않아요. 반면에 한국어와 영어는 언어의 구조가 매우 다르기 때문에 한국 사람에게는 영어가 어렵게 느껴질 수밖에 없죠. 그럼 한국어와 영어의 문법적, 언어적 차이를 본격적으로 알아볼까요?

🍌 한국인에게 영어가 어려운 이유

아티는 바나나를 사랑한다

바나나   짬뽕, 위의 문장을 영어로 어떻게 쓸까요?

짬뽕   에이~, 이 정도는 알죠! "Arty loves Banana."

바나나   좋아요. 그럼 이번엔 이 문장의 순서를 살짝 바꿔볼게요!

아티는 사랑한다 바나나를.
바나나를 아티는 사랑한다.

바나나   이렇게 쓴 걸 보니 어때요?

짬뽕   말의 순서가 어색하긴 해도 무슨 말을 하는지는 알겠어요.

바나나   그렇죠? 의미가 파악되지 않거나 전달하는 내용이 변하지는 않죠? 그러면 이번에는 영어 문장도 순서를 바꿔서 비교해볼까요?

Arty loves Banana.

Banana loves Arty.

Loves Banana Arty.

Banana loves Arty. → '바나나는 아티를 사랑한다'로 의미가 바뀌어버렸죠?
Loves Banana Arty. → '사랑은 아티를 바나나한다'? 이제는 아예 말이 성립되지 않네요.

짬뽕　　엇, 한국어는 문장 구성요소의 순서를 바꿔 써도 이해가 되는데, 영어는 순서를 바꾸니 내용이 아예 바뀌어버리네요? 😮

바나나　　Exactly! 그건 한국어와 영어 사이에 존재하는, 근본적인 차이 때문이에요. 짬뽕, 한국어에는 있고 영어에는 없는 것이 하나 있는데, 아래 문장에서 찾아볼래요?

〔 **한국어** 〕 **아티는 바나나를 사랑한다.**
〔 **영어** 〕 Arty loves Banana.

짬뽕　　음… 선생님이 밑줄 그어놓은 '는/를/한다'?

바나나　　와, 눈치 백 단! 맞아요. 우리는 저런 것들을 조사라고 불러요.

─── 한국어의 조사

바나나　　한국어에서 조사란 단어 뒤에 붙어서 단어들의 문법적인 관계를 나타내주는 요소로 문장에서 매우 중요한 역할을 해요.

주어의 조사	동사의 조사*	목적어의 조사
은/는/이/가	하다/한다/이다/있다	을/를/에게

* 사실 한국어에서 서술격조사는 '~이다'뿐이고 '~한다'에서 'ㄴ다'는 종결어미지만, 이 수업에서는 편의상 동사를 끝맺는 말을 동사의 조사로 통칭한다.

조사의 쓰임은 단어의 역할에 따라 달라지는데, 문장 구조상 주어에는 조사 '~은/는/이/가', 동사에는 '~하다/한다/이다/있다', 목적어에는 '~을/를/

에게'를 붙여요. 그래서 한국어 문장은 단어의 순서가 뒤죽박죽 섞여 있어도 조사로 문장 구성요소의 쓰임을 구분할 수 있고, 그 덕분에 문장을 해석하거나 이해하는 데 문제가 없습니다.

반면에 영어 문장에는 한국어의 조사처럼 구성요소의 역할을 나눠주는 특별한 장치가 없기 때문에 온전히 단어의 나열 순서에만 의존할 수밖에 없어요. 그래서 단어의 순서가 하나라도 바뀌면 하고자 하는 말의 의미가 바뀌거나 문장이 완전히 달라지는 경우가 생기죠.

짬뽕   결과적으로 영어는 단어의 순서, 나열 방법이 문장의 생명이군요!

바나나   그렇죠! 아래의 문장을 하나하나 짚어가며 설명할게요.

아티는 바나나를 사랑한다. = Arty loves Banana.

한국어 문장의 맨 앞에 온 단어 '아티는'은 조사 '~은/는/이/가'를 붙여 쓰는 '주어'예요. 영어에서 주어는 문장 가장 앞에 쓰는 요소죠? 그래서 Arty는 주어이고, 이 주어 바로 뒤에 오는 loves는 동사, 즉 서술어라고 하는데 한국어에서는 '~한다/하다/이다/있다' 같은 조사와 함께 써요. 한국 사람들이 영작을 어려워하는 게 바로 이러한 동사 때문이에요.

아티는 바나나를 사랑한다.
→ 한국어에서는 동사 '~한다' 등이 언제나 문장의 맨 뒤에 오지만,

Arty loves Banana.
→ 영어에서는 동사가 주어 바로 뒤, 그러니까 '문장 중간'에 들어가니 너무 어색하게 느껴지는 거죠.

짬뽕   맞아요. 저도 "햄버거 주세요!"를 "You hamburger give!"라고 말한

적이 있어요. 왠지 동사가 마지막에 와야 할 것만 같은 거 있죠.

바나나 아무래도 우리는 한국인이니까 한국어 순서에 익숙해져서 버릇처럼 그 순서를 따라가게 되죠. 그런데 영어에서는 동사가 반드시 주어 뒤에 와요. 저와 함께 영어를 차근차근 공부하며 영어 문장의 순서에 익숙해지면 동사도 버겁지 않게 될 거예요.

자, 그럼 다시 영어 문장으로 돌아갈게요. 주어 Arty 뒤에 온 동사 loves는 '사랑한다'로 해석하죠? 그 뒤에 온 Banana는 '~을/를/에게'를 붙이는 목적어니까 '바나나를'이라는 뜻이 되어 '아티는 바나나를 사랑한다'로 해석해요.
그런데 "Arty loves Banana."를 "Banana loves Arty."로 바꾸면 단순히 단어의 순서만 바뀌는 게 아니라 문장에서 하는 역할이 아예 달라져버려요. 주어와 목적어가 바뀌니까요. 그러나! 이 문장보다 더 치명적인 실수는 "Loves Arty Banana."예요.

짬뽕 저도 그게 궁금했어요. "Loves Arty Banana."라는 문장은 왜 성립되지 않는 거예요?

바나나 그 이유는, 영어에서는 단어 하나가 하나 이상의 품사로 쓰일 수 있다는 거랍니다. 아래에서 이어서 설명할게요!

🍌 영어 단어, 코에 걸면 코걸이, 귀에 걸면 귀걸이?

짬뽕 선생님, 제목이 너무 웃겨요! 😊 영어 단어가 코걸이도 되고 귀걸이도 된다는 게 무슨 말이에요?

바나나 영어 단어를 '여기에 쓰면 주어, 저기에 쓰면 동사'가 된다는 뜻이에요.

모두가 알다시피 love는 명사로 '사랑'을 뜻해요. 동시에 '사랑하다'라는 동사의 뜻도 가지고 있죠. 그래서 love라는 단어는 어떨 땐 주어로, 어떨 땐 동사로 다양한 품사로 쓰일 수 있어요.

하지만 한국어는 품사가 달라지면 모양도 조금씩 바뀌어 명사로는 '사랑', 동사로는 '사랑하다'예요. 이렇게 한국어는 단어의 차이 덕분에 품사 구분이 비교적 쉬운 데 반해, 영어는 명사일 때나 동사일 때나 단어 모양이 똑같아요.

	영어	한국어
명사	love	사랑
동사	love	사랑하다

I love love. 나는 사랑을 사랑해.

위의 문장을 보면 품사가 다른 같은 단어가 반복되죠? 그렇다면 영어에서는 품사를 구분하기 위해서 무엇에 집중해야 할까요?

짬뽕 순서요!

바나나 그렇죠! 바로 '순서'에 집중해야 해요. love는 문장 맨 앞에 쓰이면 명사로서 주어의 역할을 할 수 있죠?

Love is stronger than death. 사랑은 죽음보다 강하다.

하지만 문장의 맨 앞에 주어 역할을 하는 다른 단어가 들어가고 그 뒤에 love가 붙으면 동사 역할을 하며 '사랑하다'로 해석돼요.

Mother loves their children from the bottom of their heart.

엄마는 자식을 가슴 깊이 사랑한다.

그래서 Loves Arty Banana라는 문장은 문장의 첫 단어인 loves를 주어로 받아들여 '사랑'으로 해석해야 합니다. 그럼 뒤에 오는 Arty가 동사가 되어야 하는데, 이 단어는 동사로는 쓸 수 없는 사람 이름이에요. 결국 동사 역할을 하지 못하는 단어가 동사 자리에 왔으니 문장 전체에 동사가 없는 셈이고, 동사가 없으면 문장이 완성되지 않으니 이 문장은 성립되지 않는 것이죠. 예시 하나만 더 보고 갈게요.

	영어	한국어
명사	study	공부
동사	study	공부하다

study는 명사로 '공부', 동사로 '공부하다', 이렇게 두 가지 품사로 쓰여요.

① Study skills are important. 공부 기술은 중요하다.
② I study English with Banana. 나는 바나나와 함께 영어를 공부한다.

①은 study가 문장 맨 앞에 있고 뒤에 are라는 동사가 있으니 이 문장에서 study는 명사로 쓰였다는 걸 인식하고 주어로 해석해야 해요. 반면에 ②는 I가 문장 첫머리에서 주어 역할을 하고 있으니 바로 뒤에 오는 study를 동사로 볼 수 있어요. 두 문장의 차이가 보이나요?
그래서! 똑같이 생긴 영어 단어라도 '여기 쓰면 주어! 저기 쓰면 동사!'로 구분이 가능한 거랍니다. 😃 그럼 짬뽕, 오늘 공부한 내용의 핵심을 말해볼까요?

짬뽕   영어는 순서가 생명이다!

바나나   맞아요. 그런데 왜 순서가 생명이라고 했죠?

짬뽕   영어 문장에서는 순서가 단어의 역할과 단어들 간의 관계를 보여주니까요!

바나나   우리 짬뽕, 너무 똑똑해요! 여기서 기쁜 소식을 하나 전하면요, 이토록 중요한 영어의 순서는 복잡할 것 없이 딱 5개! 5개 종류만 공부하면 된답니다!

짬뽕   네? 영어 문장의 순서가 달랑 5개뿐이라고요? 와… 어려워서 매번 포기하던 영어의 비밀 하나를 알아낸 기분이에요! 😃

바나나   하하, 비밀요? 짬뽕이 말한 비밀은 사실 대한민국에서 영어를 배운 사람이라면 한 번쯤은 다 들어본 내용일 거예요. 이 책을 읽는 여러분도 이미 영어의 순서를 배운 적이 있답니다.

짬뽕   엥? 저는 그런 걸 배운 기억이 전혀 없는데요, 선생님? ☹

바나나   내일 수업을 통해 기억나게 해줄게요. 😀 영어 순서는 꽤 중요한 내용이니까 내일 더 깊게 다루기로 하고, 짬뽕, 오늘 하루 공부하면서 한국어와 영어가 매우 다른 언어라는 게 느껴졌나요?

짬뽕   네! 한국인인 저에게 영어가 왜 그렇게 어려웠는지 알고 나니까 속이 다 시원해요. 한국어와는 다른 문장 순서와 조사 때문이었어요!

바나나   That's right! 여기서 한국어의 놀라운 점 하나를 더 알려줄게요. 한국어는 문장에서 조사를 다 빼고도 대강의 의미가 통하는 언어라는 것을 알고 있었나요?

짬뽕　　헉, 한국어가 가진 천재성 때문인가요?

바나나　　하하, 한국어가 훌륭하긴 하지만, 영어와 다른 한국어만의 특징을 가졌기 때문이에요. 한국어는 영어와 달리 상황과 정황에 영향을 많이 받는 문맥 언어(고맥락 언어)거든요.

🍌 영어와 한국어의 차이

── 한국어＝정황어

바나나　　우리 한국 사람들은 평소에 '눈치'라는 단어를 참 많이 쓰죠? 네이버 사전에서 눈치를 검색해보면 '남의 마음을 그때그때 상황으로 미루어 알아내는 것'이라고 설명합니다. 한국 사람들은 '눈치'를 아주 중요하게 생각하는데, 사실 그럴 수밖에 없는 이유가 있어요.

한국어는 대화할 때 상황을 파악하는 '눈치'가 있어야 말의 의미를 이해할 수 있는 언어이기 때문이에요. 예를 들어 한국어로는 피곤할 때 "나는 피곤하다."라고 하지 않죠? 말하는 당사자인 '내'가 피곤한 것이 당연하니 주어인 '나'를 자연스럽게 생략하잖아요.

나는 졸리다. → 졸려.
나는 배가 고프다. → 배고파.

위의 예문처럼, 말하는 사람이 주어일 때도 '나'를 생략할 뿐만 아니라,

너는 중학생이야? → 중학생이야?
너는 화가 났니? → 화났어?

이렇게 다른 사람을 표현하거나 가리키는 주어도 자연스럽게 생략합니다. 왜냐하면 우리는 주어를 빼도 누구를 말하는지 다 아니까요. 너와 내가 단둘이 대화하는데 '너는~', '나는~'이라고 말할 필요가 있겠어요? 오히려 자꾸 상대를 가리키는 게 낯간지러운 건, 저만 그런 거 아니죠? 😬 제가 나고 자란 경상도에서는,

너는 밥을 먹었니? → 밥은?
너는 차를 두고 왔니? → 차는?

이렇게 주어와 동사를 동시에 생략하고 말하는 게 일반적이거든요.

짬뽕　　그러고 보니 지금까지 자연스럽게 주어를 생략하며 말했네요. 처음 깨달았어요!

바나나　　그렇죠? 그런데 외국 사람들이 한국어로 말하는 걸 잘 살펴보세요. 항상 "나는 배가 고파요.", "나는 피곤해요." 이렇게 '나는'이라는 주어를 꼭 붙여요. 말하는 사람이 자기 자신을 가리킨다는 걸 듣는 사람이 뻔히 알고 있는 상황에서도 주어를 생략하지 않죠. 이것도 한국어를 배우는 외국인들이 많이 하는 실수라고 볼 수 있는데, 그들의 언어인 영어는 순서가 생명이라 단어를 마음대로 생략할 수 없기 때문이에요.

짬뽕　　그러고 보니 선생님과 아티가 대화하는 영상에서 아티는 언제나 "저는 자요.", "저는 배고파요."라고 이야기했어요. 😬

바나나 Wow, 짬뽕, 우리 영상을 아주 열심히 봤는데요? 🙂

영어 = 논리어

영어	한국어
논리어	정황어
저맥락 언어	고맥락 언어
문장 구성요소의 순서가 핵심	말하는 상황의 맥락이 핵심

바나나 한국어는 상황에 따라 문장을 이해하는 '정황어'이고, 영어는 정해진 규칙에 따라 앞과 뒤, 순서, 전개를 매우 중요하게 생각하는 '논리어'예요. 그래서 영어는 순서를 구성하는 '주어(S) / 동사(V) / 목적어(O) / 보어(C)'를 마음대로 생략할 수 없어요. 게다가 한국어처럼 정황이나 상황을 파악해서 유추하기보다는 대화 자체에 집중하는 '저맥락 언어'라서 모든 것을 정확하게 표현하려고 해요. 그래서 외국 친구들이 한국어로 말할 때 습관적으로 주어를 붙여서 말하는 거죠.

짬뽕 오! 영어와 한국어의 다른 점을 알고 나니까 멀게만 느껴지던 영어가 조금 가까워진 것 같아요. 😄

바나나 적을 알고 나를 알아야 백전백승이잖아요! 첫날 수업으로 영어가 가깝게 느껴진다니 시작이 아주 좋은데요? 오늘 수업 내용이 흥미롭기도 했지만 새로운 정보가 많아서 머리가 좀 복잡할 거예요. 지금까지 '암기과목'으로만 알았던 영어가 '이해과목'으로 바뀌는 과정이니 앞으로 저와 함께 차근차근 공부하기로 해요. 그럼 내일은 영어의 체계와 형태를 살펴볼게요. 오늘 너무 수고 많았고, 내일 또 바나나요! 🍌

Break

잠깐 쉬어 가기

영어 문장 구성요소 네 가지 & 자주 쓰는 문법 표현

영어 문장을 구성하는 요소의 영어 약자 네 가지와 구, 절처럼 아리송한 표현들을 알아볼까요?

S = 주어

동사의 주체 → 명사류

V = 서술어(동사)

동작/행위/상태 → 동사류

O = 목적어

동사의 대상 → 명사류

C = 보어

보충해주는 말 → 명사류/형용사류

┌ SC = 주격보어
└ OC = 목적격보어

- **단어**(word): 띄어쓰기가 가능한 모든 단위
- **구**(phrase): 두 단어 이상이 합해져 의미를 만들어내는 단위
- **절**(clause): S(주어)와 V(동사)가 들어가는 단위
- **문장**(sentence): '. /!/?' 등으로 끝나 의미를 이루는 단위
- **구문**(syntax): 2개 이상의 절이 하나의 문장을 이루는 단위
- **문단**(paragraph): 문장들이 모여 하나의 중심 생각을 나타내는 단위
- **지문**(passage): 단락의 묶음

★ 단어 < 구 < 절 < 문장 < 구문 < 문단 < 지문

DAY 2

영어 문장,
알고 보니
형태가 달랑 5개?

오늘 배울 내용

- 영어 문장의 5형식

- 1형식 : S+V ▸ 완전자동사

- 2형식 : S+V+SC ▸ 불완전자동사

- 3형식 : S+V+O ▸ 완전타동사

- 4형식 : S+V+IO+DO ▸ 수여동사

- 5형식 : S+V+O+OC ▸ 불완전타동사

오늘 수업과
관련된 영상은
← 여기!

바나나 짬뽕, Hi! 첫 수업 복습은 잘하고 왔나요? ☺

짬뽕 영어는 한국어와 달리 '단어의 나열 순서'에 의해서 각 단어의 역할이 정해진다! 맞죠? '영어 뭐 별거 없네! 조금만 더 공부하면 식은 죽 먹기일 수도!' 그런 생각이 들던데요?

바나나 캬! ☺ 이 자신감이 오래오래 가기를 바라는 마음으로 식은 죽 먹는 짬뽕에게 더 기분 좋은 소식을 알려줄게요. 단어 나열의 순서를 크게 정리하면 달랑 5개밖에 없다는 것! 어제도 이 기쁜 소식을 예고편처럼 살짝 흘렸죠? 그럼 지금부터 식은 죽에 장조림 올려 먹는 만족감을 안겨줄게요!

🍌 영어 문장의 5형식

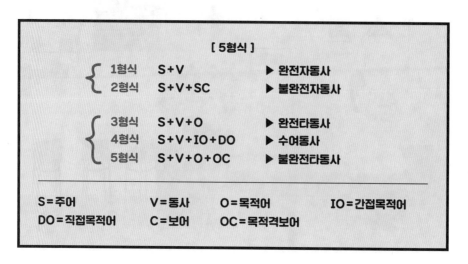

[5형식]

	형식	구조	동사
{	1형식	S+V	▶ 완전자동사
	2형식	S+V+SC	▶ 불완전자동사
{	3형식	S+V+O	▶ 완전타동사
	4형식	S+V+IO+DO	▶ 수여동사
	5형식	S+V+O+OC	▶ 불완전타동사

S=주어　　　　V=동사　　　O=목적어　　　　IO=간접목적어
DO=직접목적어　　C=보어　　　OC=목적격보어

바나나　자, 위의 그림이 바로 대한민국 학생들이 그토록 두려워하던 영어 문장의 5가지 형태예요.

짬뽕　아, 지난 수업에 말씀하신 5가지 문장의 형태가 바로 5형식이었군요!

바나나　Exactly! 잘 몰라도 한 번쯤 들어본 적이 있죠? 아이들이 읽는 동화책, 고등학교 수능 문제, 〈뉴욕타임스〉 사설 그리고 소설, 시 모든 것이 다 5형식을 중심으로 구성되어 있답니다.

짬뽕　와우! 〈뉴욕타임스〉라니!

바나나　5형식을 이해하고 나면 문장을 꿰뚫는 눈이 생기고, 영어 문장을 읽거나 만드는 것도 가능하다는 자신감도 생길 거예요!

자, 그럼 한번 시작해볼게요. 아래의 다섯 문장의 형식을 보면 반복적으로 등장하는 요소가 있는데, 뭔지 바로 보이나요?

짬뽕　S+V인가요?

바나나　맞아요! 바로 S+V, 즉 '주어+동사' 입니다. 지난번에 배웠듯이 문장 제일 앞에 오는 S는 '주어'! 그 주어 뒤에 오는 V는 동작이나 상태를 나타내는 서술어로, 흔히들 '동사'라고 불러요. 한국말과 달리 영어는 웬만한 모든 문장에 주어와 동사가 꼭 들어가야 해요. 그래서 외국 친구들은 한국어로 말할 때도 습관적으로 문장에 주어와 동사를 꼭 넣는다고 말했죠?

[5형식]
S + V
S + V + SC
S + V + O
S + V + IO + DO
S + V + O + OC

I am Arty. → **나는 아티예요.**
I am from France. → **나는 프랑스에서 왔어요.**
I like Korean food. → **나는 한국음식을 좋아해요.**

나는! 나는! 나는! '나는'이란 말을 절대로 생략하지 않죠? 영어 문장에서는 문장 필수 구성요소인 주어와 동사를 함부로 생략할 수 없기 때문이에요. 예를 들어,

(너는) 밥 먹었어? → Did you have lunch?
(나는) 지루해. → I am bored.
(너는) 피곤해? → Are you tired?
(나는) 배고파. → I am hungry.

한국어에서는 대부분 생략하는 이런 주어를, 영어에서는 꼭 써줘야 하는 거죠. 자, 그럼 조금 더 깊게 들어가볼게요.

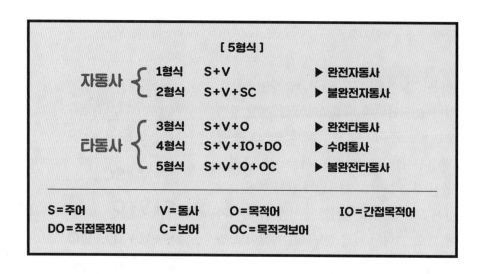

[5형식]

자동사	1형식	S+V	▶ 완전자동사
	2형식	S+V+SC	▶ 불완전자동사
타동사	3형식	S+V+O	▶ 완전타동사
	4형식	S+V+IO+DO	▶ 수여동사
	5형식	S+V+O+OC	▶ 불완전타동사

S=주어　　　V=동사　　　O=목적어　　　IO=간접목적어
DO=직접목적어　　C=보어　　　OC=목적격보어

짬뽕　선생님, 그런데 위의 그림에서 1·2형식, 3·4·5형식을 두 가지로 분리했는데 왜 그런 건가요?

바나나　눈썰미 좋은 짬뽕! 😃 이렇게 두 그룹으로 나눈 데는 이유가 있겠죠? 숨은그림찾기 하듯이 두 그룹의 차이를 찾아볼래요?

짬뽕　음… 아! 1·2형식에는 O가 없는데 3·4·5형식에는 O가 있어요!

바나나　오, 정확해요! 자, 이 두 그룹에는 각각 이름이 따로 있는데 1·2형식은 자동사 그룹, 3·4·5형식은 타동사 그룹이라고 불러요.

짬뽕　자? 타? 자타공인의 그 '자/타'인가요?

바나나　그렇죠! 자신을 뜻하는 '스스로 자(自)', 다른 대상을 가리키는 '다를 타(他)'를 말해요. 근데 이 단어들을 왜 이 '동사'에 붙여서 자동사/타동사라고 부를까요?

짬뽕 글쎄요. 😊 한자어가 들어가니까 갑자기 어렵게 느껴지네요

바나나 자, 쉽게 말해서 자동사에 있는 '자'를 '자기 자신'이라고 생각해보세요. 그러면 한 문장에서 자기 자신은 S '주어'가 됩니다. 이 자동사는 S인 자기 자신과 동사 V만 있으면 된다! 이런 뜻으로 '자동사'라고 부르는 거예요.

> ▶ 자동사: 동사가 나타내는 동작이 주어에만 미치는 동사
> ▶ 타동사: 동작의 대상인 목적어를 필요로 하는 동사

🍌 1형식: S + V ▶ 완전자동사

바나나 1형식의 모양을 보세요. 이름 그대로 'S+V' 주어랑 동사밖에 없죠? 그래서 주어랑 동사만 있으면 되는 문장의 1형식 동사를 '완전자동사'라고 부릅니다. 예시를 몇 개 볼까요?

A baby sleeps. 아기는 잔다.
  S   V

She runs. 그녀는 달린다.
 S V

God exists. 신은 존재한다.
 S   V

I stand. 나는 서 있다.
S V

It works. 그것은 작동한다.
S V

It fits. 그것은 딱 맞는다.
S V

짬뽕 우와! 진짜 주어와 동사만으로 문장이 완벽하게 완성되네요. 신기해요!

🍌 2형식: S + V + SC ▶ 불완전자동사

바나나 이번에는 2형식을 살펴볼게요.

짬뽕 잉? 2형식은 S + V 뒤에 뭐가 붙어 있네요. 자동사는 자기 자신인 S만 있으면 된다면서요! 😬

바나나 워워, 짬뽕, 화내기 전에 2형식 이야기도 한번 들어보자고요. 다 사정이 있다고 합니다. 😀 이 SC라고 하는 애는 간단하게 C, 보어(complement)라고 하는데요, 보어는 '보충 설명하는 친구다!', 이렇게 기억해주면 좋아요. 주어와 동사(서술어)만으로 뜻이 완전하지 못할 때 보충해주는 역할을 한다는 거죠. 결국 2형식 동사는 완벽한 자동사라고 하기에는 부족한 점이 있고, 그렇다고 해서 타동사 그룹에 넣으려니 목적어가 없고! 그래서 그냥 '불완전자동사'라고 부른답니다. 😊

짬뽕 그냥 간단하게 타동사 그룹에 들어가면 될 것을! 왜 굳이 자동사에 '불완전'이라는 아쉬운 타이틀까지 걸면서 남아 있는 거예요? 미련하게!

바나나 미련하다니요. 😮 다 사연이 있다니까요? 바로 이 2형식 보어, SC(주격 보어)의 성격 때문인데요, 몇 가지 예시 문장으로 설명할게요.

I am a doctor. 나는 의사다. ➡

내가 의사고, 의사가 바로 나!
즉 나는 의사!

이 문장 구조를 분석하면, 문장에서 제일 앞에 오는 게 주어니까 I가 주어, am이 동사 그리고 뒤에 오는 a doctor가 보어 역할을 하겠죠? 그런데 여기서 주어와 보어의 관계를 보니까 I(주어)와 a doctor(보어)는 사실 같은 대상이지 뭐예요?

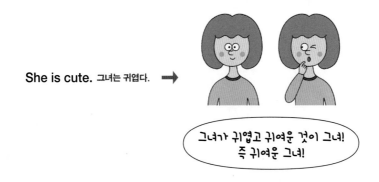

She is cute. 그녀는 귀엽다.

그녀가 귀엽고 귀여운 것이 그녀!
즉 귀여운 그녀!

마찬가지로 위의 문장 또한 She가 문장 맨 앞에 와서 주어, 그다음 is가 동사, 그 뒤의 cute가 보어예요.

자, 그러고 보니 패턴이 하나 보이네요!

$$S + V + C$$
$$=$$

주어와 보어는 같거나 비슷하다! 즉 보어는 주어와 동격이거나 주어의 상태를 그대로 보여주는 역할을 해요. 우리가 아까 타동사는 S에 자기 자신이 아닌 '타', 다른 어떤 것이 와야 한다고 했죠? 그런데 보어 C는 주어 S와 똑같은 의미를 가지기 때문에 다른 대상을 이야기해야 하는 타동사 그룹에 들어갈 수 없는 거예요. 그래서 아쉬운 대로 '불완전'이라는 타이틀과 함께 자동사 그룹에 남아 있는 것이죠.

짬뽕   아니… 이렇게 논리적인 이유로 불완전자동사라고 불렀다니… 영어는 진짜 소름 끼치게 논리적이네요. 수학 공식인 줄…. 😊

바나나   봐요. 제가 이유가 있다고 했죠? 😊 그럼 다른 예시를 더 살펴볼게요.

She is a teacher. → 그녀는 선생님이다.
S   V   C
=

He is cute. → 그는 귀엽다.
S   V   C
=

She **got** angry. 그녀는 화가 났다. → She = angry
This bread **is** hard. 이 빵은 딱딱하다. → This bread = hard
It **seems** spicy. 그것은 매워 보인다. → It = spicy

다시 정리하자면, 이렇게 모든 2형식 보어는 주어와 같은 의미이거나 주어의 상태를 보여주는 역할을 해요. 그래서 주어를 보충 설명하는 역할이라는 뜻으로 '주격보어'라고 합니다.

짬뽕   와! 재밌어요! 그럼 2형식에서 중간에 있는 동사는 그냥 등호(=) 같은 역할이네요?

바나나   Exactly! 결국 주어와 보어가 똑같으니까 그 사이에 낀 2형식 불완전자동사를 그냥 등호라고 생각해도 괜찮아요. 자, 여기까지 자동사 그룹을 배웠으니 이제 타동사 그룹을 살펴볼까요?

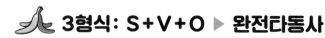

🍌 3형식: S+V+O ▶ 완전타동사

<table>
<tr><td colspan="4" align="center">[5형식]</td></tr>
<tr><td rowspan="2">자동사</td><td>1형식</td><td>S+V</td><td>▶ 완전자동사</td></tr>
<tr><td>2형식</td><td>S+V+SC</td><td>▶ 불완전자동사</td></tr>
<tr><td rowspan="3">타동사</td><td>3형식</td><td>S+V+O</td><td>▶ 완전타동사</td></tr>
<tr><td>4형식</td><td>S+V+IO+DO</td><td>▶ 수여동사</td></tr>
<tr><td>5형식</td><td>S+V+O+OC</td><td>▶ 불완전타동사</td></tr>
</table>

바나나 자, 짬뽕. 아까 1·2형식은 묶어서 자동사 그룹이라고 하고, 3·4·5형식은 타동사 그룹이라고 했어요. 그리고 이 두 그룹의 차이점은 뭐라고 했죠?

짬뽕 음… 우선 공통점은 S와 V가 있다는 것, 차이점은 O라는 게 타동사 그룹에만 있다는 거였어요.

바나나 That's right! 3형식부터는 1·2형식에는 없는 O라는 친구가 나타나죠. 여기서 O는 object의 준말로 '목적어'를 뜻하는데, 이 목적어가 자동사, 타동사 그룹을 나누는 핵심 요소예요.
우리가 타동사에는 타인, 타자를 의미하는 '스스로가 아닌 어떤 것'이 와야 한다고 했죠? 그리고 영어 문장에서 '스스로'는 문장의 '주어'라고도 했어요. 이렇게 주어와 관련 없는 다른 것! '타인/타자'의 역할로 오는 것이 바로 '목적어'예요. 목적어는 주어와 관련이 없는 새로운 요소인 거죠. 그리고 타동사를 쓰는 3·4·5형식은 이 목적어가 없으면 문장을 완벽하게 꾸릴 수 없어요. 그럼 예를 들어볼게요.

He had a hamburger. 그는 햄버거를 먹었다.

자, 여기서 주어인 He와 목적어인 a hamburger를 보세요. 둘이 같은 의미일 수 있나요? 햄버거가 그이고, 그가 햄버거이고? 말이 안 되죠? 😖

그러니까 '목적어에는 주어와 관련 없는 다른 것이 온다', 이 말이 성립하네요! 그리고 이 문장에 쓰인 have는 '먹다'라는 뜻의 타동사인데, "He had.(그는 먹었다)" 이렇게 주어랑 동사만 쓰고 목적어를 안 쓰면 어떻게 될까요?

$$\text{He had.}$$
$$\text{S} \quad \text{V}$$

짬뽕　우선 그가 뭘 먹었는지 너무 궁금하고, 말을 하다가 만 것 같은 느낌이 들어서 찝찝해요!

바나나　I know, right? 그래서 타동사가 쓰일 때는 목적어 O가 와야 문장을 완벽하게 완성해줄 수 있답니다!

I study English. → 나는 영어를 공부한다.
S　V　　　O
⌣　≠　⌣

I drink coffee. → 나는 커피를 마신다.

S   V   O

≠

He knows them. → 그는 그들을 안다.

S   V   O

≠

짬뽕 오! 2형식에서 주어 S가 보어 C와 같았던 것과 비교하니까 2형식과 3형식의 차이가 바로 이해됐어요! 😃

$$S = C$$
$$S \neq O$$

바나나 감 잡았나요? 이렇게 S+V+O, 즉 주어와 동사 그리고 목적어 하나만 있으면 문장이 완벽해지는 3형식 동사를 '완전타동사'라고 부른답니다. 그럼 이제 4·5형식을 배울 차례인데요, 4형식은 잠시 건너뛰고 5형식부터 설명할게요!

🍌 5형식: S+V+O+OC ▶ 불완전타동사

바나나 5형식은 문장이 확 길어져서 좀 어려워 보이죠? 그런데 자세히 보면 우리가 다 아는 것들이에요. 맨 마지막에 온 OC를 빼보면 어때요?

짬뽕 S+V+O! 3형식이네요?

바나나 맞아요! 그런데 짬뽕, 우리가 2형식에서 배운 SC도 기억하죠?

짬뽕 네, SC는 주격보어잖아요. 주어를 보충 설명하는 요소로 주어와 같거나 비슷하다! 맞죠?

바나나 그렇죠! 그럼 이 SC와 비슷한 OC는 어떻게 풀이할 수 있을까요?

짬뽕 SC가 주격보어니까… OC는 목적격보어?

바나나 That's correct! 'C가 들어간 걸 보니 보어인데, 앞에 있는 O를 보니 목적격보어겠구나!', 이렇게 추측할 수 있죠? 목적격보어는 '목적어를 보충 설명하는 요소로 목적어와 같거나 비슷하다'라고 이해하면 돼요. 어때요? 2형식과 3형식을 알고 보니 생각보다 간단하죠?

짬뽕 그럼 5형식은 3형식에 목적격보어 OC 하나만 추가하면 끝인 거예요?

바나나 Exactly! 자, 아까 2형식을 배울 때 S+V+C에서 C를 빼면 문장이 완성되지 않는다고 했어요.

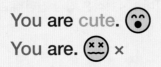

짬뽕 네! 그래서 '불완전자동사'라고 부른다고 했어요.

바나나 5형식 또한 목적격보어 OC가 없으면 문장의 의미가 완전히 성립하지 않아요. 그래서 5형식 동사를 '불완전타동사'라고 부릅니다.

짬뽕 3형식 '완전타동사' S+V+O에 OC를 붙여야만 문장이 완성되니까 S+V+O+OC라고 쓰고 동사는 '불완전타동사!' 맞죠? 😛

바나나 Yes, you are right! 그럼 예시를 보며 자세히 공부해봐요.

I found the lecture difficult.
S   V   O   OC
나는 생각했다   그 수업이   어렵다고

이 문장의 구성을 설명하면 'I=나는/found=찾았어/the lecture=그 수업을/ difficult=어려운 상태로'예요. 의역하면 '나는 그 수업이 어렵다고 생각했어'가 되죠. 여기서 목적어와 목적격보어의 관계를 보세요. '그 수업이 어려운 거고= 어려운 게 그 수업'이죠? 목적격보어는 목적어의 상태를 설명하면서 추가로 설명을 보충하는 거예요.

It makes me special.
S   V   O   OC
그것은 만들어   나를 특별한 상태로

짬뽕 이건 제가 해볼래요! 내가 특별하고, 특별한 게 바로 나! me(O)= special(OC)!

바나나 정답! 예시 2개만 더 볼게요.

He makes me happy. 그는 나를 행복하게 만들어. → **나 = 행복한 상태**

You make me laugh. 너는 나를 웃게 만들어. → **나 = 웃는 상태**

짬뽕　　Yeah! 3형식을 이해하고 나니 5형식도 쉽게 이해되네요!

바나나　I know right? 그래서 3형식 뒤에 바로 5형식부터 배운 거예요. 😛
그럼 마지막으로 대망의 4형식을 살펴봐요.

🍌 4형식: S + V + IO + DO ▶ 수여동사

바나나　4형식은 우선 이런 모양으로 생긴 친구예요.

4형식: S + V + IO + DO

여기서 IO(간접목적어: indirect object), DO(직접목적어: direct object)라는
표현은 살면서 한 번은 들어봤을 거예요.

짬뽕　　으아! 이름이 너무 비호감이에요. 머리에 전혀 안 들어오는 이름인데
요, 바나나쌤. 😣

바나나　Don't worry, 짬뽕! 대한민국에서 영어를 좀 한다는 사람 중에서도 간
접목적어와 직접목적어를 이해하고 배운 사람은 거의 없어요. 4형식 목적어의
이름을 간접, 직접이라고 붙인 이유가 정말 중요한데, 아쉽게도 학교에서는 그걸
배우지 않고 넘어가거든요. 그래서 4형식 문장이 어렵고 답답하게 느껴졌을 거
예요. 오늘, 제가 그 궁금증을 팍팍 긁어줄게요! 😊

짬뽕　　네! 😎

바나나　우선 4형식 동사를 '수여동사'라고 하는데요, 다른 형식 동사들은 모두
○○자동사나 ○○타동사라고 부르다가 갑자기 수여동사라니 좀 생뚱맞죠?

짬뽕   그러게요. 너무 낯설어요.

바나나   '수여'라고 하면 우리가 흔히 '이 상을 수여합니다/학위를 수여합니다'
처럼 뭔가를 준다고 할 때 많이 쓰는 표현인데요, 대부분의 4형식 동사가 '~주
다'라고 해석되기 때문에 4형식 동사의 이름도 수여동사로 불리게 된 거예요. 그
리고 편의상 '주다동사'라고 부르기도 해요.

짬뽕   아! 그렇게 깊은 뜻이!

바나나   예를 들어 대표적인 4형식 동사에는 teach(가르쳐주다), tell(말해주다),
make(만들어주다), send(보내주다), hand(건네주다), buy(사 주다)와 같은 동
사들이 있어요. 보다시피 모두 '주다'라는 의미로 해석되죠? 자, 그런데 우리가
'뭔가를 준다'라고 말할 때 핵심적으로 꼭 들어가야 하는 게 있어요. 바로 '누구
에게 주느냐'를 밝혀야 해요.
'나는 짬뽕에게 연필을 줬다'라는 문장을 보면, 내가 연필을 준 상대인 '짬뽕'이
꼭 들어가야 문장이 성립돼요. 만약 "I gave a pencil.", 이렇게만 쓰면 어때요?

짬뽕   연필을 받은 사람이 누군지 궁금해져요!

바나나   That's exactly what I am saying! 영어는 논리어라서 최대한 말의 포
인트를 경제적으로 전달해야 하는데, '누구한테 줬는지'를 표현하지 않으면 듣는
사람이 도리어 되물을 수밖에 없어요.

A **I gave a pencil.** 나는 연필을 줬어.
B **To whom?** 누구한테?
A **To 짬뽕.** 짬뽕에게.

그래서 이렇게 비경제적인 대화를 예방하기 위해 4형식이 탄생했고, 4형식은 항

상 'S+V+IO(~에게)+DO(~를)' 순서로 간접목적어 IO 자리에는 '받는 사람'의 정보가, 직접목적어 DO 자리에는 주어지는 '대상'이 들어가는 거랍니다.

이때 주의할 점! 영어는 순서가 생명이라고 했죠? 그래서 IO와 DO의 자리를 바꿔 쓰면 틀린 문장이 돼요.

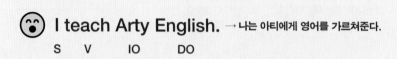

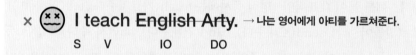

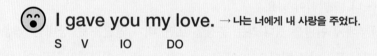

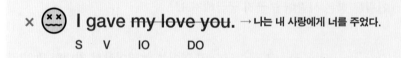

Great! 이 정도면 4형식이 대충 어떻게 이루어지는지 이해했겠죠?

짬뽕 네, 4형식 구조가 이해되긴 했는데요, 왜 간접목적어, 직접목적어라는 이름을 붙였는지는 아직도 잘 모르겠어요. 😖

바나나 사실 간단하게 생각하면 4형식은,

S+V+IO+DO=S+V+O+O

이렇게 목적어가 2개 들어가는 문장이에요. 간접이든 직접이든 목적어는 그냥 목적어거든요.
(간접목적어=IO=indirect object / 직접목적어=DO=direct object)

짬뽕 그럼 그냥 S+V+O+O라고 쓰면 되지, 왜 S+V+IO+DO 이렇게 어렵게 쓰는 걸까요?

바나나 논리적인 영어에서 별 이유도 없이 그렇게 쓸 리는 없겠죠? 😀 간접, 직접으로 이름을 달리해서 부르는 이유는 이 두 목적어의 중요도가 달라서랍니다. 직관적으로 생각했을 때 간접과 직접 중에 뭐가 더 중요할까요?

짬뽕 흠… 직접?

바나나 뭔가 확신이 없는 말투인데요? Alright, 그럼 좀 더 가슴에 와닿게 설명해볼게요. 자, 짬뽕이 가장 좋아하는 배우를 떠올려봐요. 저는 톰 하디를 가장 좋아하는데요!(꺅! 꺅꺅!!!)

제가 베스트셀러 작가가 되고 잘나가는 셀럽이 되어서 톰 하디와 광고를 찍게 되었다고 상상해보세요. 그런데 이 광고에 키스 신이 있어! 자, 이제 톰 하디가 저에게 귓속말을 합니다.

> "저기… 키스 신은… 바나나 씨가 편한 대로 간접키스, 직접키스 아무 거나 해도 좋아요…."

여러분! 저는 뭘 선택할까요? 두말할 나위 없이 직접키스를 해야겠죠?
직.접.키.스!
마찬가지예요! 4형식 목적어에서도 중요한 건 직접목적어예요. 그러니까 여러분에게 선택권이 주어지면 무조건 뭘 선택하라고요? 직접키스, 아, 아니, 직접목적어를 선택하라는 거예요! 😬

짬뽕　악! 직접키스, 필기 완료! 세상에, 죽을 때까지 잊지 못할 예시예요, 쌤. 😊 이제 간접키스보다, 아니 간접목적어보다 직접목적어가 더 중요한 건 알겠어요. 그런데 왜 둘 중에 꼭 하나만 선택해야 해요? 어차피 4형식은 목적어 2개를 다 써야 하는 것 아닌가요?

바나나　캬! 허를 찌르는 질문! 제가 아까 4형식을 쉽게 생각하면 S+V+O+O 형식이라고 했죠? 여기서 목적어 하나를 지워보세요. S+V+O. 이거 어디서 많이 보던 형태 아닌가요?

$$S+V+\cancel{O}+O \rightarrow S+V+O$$

짬뽕　앗, 저건 3형식이잖아요!

바나나　Exactly! 바로 3형식이에요. 4형식은 종종 목적어 하나를 지워서 3형식으로 전환해서 쓸 수 있답니다. 그런데 이때! 두 목적어 중에 지워야 하는 목적어는 직접과 간접 중 간접목적어예요. 덜 중요한 간접목적어는 생략할 수 있지만 더 중요한 직접목적어는 살려두는 거죠.

$$S + V + I\!\!\!/\!O + O \rightarrow S + V + O$$

아래 문장을 살펴볼게요. 4형식 문장을 3형식으로 바꿔볼 텐데요, 이때 직접목적어를 지우면 어떻게 될까요?

〔4형식〕 I gave him a book. 나는 그에게 책을 주었다.
　　　　　S V IO DO

↓

〔3형식〕 I gave him. 나는 그에게 주었다.
　　　　　S V IO

짬뽕　대체 뭘 줬을까 궁금하기도 하고 말을 하다 만 것 같고….

바나나　Exactly! '나는 그에게 책을 주었다'라는 원래 의미가 거의 전달되지 않죠? '무엇을' 줬는지가 없으니 핵심적인 의미도 함께 사라져서 의미 전달이 명확하지 않아요. 반면에 아래의 예문처럼 간접목적어를 생략한 경우는 어때요?

〔3형식〕 I gave a book. 나는 책을 주었다.
　　　　　S V DO

짬뽕　흠, 이번에는 '누구에게' 책을 줬는지 밝히지 않아서 약간 아쉽지만, "I gave him."보다는 덜 답답해요.

바나나 맞아요. 직접목적어는 동사 gave(주다)가 무엇을 전달하는지에 대한 핵심 정보를 나타내기 때문에 간접목적어보다 전달력이 더 높아요. 두 목적어 중 어디에 알짜배기 정보가 있는지 생각해보면 항상 직접목적어가 더 중요하다는 걸 알 수 있죠.

짬뽕 와, 대박! 그러니까 4형식은 3형식으로 바꿔 쓸 수 있는데, 그때 간접목적어를 지워라, 이거군요! 그래서 간접목적어, 직접목적어 같은 이름을 만든 거였다니! 이렇게 중요한 걸 학교에서는 왜 안 가르치는 거죠?

바나나 그러게 말입니다. 학교에서 이제 이 책으로 수업하면 다들 알게 되겠죠?

짬뽕 바나나 문법책을 교과서로! 😊

바나나 와우! 자, 지금까지 기본적인 5형식을 공부해봤어요. 오늘 수업 내용이 쉽지 않았는데 너무 잘 따라왔어요, 짬뽕! Good on you!

짬뽕 솔직히 저 스스로도 믿기지 않는데요, 영어가 점점 재밌어지고 있어요!

바나나 정말 다행이에요! 수업을 찬찬히 따라오면 재미있는 건 물론이고 영어 실력도 일취월장할 거예요! 마지막으로 헷갈리기 쉬운 4형식, 5형식을 한 번만 더 짚어볼게요.

〔4형식〕 I made you a cake. 나는 너에게 케이크를 만들어주었다.
                S   V   IO   DO

〔5형식〕 I made you a doctor. 나는 너를 의사로 만들었다.
                S   V   O   OC

짬뽕   위의 두 예시는 거의 똑같이 생겼는데 형식이 다르네요?

바나나   4형식과 5형식은 길이나 구성이 비슷해서 헷갈리기 딱 좋아요. 위의 예시만 봐도 두 문장에서 맨 마지막 단어만 빼고는 모두 같은 단어를 사용했잖아요. 이런 경우에는 무작정 단어 뜻만 보고 해석하면 실수하게 되니 꼭 형식이 뭔지 파악하고 해석해야 해요.

> ▶ 4형식: '~에게 ~를 주다'로 해석
> ▶ 5형식: 목적어와 목적격보어가 동격이거나 비슷한 상태로 해석

그런데 위의 4형식 문장을 5형식으로 해석해볼게요.

〔4형식〕 I made you a cake. 나는 너에게 케이크를 만들어주었다.
→ 〔5형식으로 해석〕 I made you a cake. 나는 너를 케이크로 만들었다!

어때요? 호러영화가 아닌 이상 5형식으로 해석하면 어색한 문장이죠? 내가 너를 케이크로 만들 확률은 거의 없을 테니까요!

짬뽕   그럼 어떻게 해야 헷갈리지 않고 해석할 수 있을까요?

바나나 먼저 you와 a cake가 동격인지를 확인하고, 동격이 아니라는 확신이 든다면 4형식으로 해석하는 거죠.

짬뽕 아하! 😲

바나나 마찬가지로 5형식 문장을 4형식으로 해석해도 어색해요.

〔 5형식 〕 I made you a doctor. 나는 너를 의사로 만들었다.

➡〔 4형식으로 해석 〕 I made you a doctor. 나는 너에게 의사를 만들어 준다? 누군가에게 의사를 만들어 준다고 해석한다면?

짬뽕 악! 의사 인형을 만들어줄 수는 있어도 '의사를 만들어서 너에게 줄게'라는 말을 쓸 일은 거의 없을 것 같은데요…. 😬

바나나 Exactly! '너＝의사' 이렇게 동격 구조로 이해하고, '너를 의사로 만들었다'라고 해석하는 5형식이 훨씬 자연스럽죠? 그래서 모양만으로 해석하지 않고 구성요소의 상관관계를 이해하고 해석하는 것이 형식을 써먹는 영어 공부법이랍니다. 그럼 오늘 내용도 복습 잘해 오고요, 우리는 **내일 또 바나나요!** 🍌

오늘 배운 내용

▶ 영어 문장의 5형식

▶ 1형식: S + V → 완전자동사

▶ 2형식: S + V + SC → 불완전자동사

▶ 3형식: S + V + O → 완전타동사

▶ 4형식: S + V + IO + DO → 수여동사

▶ 5형식: S + V + O + OC → 불완전타동사

영어 문장의 5형식

[5형식]

자동사
- 1형식   S+V   ▶ 완전자동사
- 2형식   S+V+SC   ▶ 불완전자동사

타동사
- 3형식   S+V+O   ▶ 완전타동사
- 4형식   S+V+IO+DO   ▶ 수여동사
- 5형식   S+V+O+OC   ▶ 불완전타동사

* 자동사: 동사가 나타내는 동작이 주어에게만 미치는 동사

* 타동사: 동작의 대상인 목적어를 필요로 하는 동사

S = 주어	V = 동사	O = 목적어	IO = 간접목적어
DO = 직접목적어	C = 보어	OC = 목적격보어	

1형식: S+V ▶ 완전자동사

I stand. 나는 서 있다.

He runs. 그는 달린다.

It works. 그것은 효과가 있다/그것은 작동한다.

It fits. 그것은 딱 맞는다/그것은 알맞다.

God exists. 신은 존재한다.

2형식: S+V+SC ▶ 불완전자동사

I am a doctor. 나는 의사이다.

She is cute. 그녀는 귀엽다.

He got angry. 그는 화가 났다.

3형식: S+V+O ▶ 완전타동사

I drink coffee. 나는 커피를 마신다.

He studies English. 그는 영어를 공부한다.

I know them. 나는 그들을 안다.

4형식: S+V+IO+DO ▶ 수여동사: '~에게 ~를 주다'로 해석

He gave me a smile. 그는 나에게 미소를 지어주었다.

I made you a cake. 나는 너에게 케이크를 만들어주었다.

5형식: S+V+O+OC ▶ 불완전타동사: O와 OC가 동격이거나 비슷한 상태로 해석

This song made me jumpy. 이 노래는 나를 초조하게 만들었다.

I made you a doctor. 나는 너를 의사로 만들었다.

오늘의
바나나 퀴즈

오늘 배운 내용을 바탕으로 아래의 문장을 영작해보세요!

[1형식]

① 귀신은 존재해. _____

② 모든 사람은 죽어. _____

③ 이 기계는 작동해. _____

[2형식]

① 나는 귀여워. _____

② 우리는 고등학생이야. _____

③ 너는 성공적인 가수가 될 거야. _____

[3형식]

① 아티는 바나나를 그리워해. _____

② 나는 바나나를 만났어. _____

[4형식]

① 그가 나에게 1달러를 줬어. _____

② 바나나는 나에게 영어를 가르쳐줘. _____

[5형식]

① 그는 나를 행복하게 만들어. _____

② 엄마는 나를 공주라고 불러. _____

＊ 정답은 p.501을 참고하세요.
＊ 해석 강의 링크는 바로 여기! ➡

영어 스피킹은 어떻게 연습하죠?

짬뽕 Q. 쌤! 영어로 스피킹을 연습하고 싶은데 외국인들과 말할 기회가 없어요. 길 가는 외국인 중 아무나 붙잡고 말을 걸어볼까요?

바나나 A.
주변에서 대화할 만한 외국인을 찾는 것도 어렵지만, 영어 실력이 부족한 상태로 모르는 외국인과 대화하는 것도 쉽지 않아요. 예전에 한 미국인 친구가 저에게 했던 고민 상담이 기억나네요.

"한국 사람들은 나랑 대화하는 걸 영어를 연습할 기회라고 생각하는 것 같아. 친구로 생각했는데, 다가온 목적을 알고 나니 나중에는 좀 상처가 되더라고."

듣기로는, 영어를 공부하는 한국 학생들 중에 스피킹을 연습하겠다고 안면도 없는 외국인에게 무턱대고 말을 거는 경우도 많다고 해요. 이런 행동은 상대방에게 무례하게 여겨질 수 있으니 조심해야 합니다.

짬뽕 Q. 그럼 언어 교환 앱은 어때요?

바나나 A.
저도 영어 공부 초기에 언어 교환 앱을 사용한 적이 있어요. 하지만 아래 두 가지 이유 때문에 효율성이 떨어져서 적극적으로 추천하지는 않아요.

① 공부보다는 이성 관계에 관심이 있는 경우가 많다.
② 조금 친해지고 나면 질문하기가 불편하다.

사람들이 언어 교환 앱을 꺼리는 까닭은 대개 첫 번째 이유 때문일 거예요. 앱 사용자 중에 사적인 질문을 반복하거나 사진을 요구하는 등 이상한 방식으로 접근하는 사람들이 많거든요. 상황이 이렇다 보니 연인이 있는 사람은 공부 목적으로 앱을 사용하면서도 마음이 불편해지기도 하죠.

영어 중상급 실력자라면 두 번째 이유에 공감할 거예요. 중상급 실력자는 이미 기본적인 영어 실력을 갖춘 상태라서 조금 복잡한 문법, 자연스러운 실생활 영어 표현 등에 대해 자세하게 질문하고 싶을 거예요. 하지만 언어 교환 앱에서 만난 친구들에게 매번 영어와 관련된 질문을 하기란 쉽지 않아요. 복잡한 질문을 하면 상대가 귀찮게 여기고, 그러다 보면 질문자도 자꾸 물어보기가 부담스러워지거든요. 이러한 이유 때문에 언어 교환 앱을 친구를 사귀는 용도로 가볍게 사용하는 건 가능하지만, 영어 실력을 쌓으며 제대로 공부할 목적으로 사용하기에는 한계가 있죠.

짬뽕 Q.   그렇군요. 아, 그럼 전화영어 수업은 어때요?

바나나 A.
예전에 유튜브 영상으로 설명한 적이 있는데, 저는 전화영어 수업보다는 화상영어 수업을 추천해요. 특히 기초 영어 실력을 가진 친구들이라면 '영어' 그 자체보다는 영어를 말할 때의 표정이나 뉘앙스, 제스처를 보면서 의사소통하는 법을 익히는 게 중요하거든요. 똑같은 말이라도 표정, 말투 등에 따라 뜻이 완전히 달라지는 경우가 많으니까요.

저는 미국에서 대학을 다니며 일주일에 4~6편의 에세이를 써야 했어요. 완성도 높은 에세이를 쓰려면 수준 높은 영작 실력이 필요했고, 때에 따라 그에 못지않은 발표 실력도 갖춰야 했죠. 그래서 학교 공부 이외에도 꾸준하게 영어 공부를 해야만 했어요.

기초 실력자인 분들이 전화로 영어를 공부하는 데 어려움이 있는 게 사실이죠. 사실 오프라인에서 직접 만나서 대화하는 것이 가장 좋지만 요즘에는 시중에 나와 있는 외국인과 소통할 수 있는 친목 커뮤니티나 앱도 많이 있고 줌(zoom) 같이 화상채팅을 통해 공부할 수 있는 여러 방식이 있는 것 같아요.

다양한 방식을 통해서 원어민들을 만나볼 기회를 꾸준히 찾는 것을 추천하고요. 해외여행이나 워킹홀리데이 등을 통해서 짧든 길든 해외 생활을 해보는 것도 영어 공부에 큰 도움이 되죠. 영어 공부, 즐거움, 새로운 경험뿐만 아니라 세계관도 넓힐 수 있는 기회니까요!

* 바나나 선생님이 해외 생활을 하면서 겪었던
다양한 문화 차이를 알고 싶다면 여기로!

DAY 3

태초에
4명의 멤버가
문장을 만들었나니!

오늘 배울 내용

- 5형식의 문장요소

- 동사

- 주어

- 목적어

- 보어

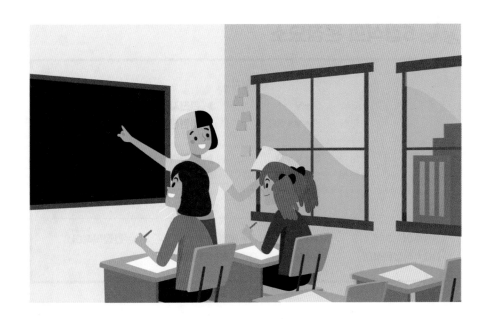

바나나   Hi, 짬뽕! 어제 내준 5형식 퀴즈는 잘 풀어봤나요?

짬뽕   네! 자신감에 비해 쉽게 풀리진 않았지만… 유튜브 해설 강의를 들으면서 꼼꼼하게 공부했죠. 그랬더니 확실히 문장이 조금씩 눈에 들어오기 시작했어요!

바나나   Good on you! 5형식을 깨우치고 나면 문장을 읽고 쓸 때 구성이 보여서 영어에 좀 더 자신감이 붙을 거예요. ☺ 그래도 막상 퀴즈를 풀면서 복습해보니 문장 만드는 게 아직 만만치 않죠?

짬뽕   네. 중간중간 막히는 부분이 있더라고요. ☹

바나나   그건 문장을 구성하는 재료! 즉 '문장의 요소'에 대한 이해가 부족했기 때문이에요. 그럼 오늘은 5형식 문장의 요소들에 대해서 배워볼까요?

 **5형식의 문장요소**

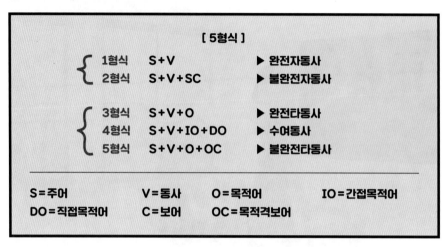

[5형식]

1형식	S+V	▶ 완전자동사
2형식	S+V+SC	▶ 불완전자동사
3형식	S+V+O	▶ 완전타동사
4형식	S+V+IO+DO	▶ 수여동사
5형식	S+V+O+OC	▶ 불완전타동사

S=주어　　　　V=동사　　O=목적어　　　　　IO=간접목적어

DO=직접목적어　　C=보어　　OC=목적격보어

바나나　짬뽕, 위의 5가지 문장 형식에서 공통적으로 나오는 것들이 뭐라고 했죠?

짬뽕　주어, 동사요!

1형식	S + V
2형식	S + V + SC
3형식	S + V + O
4형식	S + V + IO + DO
5형식	S + V + O + OC

바나나　그렇죠? 문장의 가장 앞에 나오는 주어 S, 주어 바로 뒤에 나오는 동사 V가 5형식 문장들의 공통분모예요. 그리고 이것 외에 또 반복되는 것들이 있나 한번 찾아볼까요?

짬뽕　음, 3형식이랑 5형식에 있는 목적어요?

1형식	S + V
2형식	S + V + SC
3형식	S + V + O
4형식	S + V + IO + DO
5형식	S + V + O + OC

바나나 아… 아쉽게 놓친 게 있어요. IO와 DO도 결국에는 그냥 목적어 O라고 했던 것, 기억하나요?

1형식	S + V
2형식	S + V + SC
3형식	S + V + O
4형식	S + V + O + O
5형식	S + V + O + OC

짬뽕 아, 맞다! 그럼 선생님, SC / OC도 크게 보면 둘 다 보어 C 아닌가요?

1형식	S + V
2형식	S + V + C
3형식	S + V + O
4형식	S + V + O + O
5형식	S + V + O + C

바나나 　Exactly! 정리해보면 주어, 동사, 목적어, 보어, 즉 S, V, O, C 네 가지 요소가 문장의 다섯 가지 형식을 모두 꾸리고 있어요.

1형식	S + V
2형식	S + V + C
3형식	S + V + O
4형식	S + V + O + O
5형식	S + V + O + C

짬뽕 　와! 이렇게 두고 보니까 정말 심플하네요!

🍌 동사(서술어) = V

바나나 　짬뽕은 탕수육을 먹을 때 부먹파예요, 찍먹파예요?

짬뽕 　헉! 선생님, 당연히 탕수육은 찍먹 아니겠습니까? 😮

바나나 　짬뽕은 찍먹파군요! 그런데 생각해보면 소스를 찍어 먹든, 부어 먹든 어쨌든 똑같은 탕수육이잖아요. 그런데 사람들은 왜 부먹과 찍먹으로 파를 나누는 걸까요?

짬뽕 　헐, 똑같은 탕수육이라뇨, 쌤! 그런 서운한 말씀을! 파를 나누는 이유는 탕수육을 먹는 방식이 탕수육의 맛을 좌우하는 중요한 기준이라고 믿기 때문인 거 같아요.

바나나　하하, 일리 있네요. 같은 맥락에서, 영어의 동사도 부먹파/찍먹파처럼 종류가 갈리는데요, 그 종류엔 '동작동사/상태동사'가 있어요.

짬뽕　오~, 그럼 '동작동사/상태동사'를 나누는 기준도 동사의 성격을 좌우하는 중요한 기준이 되겠네요?

바나나　Exactly! 그럼 이 동사의 두 파에 대해서 공부해보자고요! 기본적으로 동사는 한 문장에서 움직임, 상태, 성질 등을 설명하는 '서술어'로 문장의 핵심 중추 역할을 해요. 예를 들어 한국어로 '마시다/쓰다/걷다/뛰다/생각하다' 등이 모두 동사죠.

짬뽕　아하! 주로 '~하다/이다/있다' 등으로 끝나는 게 동사군요!

바나나　맞아요. 동사의 기본 개념을 이해한 것 같으니 질문 하나 할게요. '마시다'라는 의미의 동사 drink를 생각하면 어떤 모습이 떠오르나요?

짬뽕　이렇게 뭔가를 컵으로 '마시는' 동작이 떠올랐어요.

바나나　그럼 이번에는 동사 run을 생각해봐요. 또 어떤 동작이 떠오르나요?

짬뽕 다리를 쭉 뻗고 달리는 동작요!

바나나 이렇게 동작을 바로 떠올릴 수 있고 따라 할 수 있는 동사를 '동작동사'라고 해요. 자, 이번에는 '고려하다'라는 뜻을 가진 단어 consider를 떠올려봐요. 곧바로 생각나는 특정 동작이나 행동이 있나요?

짬뽕 엥? consider가 금세 동작으로 옮겨지나요? 아… 동작이 딱 떠오르질 않네요….

바나나 그러면 이번엔 일상에서 자주 쓰는 단어 have를 몸으로 표현해볼래요?

짬뽕 으악! have는 더 어려운데요? 단어 뜻은 아는데 동작으로 정확히 표현하기가 애매하네요.

바나나   그렇죠? 방금 본 consider나 have처럼 동작으로 표현되지 않는 동사도 많아요.

짬뽕   이런 동사들은 왜 동작으로 표현할 수 없나요?

바나나   생각해보세요. consider나 have 같은 동사는 동작이 아니라 상태를 나타내는 말이거든요. 그래서 '상태동사'라고 부릅니다.

짬뽕   선생님, 그럼 be동사 같은 동사는 동작동사인가요, 상태동사인가요?

바나나   예시를 통해서 설명할게요.

She is a doctor. 그녀는 의사다.

위의 문장에는 be동사 is가 쓰였죠? 이 단어는 '~이다' 정도로 해석할 수 있는데 그럼 '~이다'를 동작으로 표현해보세요.

짬뽕   으아! 쌤, 이건 도저히 동작으로 표현이 안 되는데요. 😬

바나나   그러니까 be동사 또한 뭐다? 당연히 상태동사겠죠?

짬뽕   아하! 동작이 떠오르면 동작동사, 동작으로 표현이 안 되면 상태동사, 기억할게요! ☺

바나나   좋아요, 동사는 워낙에 중요한 요소니까 나중에 동사 / 시제편에서 자세히 다루도록 할게요.

🍌 주어 = S

바나나 갔어요.

짬뽕 네? 누가요?

바나나 자고 있어요.

짬뽕 네? 도대체 누가요?? 😵

바나나 ☺ ☺ ☺ 제가 방금 짬뽕에게 '동사'들을 막 던져봤는데, 짬뽕이 자연스럽게 '누가' 그랬냐고 물어봤죠? 간다(go)고 하니까 누가 가는지, 잔다(sleep)고 하니까 누가 자는지 궁금해진 거예요. 어떤 동사가 있으면 그 동사를 행하는 주체, 즉 주어가 궁금해지는 건 자연스러운 현상이랍니다. ☺

짬뽕 그럼 '동사의 주체＝주어'인 건가요?

바나나 맞아요. 주어는 대부분 문장 맨 앞에 위치하며 동사 앞에 쓰는 것이 일반적이에요. 이 주어 자리에 올 수 있는 품사에는 명사류가 있어요.

짬뽕 제가 아직 문법 기초가 약해서 그런지 '명사'라는 단어를 들으니까 어렵게 느껴져요.

바나나 어려울 거 하~나도 없어요! 명사의 '명(名)'은 '이름'이란 뜻으로 '명찰/명의/지명' 등과 같은 단어에 자주 쓰이는 한자예요.

짬뽕 아하! 명사는 이름과 관련이 있군요!

바나나　맞아요. 간단하게 말해서 명사는 이름을 가진 모든 것을 뜻하거든요. 우리가 알고 있는 I, you, he, she와 같이 사람을 나타내는 단어 그리고 coffee, sun, bed, book과 같이 사물을 가리키는 단어 등이 모두 명사랍니다. 이런 명사들이 주어 자리에 올 수 있는 거예요. 그럼 예시를 통해서 더 살펴볼게요.

I slept. 나는 잤다.
He ran. 그는 달렸다.
They stand. 그들은 서 있다.
The machine works. 그 기계는 작동한다.

위의 네 문장에서 I, he, they, the machine이 각각 주어 역할을 하고 있네요.

짬뽕　모두 주어, 동사만으로 완벽한 1형식 문장이네요!

바나나　That's right! 하지만 이 경우는 어떤가요?

He learns. 그는 배운다.

짬뽕　음… 주어도 있고 동사도 있고 다 좋은데 '뭘' 배웠는지가 안 나와 있어서 찝찝해요.

바나나　그렇죠? learn(~를 배우다)은 타동사로 동사 뒤에 목적어가 와야 하는데, 동사 뒤에 아무것도 없으니 쓰다 만 문장같이 느껴지는 거예요.

 **목적어 = O**

바나나　learn → 배우다 → 무엇을?

　　　read → 읽다 → 무엇을?

　　　see → 보다 → 무엇을?

이렇게 '무엇을'에 해당하는 단어가 있어야 문장이 완성되는 타동사! 타동사와
목적어는 라면과 김치처럼 항상 함께하는 단짝이에요.

짬뽕　캬, 예시 좋고! 이제 '타동사＋목적어'는 안 까먹을 것 같아요!

바나나　자, 그럼 여기서 퀴즈! 여러분도 같이 풀어봐요!

Q. 서로 알맞은 것끼리 연결해주세요.	
〔3형식〕 S＋V＋O　　　•	• 목적어 1개
〔4형식〕 S＋V＋IO＋DO　•	• 목적어 2개
〔5형식〕 S＋V＋O＋OC　•	• 목적어 3개

짬뽕 쌤, 어때요? 다 맞았나요?(두근두근!)

짬뽕 답지

〔3형식〕 S + V + O •————————————• 목적어 1개

〔4형식〕 S + V + IO + DO •————————————• 목적어 2개

〔5형식〕 S + V + O + OC •————————————• 목적어 3개

바나나 아우, 아쉽게 하나 틀렸어요! 정답은 바로 이거!

정답

〔3형식〕 S + V + O •————————————• 목적어 1개

〔4형식〕 S + V + IO + DO •————————————• 목적어 2개

〔5형식〕 S + V + O + OC •————————————• 목적어 3개

짬뽕 어? 5형식에서는 O랑 OC가 둘 다 목적어 아닌가요?

바나나 짬뽕, 제대로 복습 한번 해야겠는데요? ☺ OC는 목적격'보어'라고 했죠? 목적어가 아니라 보어랍니다!

짬뽕 아, 맞다! 목적어를 보충 설명하는 '보어'! 이제야 기억났어요.

바나나 헷갈릴 수 있는 부분이니 꼭 기억하고 넘어갈게요. 자, 그럼 이 목적어 자리에는 어떤 단어가 올까요?

짬뽕 음… "I love you."를 보면 여기서 you가 목적어고… you는 명사…! 어? 그런데 목적어에도 명사를 쓰나요?

바나나 네, 목적어도 주어와 마찬가지로 명사를 써요. 다만 목적어에 인칭대명사(사람 대명사)가 오면 목적격으로 바꿔서 써줘야 해요. 'I →me, she →her, he →him', 이렇게요. 이처럼 단어가 어느 자리에 쓰이는지에 따라 모양이 바뀌는 것을 <u>'격의 변화'</u>라고 불러요.

짬뽕 격이 뭐예요?

바나나 격이라고 하면 '격식에 맞다'라고 할 때의 그 <u>'격'</u>을 뜻해요. 한마디로, 파티에 갈 땐 파티복, 학교에 갈 땐 교복을 입는 것처럼 품사 또한 자리에 알맞게 모양새를 바꿔줘야 해요.

파티 가는 중~   학교 가는 중~

짬뽕 그러니까 사람을 가리키는 대명사(인칭대명사)가 주어 자리에 올 때는 주격으로, 목적어 자리에 올 때는 목적격으로 쓰면 된다는 말이죠?

바나나 네, 맞아요. 격의 변화는 다음의 표를 참고하세요.

[격의 변화]

		주격	소유격	목적격	소유대명사
1인칭	**단수**	I (나)	my (나의)	me (나를)	mine (나의 것)
	복수	we (우리)	our (우리의)	us (우리를)	ours (우리의 것)
2인칭	**단수**	you (너)	your (너의)	you (너를)	yours (너의 것)
	복수	you (너희들)	your (너희들의)	you (너희를)	yours (너희의 것)
3인칭	**단수**	he (그) she (그녀) it (그것)	his (그의) her (그녀의) its (그것의)	him (그를) her (그녀를) it (그것을)	his (그의 것) hers (그녀의 것) ×
	복수	they (그들) they (그것들)	their (그들의)	them (그들을)	theirs (그들의 것) ×

* 비인칭 it과 they는 3인칭 it과 they와 형태가 같다.

🍌 보어 = C

바나나　자, 이제 마지막으로 보어를 배울 거예요. 보어는 문장에서 어떤 역할을 한다고 했죠?

짬뽕　주어나 목적어를 보충 설명하는 역할요! 2형식에서는 SC 주격보어가 주어를 꾸며주고, 5형식에서는 OC 목적격보어가 목적어를 꾸며줘요.

바나나　Perfect! 이 보어 자리에는 주로 명사나 형용사가 올 수 있어요.

보어 자리에 명사가 올 때	보어 자리에 형용사가 올 때
동격	**보충 설명**
S = SC (명사), O = OC (명사)	수식 ↰　　　수식 ↰ S + SC (형용사), O + OC (형용사)
She is a doctor. (she=a doctor) He calls her a doctor. (her=a doctor)	수식 ↰ She is smart. I found her dead. ↲ 수식

짬뽕　　선생님, 형용사보어와 명사보어의 예시를 좀만 더 보여주세요.

── 2형식

명사보어

He became a professor. → He = a professor → 그는 교수가 되었다.
그는　되었다　　교수

We are the same age. → We = the same age → 우리는 나이가 같아.
우리는　이다　　같은 나이

형용사보어

She is gorgeous. → She = gorgeous → 그녀는 아름답다.
그녀는　이다　아름다운

They seem tired. → They = tired → 그들은 피곤해 보여.
그들은　보인다　피곤한

명사보어

They call me a hero. → me = a hero → 그들은 나를 히어로라고 부른다.

I made myself a star. → myself = a star → 나는 스스로를 스타로 만들었다.

형용사보어

The song made me sad. → me = sad → 그 노래는 나를 슬프게 만들었다.

This coat kept him warm. → him = warm → 그 코트는 그를 따뜻한 상태로 유지시켰다.

* 형용사가 익숙하지 않은 분들은 Day 7 형용사 편을 미리 보고 와도 좋아요!

바나나　그럼 오늘 배운 문장 요소들로 문장 만들기에 도전해볼까요?

나는 김밥을 먹는다.

STEP 1: 동사 파악

문장을 만들 때 제일 먼저 동사가 무엇인지 생각하세요. 위의 문장 중 동사는 '~다'로 끝나는 '먹는다'겠죠?

짬뽕　네! 영어로는 eat!

STEP 2: 주어(동사의 주체) 찾기

바나나　OK! 그런데 누가 먹죠? 먹는 행동의 주체가 있어야겠죠?

짬뽕　'나는 김밥을 먹는다'니까 먹는 행동을 하는 바로 나! '나'가 주어네요.

바나나　그럼 주어는 문장의 어디에 쓴다고 했죠?

짬뽕　동사 앞, 그러니까 문장 맨 앞에 넣어요. 그러면 I eat이 되겠네요.

STEP 3: 목적어(동작의 대상) 넣기

바나나　그런데 뭔가 찝찝한 느낌이 들죠? 문장에서 '나는 먹는다'라고 하니까 "뭘 먹어?" 하고 물어보고 싶잖아요. 이때 '무엇을'이 뭐라고 했죠?

짬뽕　목적어요! '~를'에 해당하는 목적어! 그럼 김밥을 먹는다고 했으니 Kimbab이 목적어겠네요?

바나나　맞아요. 그럼 문장을 만들어볼까요? 주어는 맨 앞에, 동사는 주어 뒤에, 목적어는 동사 뒤에 온다고 했으니까?

짬뽕　I eat Kimbab! 주어S＋동사V＋목적어O! 와, 문장을 이렇게 쉽게 만들 수 있다니 너무 신기해요, 선생님! 😀

바나나　자연스럽게 '주어＋동사＋목적어' 순서로 써봤죠! 하나만 더 해봐요.

> **그들은 불안해졌다.**

STEP 1: 동사 파악

짬뽕　어… 여기서 동사가 뭐죠… 불안해졌다? 해졌다? 동사가 뭔지 헷갈려요.

바나나　초보자는 이 문장에서 동사를 찾는 게 쉽지 않을 거예요. 이럴 땐 뒤에 '~다'가 붙은 걸 먼저 찾으세요. 그럼 '~졌다'가 보이죠? 이게 바로 동사예요.

'~해지다', '~ 상태가 되다'를 뜻하는 동사는 become, get, go 등을 많이 쓰는데 이번에는 get(~한 상태가 되다)을 사용해볼게요.

짬뽕   그럼 '~해졌다=get', 이렇게 기억하면 되나요?

바나나   네, 그런데 정확하게 짚어보면 '~해지다'가 아니라 '~해졌다', 과거형으로 쓰였죠? 이땐 get의 과거형 got을 쓰는 게 맞아요.

짬뽕   주어는 쉽게 찾았어요. '~은'이 붙은 '그들은', 즉 they가 주어죠? They got. 그들은 ~해졌다.

STEP 2: 목적어(동작의 대상) 넣기

바나나   여기까지만 쓰니까 그들이 어떻게 되었는지가 궁금해지죠? 이제 어떤 상태를 설명해주는 보어가 올 차례예요. '불안한'이라는 뜻을 가진 nervous가 와서 They got nervous! 그럼 완벽한 2형식 문장이 완성되었어요!

짬뽕   오! 이제 단어만 알면 퍼즐 맞추듯이 끼워 넣으면서 영작할 수 있을 것 같아요.

바나나   That's the spirit! 첫 부분에 설명이 많아서 소화하기 쉽지 않았을 텐데 너무너무 잘 따라와줬어요. 반복해서 읽고 이해한 후에 오늘의 바나나 퀴즈를 풀어보세요. 지금처럼만 잘 따라오면 어느새 기본기가 다져져 있을 테니 Keep up the good work! 그럼 내일 또 바나나요! 🍌

오늘 배운 내용

▶ 5형식의 요소   ▶ 동사   ▶ 주어

▶ 목적어   ▶ 보어

5형식의 문장요소

1형식	S + V
2형식	S + V + C
3형식	S + V + O
4형식	S + V + O + O
5형식	S + V + O + C

S=주어 / V=동사 / O=목적어 / IO=간접목적어 / DO=직접목적어 / C=보어 / OC=목적격보어

동사 V

문장에서 움직임, 상태, 성질 등을 설명하는 서술어로 문장의 핵심 중추 역할을 한다. '마시다/쓰다/걷다/뛰다/생각하다' 등이 모두 동사이다.

- 동작동사: 동작이 떠오르는 동사
- 상태동사: 동작으로 표현이 되지 않는 동사

주어 S

주어는 동사의 주체를 뜻하며 문장 맨 앞, 즉 동사 앞에 쓰는 것이 일반적이다. 주어 자리에는 I/you/he/she와 같이 사람을 나타내는 단어, coffee/sun/book과 같이 사물을 가리키는 단어 등 명사류(이름을 가진 모든 것)가 온다.

목적어 O

문장에서 '~를'에 해당하는 요소로 명사가 올 수 있다. 다만 목적어에 인칭대명사(사람 대명사)가 오면 목적격으로 바꾼다. 타동사가 오면 반드시 목적어를 써야 한다.

보어 C

주어나 목적어를 보충 설명하는 역할로 2형식에서는 주격보어가 주어를 꾸미고, 5형식에서는 목적격보어가 목적어를 꾸민다. 주로 명사나 형용사가 올 수 있다.

오늘의 바나나 퀴즈

오늘 배운 내용을 바탕으로 아래의 문장을 영작해보세요!

① 나는 어제 여기에 앉아 있었다. (sit의 과거형 → sat)

_____

② 그는 외로워졌다. (동사 '~한 상태가 되다' → become / get / go)

_____

③ 그녀는 가방 하나를 샀다. (buy의 과거형 → bought)

_____

④ 나는 너에게 내 모든 마음을 줄 거야. ('마음 / 모든 마음' → my heart / all my love)

_____

⑤ 나는 그를 행복하게 만들 거야. ('~할 거야'는 미래형 조동사와 함께 사용)

_____

* 정답은 p.501을 참고하세요.
* DAY 4 수업 전에 오른쪽 QR코드를 찍어 해당 강의를 먼저 보고 와주세요!
  Day 4~7을 이해하는 데 도움이 될 거예요!

DAY 4

영어 문장을 이루는 주연급 문법요소, 명사!

오늘 배울 내용

- 명사의 뜻

- 명사의 역할

- 명사의 단수형 & 복수형

- 명사의 종류: 가산명사 & 불가산명사

DAY 4~7 수업과
관련된 영상은
← 여기!

바나나 짬뽕, 오늘도 안녕~! 지난 수업 끝에 붙은 예고 영상 보고 왔나요? 오늘부터 시작할 품사 공부에 도움이 되는 영상이니 꼭! 꼭! 보고 와주세요! 자, 그럼 수업에 앞서 질문 하나 할게요.

Q1. 여러분이 가장 좋아하는 영화는 뭔지 쓰세요.

_____

Q2. 그 영화를 떠올리면 가장 먼저 생각나는 장면은 무엇인지 쓰세요.

_____

짬뽕 A1. 〈타이타닉〉.
A2. 주인공인 잭(레오나르도 디카프리오)과 로즈(케이트 윈슬렛)가 뱃머리에서 바람을 맞으며 두 팔을 벌리고 있는 장면!

바나나   역시! 대부분이 그 장면을 떠올리더라고요. 저는 〈타이타닉〉 하면 잭이 로즈의 초상화를 그리던 모습이 떠올라요. 😊

짬뽕   아, 생각나요! 그 장면도 너무 좋았죠!

바나나   그렇죠? 그런데 방금 짬뽕과 제가 한 대답에 공통점이 있는데, 그게 뭘까요?

짬뽕   음, 둘 다 잭과 로즈가 등장한다는 사실?

바나나   Haha, right! 대부분 영화의 명장면을 떠올릴 때면 주인공이 나오는 장면이 생각나잖아요. 왜 그런 걸까요?

짬뽕   영화를 이끌어가는 주인공이 없으면 진행이 안 되니까요!

바나나   Exactly! 우리가 이야기할 때, 내용의 중심이 되는 주인공, 즉 주연이 필요한 것처럼 영어 문장에도 다양한 주연이 필요해요. 그럼 오늘부터 영어 문장의 주인공 4인방! 주연급 문법요소 '명사/대명사/동사/형용사'를 자세하게 공부해봐요!

[주연급 문법요소 4인방]	
S: 주어	명사 / 대명사
V: 동사	동사
C: 보어	명사 / 대명사 / 형용사
O: 목적어	명사 / 대명사

짬뽕　주연급 문법요소! 이렇게 부르니까 뭔가 친숙하게 느껴져요. 그런데 주연급이 있으면 조연급도 있는 거예요?

바나나　역시 눈치 요정 짬뽕! 😮 맞아요. 주연급이 있으면 조연급도 있겠죠? 제가 이렇게 이름을 지은 이유는 간단해요. 드라마를 찍을 때 주연이 펑크를 내면 촬영할 수 있나요? 전지현이 안 왔는데 촬영을 어떻게 하겠어요? 불가능하죠? 마찬가지로 영어에도 전지현 같은 주연급 요소가 있고, 이 요소들이 빠지면 문장을 만들 수가 없어요.

그러니까 오늘부터 4일간 배울 '명사/대명사/동사/형용사' 4인방을 '정우성, 원빈, 김태희, 전지현' 같은 주연급이라고 생각해보는 거예요. 개런티가 비싼 주인공들과 마찬가지로, 내 맘대로 넣거나 뺄 수 없고 함부로 다룰 수 없는 대상이 바로 '주연급 문법요소 4인방'인 거죠. 😊

짬뽕　그럼 조연급 문법요소는 누구예요?

바나나　앗, 주연을 배우기도 전에 조연부터 물어보다니! 살짝만 얘기하면 주연급은 '명사/대명사/동사/형용사', 조연급은 '부사/전치사/접속사/감탄사'가 있어요. 이러한 주·조연을 합친 것이 영어의 8품사예요.

짬뽕　으윽, 8품사요? 많이 들어봤지만 사실 뭐가 뭔지 잘 몰라요.

바나나　그럴 거예요. 8품사라는 말만 들어도 부담스럽고 막 거부감이 들잖아요. 단어를 들었을 때 뭘 의미하는지 가슴에 딱 와닿는 게 없어서 그래요. 그럼 품사가 무엇인지부터 알려줄게요.

품사는 한자로 '물건 품(品), 말씀 사(詞)'에서 온 단어예요. '품'이라는 한자를 보면 상자를 쌓아놓은 것처럼 생겼죠? '말씀 사'는 말 그대로 말, 단어라는 뜻이에요. 즉 간단히 '품사＝단어상자'라고 생각하면 돼요. 우리가 이사할 때 옷은 옷대로, 책은 책대로 같은 종류끼리 분류해야 정리가 쉬운 것처럼, 품사도 서로 연관된 단어끼리 상자에 넣은 거예요.

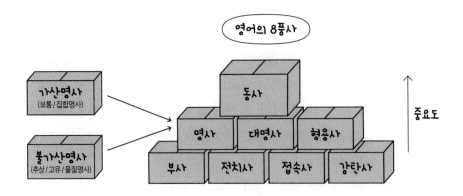

그러면 품사는 서로 연관된 단어를 어떻게 분류했을까요? '기능/형태/의미'가
비슷한 단어를 모아 각 상자에 넣고, 총 8개의 상자로 분류해 만든 게 8품사예요.
그리고 그중에서도 '명사/대명사/동사/형용사' 이렇게 4개의 품사를 영어의
'주연급 문법요소'라고 합니다.

짬뽕　쌤! 저 지금 소름이 쫙 돋았어요! 지금껏 들은 8품사가 그런 뜻이었다
니… 품사란 기능, 형태, 의미가 비슷한 것을 기준으로 한 상자에 넣은 것이라는
것! 기억할게요! 😊

바나나　자, 그럼 오늘은 품사의 첫 번째 수업으로 명사부터 완벽하게 파헤쳐봅
시다!

🍌 명사의 뜻

바나나　명사는 한자로 '이름 명(名), 말 사(詞)'를 써서 이름을 가진 모든 것을
뜻해요. 그래서 짬뽕이나 바나나란 이름도, 우리 집 강아지도 모두 명사예요.

짬뽕   와, 제 이름도요? 모든 이름이 명사였군요!

바나나   이름뿐만 아니라 세상에 존재하는 것을 부르는 명칭은 모두 명사에 속해요. 이름이라는 단어에 집착하지 말고 '뭔가를 부르는 말'이라고 넓게 생각하면 이해가 쉬울 거예요. 그럼 여기서 짧은 퀴즈 하나 풀어볼까요?

> "강아지풀이 살랑살랑 마음을 간질이는 기분"
> "발끝부터 손끝까지 온몸이 솜사탕으로 가득 찬 느낌"

위의 두 문장을 한 단어로 표현하면 무엇일까요?

짬뽕   아으~, 말이 너무 간질간질한 것이 마치 첫사랑 같은데요?

바나나   오, 비슷했어요! 저는 '사랑／연애'란 단어를 이렇게 묘사해봤어요. 상상해봐요. 주관적인 감정이나 정형화되지 않은 대상에 사랑, 우정 등의 이름을 붙이지 않았다면, 우리는 매번 아래처럼 장황한 대화를 늘어놓을지도 몰라요.

> "저는 아티 씨를 처음 만난 그 순간부터 가슴에 모기 한 방 물린 것처럼 간질간질했어요. 그래서 오늘은 말할래요! 우리 강아지풀이 살랑살랑 마음을 간질이는 기분을 함께할래요?"
> → "저는 아티 씨를 처음 만난 그 순간부터 사랑에 빠졌어요. 그래서 오늘은 말할래요! 우리 연애할래요?"

로맨틱하지만 말의 핵심을 전달하기에는 비효율적으로 긴 데다 명확하지 않은 탓에 대화 상대가 말의 의미를 못 알아들을 수도 있겠죠? 그래서 구체적이든, 모호하든, 모든 대상에 이름을 짓는 거예요. 그래야 모든 사람이 오해 없이 대화할 수 있을 테니까요. 그리고 이런 모든 '명칭'들을 모은 상자가 바로 '명사'랍니다.

🍌 명사의 역할

바나나 '사람/사물/물질/개념/현상' 등 지구상에 존재하는 모든 것의 이름을 묶어서 '명사'라고 해요. 명사는 영어 문장에서 '주어/목적어/보어/동격'의 역할을 하는데, 자주 등장하는 만큼 매우 중요한 요소랍니다.

짬뽕 선생님, 예전부터 궁금했는데 영어의 명사에는 왜 a/an/the 혹은 -s/es 같은 걸 붙여주나요?

바나나 학생들을 가르치면서 가~장 많이 들은 질문이 바로 이거예요! 관사와 복수형에 관한 질문!

짬뽕 도대체 a/an/the는 언제 쓰는지, -s/es는 어떤 명사에 붙여야 하는지 감이 잘 안 오고 막 헷갈려요. ☹

바나나 그럴 수 있어요. 이 질문은 영어 초보자부터 상급자까지 모두가 많이 하거든요. 한국어에는 관사나 복수형이라는 개념이 없어요. 그래서 초보자는 이것들을 왜 써야 하는지, 이것들이 어떤 개념인지 이해가 안 돼서 어려워하는 경우가 많아요. 또 겨우 힘들게 개념을 이해한다 해도 예외 사례가 너무 많아서 상급자에게도 골치 아픈 대상이죠. 그럼 지금부터 명사의 단수/복수형 그리고 명사 앞에 붙는 관사가 왜 필요한지 알아볼까요?

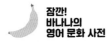
바나나 한국을 포함한 동양 문화권에서는 대개 인정과 넉넉함을 미덕으로 여겼어요. 그래서 우리는 가족이나 친구끼리 돈에 관해 이야기하거나 계산적인 말과 행동을 하는 것을 굉장히 꺼리곤 했죠. 이런 문화는 식사 문화에서 잘 나타나요. 식당에서 밥을 먹은 후 각자 계산하기보다는 최고 연장자가 돈을 낸다거나, 누군가가 밥을 사면 또 다른 누군가가 커피를 사는 등 개개인이 금액을 정확히 나눠 계산하는 경우가 많지 않아요. 돈과 숫자에 있어 두루뭉술한 편이죠. 이런 문화는 언어에도 영향을 끼쳐서 한국어는 사물을 표현할 때 숫자나 개수에 크게 집중하지 않는 경향이 있어요. 아래 한국인 커플이 나누는 대화를 볼까요?

> **아라** 자기, 뭐 해?
> **현태** 응, 나 책 좀 사려고 서점에 왔어. 점심 먹었어?
> **아라** 나 다이어트 중이잖아. 간단하게 사과 먹었어. <u>몇 권이나 샀는데?</u>
> **현태** 한 권. 든든하게 먹어야지. 사과로 되겠어?
> **아라** 응, 사과 많이 먹어서 괜찮아.
> **현태** <u>얼마나?</u>
> **아라** 20개.
> **현태** 헉, 그 정도면 햄버거보다 칼로리가 높은 거 아니야?

이 대화를 보면서 의아한 점이 있었나요? 잘 모르겠죠? 그런데 외국인 친구가 이 대화를 들으면 이렇게 생각할 거예요.
'이런… 대화가 너무 비효율적이야. 처음부터 책을 몇 권 샀는지, 사과를 몇 개 먹었는지 표현했으면 더 이상 질문하지 않아도 됐을 텐데…. 한국어는 매번 되물어야 해서 귀찮겠다.'
생각지 못한 시선이죠? 그럼 같은 내용으로 외국인 커플의 대화를 볼게요.

> **Valentina** Hey honey, what's up?
> **Droe** Hey you! I am in a bookstore to buy a book. Have you eaten lunch?
> **Valentina** Yeah, I am on a diet, so I had twenty apples.
> **Droe** Darling, twenty apples would have higher calories than one hamburger.
> **Valentina** No way!

짬뽕   오, 진짜 대화가 훨씬 짧아졌네요?

바나나   처음부터 사물의 숫자를 정확하게 밝히며 대화했기 때문이에요. 한국인은 보통 "펜 샀어 / 책 읽었어 / 초코바 먹었어." 하고 두루뭉술하게 말하지만, 영어권 사람들은 확실하게 "I bought a pen / I read two books / I had three candy bars." 처럼 숫자를 정확하게 표현해요. 정확한 개수가 아니더라도 물건이 하나인지(단수) 여러 개인지(복수)를 반드시 밝혀줘야 합니다. a book 혹은 some chocolate bars 처럼요!

짬뽕   그런데 영어는 왜 이렇게 단수와 복수에 집착하는 거예요?

바나나   서양에서는 일찍이 무역업과 상업이 매우 발달했기 때문에 물건을 빠르게 사고파는 것이 중요했어요.

> 손님 사과 좀 주세요.
> 상인 몇 개요?
> 손님 5개요.

유럽 상인들은 이런 대화 시간조차 아까웠던 거죠. 그래서 아예 대화 중에 숫자를 정확하게 표현해서 되묻는 과정을 생략했고, 이로 인해 언어의 효율성이 높아졌어요. 상업, 무역업의 발달이 언어에 지대한 영향을 끼친 것이죠.

> 손님 Five apples, please.
> 상인 Here you go.

이로 인해 돈과 숫자의 개념이 칼 같은 서양 문화에서는 공정하게 각자 계산하는 더치페이(splitting the bill) 문화도 자연스레 정착했습니다.
자, 이런 배경을 이유로 영어에서는 명사, 즉 사물이나 사람 등이 단수(하나)인지 복수(하나 이상)인지 꼭 밝혀주기로 약속한 거예요.

짬뽕   **영어는 알면 알수록 뭔가 수학처럼 깐깐한 언어 같아요.**

바나나   그렇게 느낄 수도 있어요. **영어는 한국어처럼 두루뭉술하게 상황에 맞춰서 눈치껏 알아들어야 하는 언어가 아니거든요.**

🍌 명사의 단수형 & 복수형

바나나 영어에서 이렇게 중요하게 여기는 명사의 단수/복수에는 간단한 룰이 있어요. 단어가 하나(단수)를 의미하면 단어 앞에 항상 a / an / the 이 셋 중에 하나를 써줘야 하고, 둘 이상(복수)일 땐 -s / es를 붙여줘야 해요. 그럼 단수형부터 살펴볼게요.

—— 1. 명사의 단수형

$$\blacktriangleright \text{단수형} = \begin{bmatrix} a/an \\ the \end{bmatrix} \rangle + \text{단수명사}$$

명사의 단수형에서 관사를 a / an 그리고 the, 이렇게 두 그룹으로 나눈 데는 이유가 있어요. 우선 a / an은 부정관사, the는 정관사라고 불러요. 영어에 '부정'이라는 단어가 나오면 '~가 아니다'의 not 개념이 아니라 한자로 '아닐 부(不), 정할 정(定)'을 쓰는 '정할 수 없는 ~'이라고 이해해야 해요. 그래서 부정관사는 '정해지지 않은 단수 명사'에 붙이는 거예요. 반대로 정관사는 '정해진 명사'에 붙여요. 여기서 '정해졌다/정해지지 않았다'라고 이야기하는 것은 '정보를 듣는 사람이 이것에 대한 정보가 있다/없다'라는 뜻이에요. 아래 예시를 보면 이해가 갈 거예요.

Hamish **Dave, do you have siblings?**

데이브, 너 형제가 있어?

Dave **I have a sister. Oh, I think you've seen her. The girl in the picture on my Kakaotalk profile is my sister.**

여동생이 있어. 아, 너 본 적 있을 거야. 내 카카오톡 프로필에 있는 그 여자애가 내 동생이야.

Hamish **Really? The girl in your profile picture was really pretty. I thought she was your girlfriend!**

정말? 네 프로필에 있는 애는 진짜 예뻤다고. 난 네 여자친구인 줄 알았어!

Dave   **Haha, no, she's my little sister.**

하하, 아니야, 걔는 내 여동생이야.

Hamish가 형제가 있느냐고 묻자 Dave가 a sister이 있다고 했죠? Dave는 Hamish가 당연히 자기 동생을 모른다고 생각해서 처음에는 a girl이라고 표현했어요. 그리고 즉시 뭔가를 깨닫습니다.

"아, 너 본 적 있을 거야. 내 카카오톡 프로필에 있는 그 여자애가 내 동생이야." 메신저로 대화할 때 서로가 프로필 사진을 봤겠죠? 그래서 Dave는 Hamish가 사진 속 소녀, 즉 자신의 여동생을 알고 있을 거라고 생각한 거죠. 그래서 이후에는 '그냥 소녀=a girl'이 아니라 '그 소녀=the girl'이라고 바꿔서 말합니다. 마찬가지로 Hamish도 자신이 이 소녀를 알고 있다고 표현하기 위해 the girl이 예쁘다고 말하는 거예요.

짬뽕   오호라, 참으로 논리적이어라! 😮

바나나   하하! 이제 언제 부정관사 a /an을 쓸지, 정관사 the를 쓸지 알겠죠?

짬뽕   네! 그런데 부정관사의 a와 an은 무슨 차이가 있어요?

바나나   예시를 통해서 설명할게요! a apartment를 소리 내서 읽어볼래요?

짬뽕   어／아／팔트먼트!

바나나   어때요? 발음이 스무스~하게 잘되나요?

짬뽕   아뇨, 어려워요…. 🙂

바나나 ‘a: 어-’라는 단어는 발음하면 입이 동그랗게 벌어지는데요, 바로 뒤에 ‘아/에/이/오/우’ 같은 모음이 따라오면 발음하기가 매우 어려워져요. 입이 벌어진 상태에서 또다시 입을 벌리며 발음해야 하기 때문이죠. 그래서 단수인 명사가 모음으로 시작할 때는 a 대신 an이라는 관사를 붙여주는 거예요.

> ▶ ‘an+모음 발음’으로 시작하는 단수명사
> an accident / an idea / an army / an umbrella / an inch
> an egg / an aunt / an octopus / an eventful day / an hour

짬뽕 어? 선생님, 마지막 두 단어, day와 hour는 자음 d와 h로 시작하는데 왜 an을 써요?

바나나 an eventful day(소란스러웠던 하루)부터 설명할게요. day는 자음으로 시작하는 단어지만 앞의 형용사 eventful(파란만장한)의 수식을 받아요. a가 an으로 바뀌는 것은 발음상 편의를 위한 것이라서 명사를 수식하는 형용사가 모음으로 시작해도 ‘an’을 써줘야 해요.

짬뽕 아하! 관사 바로 뒤에 오는 단어의 발음에 초점을 맞추는 거군요!

바나나 그리고 두 번째 an hour! 여기서 h는 자음이지만 가끔 묵음(소리 내지 않는 음)이 될 때가 있어요. 이런 때는 뒤에 따라오는 단어에 따라 모음으로 처리해주기도 합니다. a hour(X)가 아니라 an hour(O), a honest man(X)이 아니라 an honest man(O)으로요.

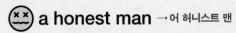
a honest man → 어 허니스트 맨

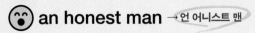
an honest man → 언 어니스트 맨

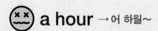 **a hour** → 어 하월~

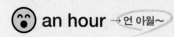 **an hour** → 언 아월~

여기서 또 하나 주의할 점! 짬뽕, 영어에서 모음이 뭔 줄 아세요?

짬뽕　쌤, 그건 상식이죠! a.e.i.o.u / 에이.이.아이.오.유!

바나나　자, 방금 짬뽕이 u를 '유', 이렇게 발음했죠? u는 '우'로 발음될 때도 있고, '유'로 발음될 때도 있어요. 그런데 '우'로 발음하면 모음으로 처리하지만, '유'로 발음하면 모음이 아닌 자음으로 판단하고 an 대신 a를 붙이죠. an uniform(X)이 아니라 a uniform(O)처럼요. 모음은 'a.e.i.o.u / 에이.이.아이.오.유'가 아니라 'a.e.i.o.u / 아.에.이.오.우'거든요.

마찬가지로 '유.요.여.야.워.와' 같은 발음은 모두 모음이 아니라 자음이에요. 그래서 a young lawyer(여-/자음), a university(유-/자음), a woman(워-/자음) 모두 자음으로 분류되어 'a'를 붙이죠.

또 반대의 경우도 있어요. MVP는 철자가 자음 m으로 시작하지만 발음은 '에-엠', 이렇게 모음 '에'로 시작하죠? 그래서 an을 붙여 an MVP(에-/모음)로 써요. 이렇게 발음에 기초해서 'a / an'의 쓰임이 정해진다는 것도 기억해주세요!

짬뽕　아! 그러니까 단순히 뒤에 오는 단어의 알파벳이 아니라 발음을 봐야 정확하게 판단할 수 있겠네요!

바나나　네, 하지만 그런 경우는 천 개 중에 하나 정도 나올까 말까 하니까 너무 신경 쓰지 않아도 돼요. 😃

▶ 복수형 = 단수명사 + s/es

바나나 자, 이어서 명사의 복수형을 살펴볼게요. 복수형은 명사의 단어 끝에 s나 -es를 붙인다고 했죠? 언제 s를 붙이고 언제 es를 붙일지 또한 발음에 따라 정해져요. 예를 들어 bus를 복수형으로 바꾸려면 어떻게 써야 할까요?

짬뽕 'bus +s' 아닌가요?

바나나 그럼 bus와 buss를 발음해보세요.

짬뽕 bus 버스. buss 버스~으.

바나나 😆 짬뽕, 노력은 가상한데 bus와 buss를 발음으로 구분하는 건 불가능해요. 둘 다 그냥 '버스'로 들리니까요. 그럼 듣는 사람이 복수인지 단수인지 구분하기 어렵겠죠? 그래서 단어의 끝발음이 s와 비슷하면 -es를 붙여서 buses로 써줘야 해요. 발음은 '버시~즈'로 '버스'와 확연하게 구분해주는 거죠. 아래는 -es를 붙여주는 단어들이에요.

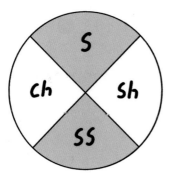

단어의 끝 스펠링

[O] tomatoes, potatoes, goes
[x] boxes, foxes
[S] buses, crises, gases
[SS] misses, classes, glasses
[CH] watches, catches
[SH] finishes, dishes

바나나 앞의 그림을 따라서 그려보세요.

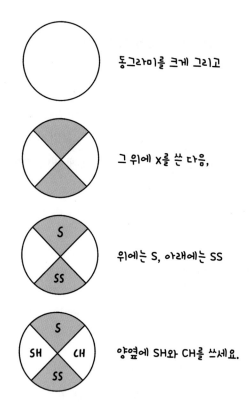

동그라미를 크게 그리고

그 위에 X를 쓴 다음,

위에는 S, 아래에는 SS

양옆에 SH와 CH를 쓰세요.

자, 이렇게 그림으로 기억한 'O / X / S / SS / CH / SH'가 단어 끝에 오면 복수형을 만들 때 –es를 붙여주세요.

짬뽕   오! 지금 딱 한 번 그려봤는데 머리에 쏙 들어와요! 😃

바나나 잘했어요. 그럼 우리 위에서 배운 것들을 연습해볼까요? 아래 문장에서 틀린 점을 하나씩 찾아보세요.

① My father bought me car.

② I read three book.

③ I ate a apple.

④ You are a sunshine to me.

쉽게 찾았나요? 그럼 한 문장씩 살펴볼게요.

① My father bought me car.

짬뽕   선생님, 이건 문제가 잘못된 것 같은데요? 틀린 점을 못 찾겠어요. 😮

바나나   아빠가 나에게 차를 몇 대 사 줬을까요? 당연히 한 대? 이렇게 지레짐작
해서 생각하면 안 돼요. 영어는 표현하지 않으면 절대 알 수 없다고 생각해야 합니
다. 그래서 차를 한 대 사 줬다면 a car, 여러 대를 사 줬다면 cars라고 써야 해요.
→ My father bought me a car / cars.

② I read three book.

짬뽕   이건 알겠어요! 책을 세 권 읽었다고 정확히 이야기했는데 복수형으로
바꾸지 않고 단수형으로 썼어요. book 대신 books라고 써야 해요.

바나나   정답이에요! → I read three books.

③ I ate a apple.

짬뽕   아유~, 이 정도는 식은 죽 먹기죠. apple이 모음으로 시작하니까 an
apple! → I ate an apple.

④ **You are a sunshine to me.**

짬뽕 이건 sunshine이 s로 시작하니까 a가 붙는 게 맞지 않나요? 틀린 곳이 없는 것 같은데요.

바나나 배우지 않은 부분이라 틀린 곳을 못 찾는 게 당연해요. 우선 ④의 정답은 sunshine 앞에 있는 a를 지우는 거예요. → **You are sunshine to me.** 자, 드디어 명사의 종류인 가산명사와 불가산명사를 이야기할 때가 왔군요!

🍌 명사의 종류: 가산명사 & 불가산명사

바나나 영어학자들은 영문법 이름을 왜 이렇게 어렵게 붙였을까요? 한자어에다 절대 쓰지 않을 것만 같은 단어를 조합하다니!

짬뽕 일본어의 잔재라는 이야기가 있던데 지금이라도 바꾸면 좋겠어요. 무슨 말인지 도무지 머리에 안 들어오잖아요. ☹

바나나 그러게나 말이에요. 우선 듣기만 해도 머리가 아픈 '가산/불가산'의 뜻을 알려줄게요. '가산'의 '가(可)'는 가능하다, '산(算)'은 계산하다는 뜻으로 '가산명사=세는 게 가능한 명사'라는 말이죠. 여기에 '~가 아니다/~를 못 하다'를 의미하는 '불(不)'을 붙이면 '불가산명사=세는 게 불가능한 명사'가 되겠죠?

명사를 셀 수 있는 것 / 없는 것이 왜 중요할까?

바나나   영어권 사람들은 숫자와 셈을 중요하게 여겨서 단수, 복수를 나타내는 게 중요하다고 했죠? 그런데 서양인의 또 다른 특징인 '이성적인 사고'가 추가되면서 '가산/불가산'이라는 개념이 생겼어요.

서양인은 사과를 먹을 때도 1개를 먹었는지 2개 이상을 먹었는지 꼭 표시하며 단수와 복수를 구분했는데, 어느 날 이런 생각이 들기 시작했어요.

'빵은 셀 수 있는 물건일까?
빵은 구울 때마다 크기가 제각각이고
빵집이나 제빵사에 따라 모양도 크기도 다른데
'빵 하나'라는 말로 규정할 수 있을까?'

짬뽕   하… 진짜 이성적이네요. 😞

바나나   자, 우리는 일상에서 빵 한 조각을 여러 명이 나눠 먹을 때가 있어요. 그럴 때 "빵을 먹었다"라고 하죠? 한국어는 두루뭉술하게 이렇게만 말해도 상관없지만, 영어는 정확하게 표현하기 위해서 "I had a bread"라고 써야 해요. 그런데 서양인은 이게 논리적이지 않다고 생각한 거죠. 왜냐고요? 빵을 나눠 먹을 때 어떤 사람은 주먹 크기만 한 것을 먹고서 "빵 하나를 먹었다"라고 하고, 또 다른 사람은 손톱 크기만한 것을 먹고 "빵 하나를 먹었다"라고 할 수도 있으니까요!

"빵 하나 먹는 중!"       "나도 빵 하나 먹는 중!"

짬뽕   그러고 보니 서로 완전히 다른 크기의 빵을 먹고 똑같이 '빵 하나'로 표현하는 게 비논리적이긴 한 거 같아요.

바나나 　역사적으로 이성과 논리 철학이 발달한 서양에서는 언어에서도 '이성적 합리성'을 중요시했어요. 그래서 탄생한 것이 바로 '셀 수 있는 가산 명사/셀 수 없는 불가산명사'랍니다.

빵, 물, 공기, 나무, 돌, 옷감 같은 물질을 표현하는 명사(물질명사)는 숫자로 딱 잘라서 표현하기 어려운 개념이죠? 그래서 '수'를 따지는 게 아니라 '양'으로 따지는 불가산명사가 되었어요. 희망, 사랑, 충고, 가치 같은 추상명사 또한 셀 수 없기 때문에 불가산명사에 속합니다. 이들은 말 그대로 셀 수 없는 개념이므로 a/an이 붙는다고 해서 하나(단수)를 의미하지 않으며, -s/es를 붙여서 복수형으로 쓰지 않아요. 동사와 수를 일치시킬 때는 명료하게 단수로 처리합니다.

Water is important.
Love changes.

이렇게요!

바나나 　자, 가산명사와 불가산명사가 무엇인지 이해됐나요? 다시 정리해보면,

▶ **가산명사 = 셀 수 있는 명사**
▶ **불가산명사 = 셀 수 없는 명사(항상 단수 취급)**

짬뽕 　선생님… 여기서부터 확 어려워진 것 같아요. 이전까지는 술술 이해했는데 가산명사부터는 좀 헷갈려요. 😵

바나나 　그래도 여기서 포기하면 안 돼요! 이 부분은 초보자도 실력자도 자주 헷갈리니까 수업에 집중하면서 잘 이해하고 넘어가야 해요. 우선 가산명사와 불가산명사가 주어일 땐 어떻게 대처해야 하는지 알려줄게요.

1. 가산명사가 주어일 때
① 먼저 단수인지 복수인지 따져보세요.

② 주어가 단수일 땐 3인칭 단수로 이해하고 a/an/the와 같은 관사 혹은 단수 가산형용사 one/every/each 등과 같은 한정사를 붙이고, 동사에 -s/es를 붙여요.

A baby sleeps. 아기가 잔다.

An actor is coming. 연기자가 오는 중이다.

The guy hates cookies. 그는 쿠키를 싫어해.

Every girl likes him. 모든 소녀는 그를 좋아한다.

* the는 '그'것을 지칭하는 뜻으로 단수, 복수명사에 모두 붙을 수 있어요.

③ 주어가 복수일 땐 명사 바로 뒤에 -s/es를 붙여 복수명사를 만들고 동사에는 아무것도 붙이지 않아요.

Your shoes look so comfortable. 네 신발은 편해 보여.

My parents make a lot of money. 나의 부모님은 돈을 잘 번다.

Some boys cook very well. 몇몇 소년은 요리를 매우 잘한다.

2. 불가산명사가 주어일 때

① 항상 단수로 취급해요.

② 셀 수 없는 명사이기 때문에 단수라도 a/an 같은 관사나 one/every/each 같은 단수 가산형용사, 즉 한정사는 쓰지 않아요. 하지만 3인칭 단수이니 동사에 -s/es를 붙여요.

Water freezes at 0°C. 물은 섭씨 0도에서 언다.

Iron reacts with water and air to produce rust. 철은 물, 공기와 화학 반응을 일으켜 녹이 생긴다.

짬뽕   선생님, 방금 water 같은 불가산명사에는 a/an을 붙이지 않는다고 했잖아요. 그런데 제가 언젠가 a water가 들어간 문장을 본 적이 있는 것 같은데,

잘못 본 걸까요? 아니면 틀린 문장일까요?

바나나   음, 잘못 본 걸 수도 있고 맞는 문장일 수도 있어요.

짬뽕   오잉? 이건 또 무슨 말이에요? 아악, 너무 어려워요! 😫

바나나   자, 차근차근 설명할게요. 😊 다시 한번 말하지만 가산 / 불가산은 귀찮고 짜증나는 개념이에요. 예외가 너무 많거든요! 짬뽕이 질문한 내용도 예외에 속해요. 물을 예로 들어 설명해볼게요.

한 컵의 물도, 한 방울의 물도 서로 양은 다르지만 똑같은 물이에요.

그래서 양의 차이를 말할 수는 있지만 1개, 2개로 셀 수 있는 개념은 아닌 거죠. 그런데 우리가 마트에서 파는 물은 정량이 있죠? 그래서 1병, 2병으로 셀 수 있는 거예요.

따라서 마트에서 물을 살 때도 아래처럼 간략하게 표현해요.

A water, please.(=Give me a bottle of water, please.) 물 1병 주세요.

Two waters, please.(=Give me two bottles of water, please.) 물 2병요!

짬뽕 아, 그럼 물질명사라도 사고팔 때는 수량을 나타낼 수 있군요! 또 다른 예외는 없나요?

바나나 없으면 좋겠지만… 있어요. 😞

돌 stone은 셀 수 없는 개념이에요. 그런데 돌과 돌멩이라는 단어는 의미가 조금 다르죠? 돌은 작은 광물질이나 바위처럼 큰 것을 포괄하는 의미라면, 돌멩이는 손에 쏙 들어갈 만큼 작은 돌을 지칭해요. 그래서 그냥 stone이라고 하면 크기를 알 수 없는 물질로서의 돌을 의미하고 항상 불가산명사로 쓰여요. 하지만 a stone으로 쓰면 돌멩이라는 뜻으로, 의미가 축약돼요. 물질명사인 stone을 불가산명사로 쓰는 경우, a stone / stones처럼 가산명사로 쓰는 경우를 예시로 비교해볼게요.

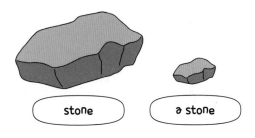

This bridge is made of stone. 이 다리는 돌로 만들어졌어요.

→ 물질적 성격을 드러냄

He aimed a stone at me. 그가 나를 향해서 돌멩이를 던졌어요.

→ 돌이라는 개념에서 의미를 축약해 돌멩이를 나타냄

마찬가지로 fire는 일반적으로 '불'을 뜻하지만 '모닥불/난롯불'처럼 작은 불을 의미할 때는 a를 붙여주기도 해요. 이렇게 단어의 의미를 축약하기 위해서 가산화를 하는 경우가 종종 있어요. 하지만 반대로 단어의 의미를 확장하기 위해서 가산화를 하기도 한답니다. 그럼 불가산명사를 가산화해서 확장된 의미로 쓰는 경우를 살펴볼까요?

[불가산명사를 가산화해서 확장된 의미로 쓰는 경우]	
① fire(불)	→ a fire(화재/모닥불/화롯불)
② water(물)	→ a water(병에 든 물) → waters(광천수/군침/탄산수/(특정 호수나 강, 바다의) 물/영해)
③ stone(돌)	→ a stone/stones(돌멩이/자갈)

A fire was caused by a little boy last night. 어젯밤, 어린 소년에 의해 화재가 발생했다.

짬뽕　쌤, 그러면 불가산명사도 가산명사처럼 관사 a /an 그리고 복수형 -s / es가 다 올 수 있는 거나 마찬가지 아닌가요?

바나나　방금 위에서 설명한 내용은 예외적인 것들이라 외워둬야 하는 것이고, 대부분의 불가산명사들은 관사도, 복수형 어미도 없이 쓴답니다!
자, 오늘은 명사를 배웠는데, 가산/불가산명사 때문에 내용이 조금 길고 복잡했어요. 그렇다고 벌써 포기하고 싶은 마음이 드는 건 아니죠? 😲

짬뽕　하하하… 오늘은 내용이 만만치 않았으니 복습을 열심히 해야 할 것 같아요. 😊

바나나　오늘 배운 내용 중 가장 중요한 것은 "영어 문장의 주요 4인방(S/V/C/O) 중 동사를 제외한 '주어/목적어/보어' 세 군데나 문장의 주연급인 명사가 들어간다는 점"이에요.

내일 배울 대명사는 명사와 깊은 관련이 있으니, 오늘 열심히 공부한 분들에겐 내일 수업이 쉬울 거예요. 그럼 우리 **내일 또 바나나요!** 🍌

짬뽕의
복습노트

오늘 배운 내용

▶ 명사의 뜻

▶ 명사의 단수형 & 복수형

▶ 명사의 역할

▶ 명사의 종류: 가산명사 & 불가산명사

명사의 뜻

사람 / 사물 / 물질 / 개념 / 현상 등 지구상에 존재하는 모든 것의 이름

명사의 역할: 주어/목적어/보어/동격

① 주어: 행위의 주체

The Internet is a dynamic medium. 인터넷은 동적인 매체다.

② 타동사의 목적어: 3, 4, 5형식 타동사의 목적어

I found wrong translations in the book. 나는 그 책에서 잘못된 번역들을 발견했다.

She got him a present for his birthday. 그녀는 그에게 생일 선물을 주었다.

I let Arty pick. 나는 아티가 선택하도록 했다.

③ 전치사의 목적어: 전명구(전치사+명사)를 만드는 전치사의 짝

He was sleeping on the couch. 그는 소파에서 자고 있었다.

④ 주격보어 SC: 주어를 보충 설명하는 명사보어

I'm a teacher.(I=a teacher) 나는 선생님이다.

⑤ 목적격보어 OC: 목적어를 보충 설명하는 명사보어

You can call me Renee.(me=Renee) 르네라고 불러도 좋아.

⑥ 동격: 앞에 나온 명사 뒤에 붙어서 같은 의미를 추가해주는 명사

Mr. Park, my professor, is never wrong.(Mr.Park=my professor)

미스터 박, 그러니까 나의 교수님은 절대 틀리지 않는다.

명사의 종류: 가산명사 & 불가산명사

영어의 명사는 '셀 수 있는 가산명사'와 '셀 수 없는 불가산명사'로 구분해 칭한다. 가산명사는 '단수명사'와 '복수명사'로 나눈다. 불가산명사는 대부분 '단수 취급'하고 물질명사, 고유명사, 추상명사 등이 있다.

명사	**가산명사**	보통명사	사람/사물/동물을 나타내는 이름 → student, friend, pencil
		집합명사	사람/사물의 집합체를 나타내는 이름 → family, class, team, audience
	불가산명사	추상명사	눈에 보이지 않는 개념의 이름 → friendship, advice, knowledge
		고유명사	사람/나라 이름 등 고유한 이름 → Paris, Steven, Monday
		물질명사	일정한 형태가 없는 물질의 이름 → water, gas, sugar, paper

명사의 단수형 & 복수형

① 가산단수명사: a / an / the + 명사

영어에서는 단수와 복수를 구분하는 것이 굉장히 중요하기 때문에 가산단수명사에는 관사 a / an / the를 붙여서 단수임을 정확히 표시해야 한다.

	관사의 사용
셀 수 있는 가산명사	a / an 가능 / the 가능 / 복수 형태 가능
셀 수 없는 불가산명사	a / an 불가능 / the 가능 / 복수 형태 불가능

② 가산복수명사: 단수명사 + s / es

마찬가지로 가산복수명사의 경우 명사 뒤에 -s / es를 붙여줘야 한다.

가산 명사	**종류**	보통명사	사람 / 사물 / 동물을 나타내는 이름 → student, friend, pencil
		집합명사	사람 / 사물의 집합체를 나타내는 이름 → family, class, team, audience
	형태	**복수형**	무성음으로 끝나는 명사+s → cats, books, months → 끝발음 s[s] 단, cats[kæts]에서 [ts]는 "츠"로 발음.
			유성음으로 끝나는 명사+s → dogs, pens, girls → 끝발음 s[z]
			-s / ss / sh / ch / x로 끝나는 명사+es → boxes, buses, benches → 끝발음 es[iz]
			모음+y로 끝나는 명사+s → guys, boys, days → 끝발음 s[z]
			자음+y로 끝나는 명사 → y를 i로 고친 후 es를 붙인다. → ladies, countries, cities → 끝발음 ies[iz]
			모음+o로 끝나는 명사+s → radios, zoos, kangaroos → 끝발음 s[z]
			자음+o로 끝나는 명사+es → tomatoes, potatoes, heroes → 끝발음 es[z]
			-f / fe로 끝나는 명사 → -f / fe를 v로 고친 후 es를 붙이는 경우 → wives, knives, wolves, selves → 끝발음 es[z]
			-f / ef로 끝나는 명사 → s를 붙이는 경우 → beliefs, chiefs, roofs → 끝발음 s[s]

가산명사	형태	불규칙 복수형	모음 변화 → feet, teeth, geese
			어미 변화 → children, mice, oxen
			항상복수 → pants, glasses, shoes
			단수·복수 통일 → sheep, fish, deer

③ 불가산명사: 관사(X), 복수형 -s / es(X) → 단위명사로 가산화

반면, 불가산명사는 셀 수 없는 개념이기 때문에 '하나'를 뜻하는 a / an과 같은 관사는 쓸 수 없다. 마찬가지로 복수형을 나타내는 -s / es도 쓰지 않는 게 원칙이다. 다만, 불가산명사도 조수사 a piece of, a cup of 등을 붙여서 가산화할 수 있다.

불가산명사	종류	추상명사	눈에 보이지 않는 개념의 이름 → friendship, advice, knowledge	
		고유명사	사람/나라 이름 등 고유한 이름 → Paris, Steven, Monday	
		물질명사	일정한 형태가 없는 물질의 이름 → water, gas, sugar, paper	
			* 셀 필요가 있음	
			단위명사	물질명사
			a piece of	paper, cake, advice
			a cup of	tea, coffee
			a glass of	water, milk, juice
			a slice of	cheese, pizza, cake
			a loaf of	bread, meat
			a bottle of	beer, wine
			a bar of	chocolate, soap, gold
			a sheet of	paper, ice, glass
			a pound of	sugar, meat, flour, cheese
	형태	a / an + 명사 + (e)s (부정관사, 복수 X)		

오늘의
바나나 퀴즈

1. 명사란 무엇인지 정의하세요.

_____

2. 명사의 종류 5개를 쓰세요.

_____

3. 명사가 문장에서 하는 여섯 가지 역할과 풀이를 쓰세요.

① _____

② _____

③ _____

④ _____

⑤ _____

⑥ _____

4. 주어 자리에 있는 명사가 단수라면 어떻게 해야 하나요?

주어에 적절한 단수관사 ① _____ 혹은 ② _____를 쓰고,

동사에 ③ _____를 붙이는 식으로 단수형으로 바꾼다.

5. 주어 자리에 있는 명사가 복수라면 어떻게 해야 하나요?

주어에 ① _____ 혹은 ② _____은 쓸 수 없다.

하지만 정관사 ③ _____는 쓸 수 있다.

동사 자리는 ④ _____을 그대로 쓰면 된다.

6. 빈칸에 들어갈 수 있는 답을 모두 고르세요.

Arty   Baby, how many _____ did you have?

Banana I had only one….,

Arty   You are lying! There's none left!

① chocolate   ② apples   ③ sugar

④ bread   ⑤ cookies

7. 다음 단어의 단수형과 복수형을 각각 쓰세요. (＊단수형은 관사도 함께!)

① arm   [단수] _____   [복수] _____

② key   [단수] _____   [복수] _____

③ idea   [단수] _____   [복수] _____

④ ox   [단수] _____   [복수] _____

⑤ bee   [단수] _____   [복수] _____

8. 다음 문장에서 틀린 점들을 찾아 고쳐 쓰세요.

① I have a money. 나 돈 있어.

_____

② There are many fishes. 생선이 많다.

_____

③ I drink milks every morning. 나는 매일 아침 우유를 마신다.

_____

④ Arty made chicken curry for the lunch. 아티가 점심으로 치킨 카레를 만들었다.

_____

⑤ I go to a bed at 11 pm. 나는 11시에 자러 가.

_____

⑥ He gave me an advice for my business. 그는 나에게 사업상 조언을 해주었다.

_____

⑦ I am having hard time. 난 요즘 좀 힘든 시간을 보내고 있어.

_____

9. 빈칸에 알맞은 관사를 쓰세요.

① I have _____ aunt and two uncles. 나는 이모 한 명이랑 삼촌 두 명이 있어.

② Jack received _____ MVP award. 잭이 MVP를 받았어.

③ He is _____ nice man. 그는 좋은 남자야.

④ He is _____ honest man. 그는 정직한 남자야.

⑤ I need _____ book for my test. 나는 시험을 위해서 그 책이 필요해.

⑥ I have only _____ hour to sleep. 잘 시간이 한 시간밖에 없어.

⑦ John is _____ historian. 존은 역사학자야.

10. 밑줄 친 문법요소를 알맞게 고치세요.

Arty   Banana, when are you leaving? 바나나, 언제 나갈 거야?

Banana   Soon! 곧 갈 거야!   ┌► (①   )

Arty   Before you go, can you close window? It's quite cold. And don't forget

           your sunglasses! 나가기 전에 창문 좀 닫아줘! 좀 춥다. 그리고 선글라스 쓰는 거 잊지 마!

Banana   Okay. 알았어.

Arty   And give 짬뽕 my best regard! 짬뽕한테 안부 전해줘!

                          └► (②   )

＊ 정답은 p.501을 참고하세요.

DAY 5

영어 문장을 이루는 주연급 문법요소, 대명사!

DAY 4~7 수업과
관련된 영상은
← 여기!

바나나   짬뽕, 안녕! 오늘 컨디션은 어때요?

짬뽕   흑. 😣 어제 명사 공부 분량이 너무 많아서 복습하기가 힘들었어요.

바나나   그랬을 거예요. 음~, 제가 공부 팁을 좀 드릴게요. 문법 공부가 처음이거
나 오랜만이라면 하나하나 꼼꼼하게 보지 않아도 돼요. 저랑 같이 매일 영어를
쭉 살펴본다는 생각으로 부담 없이 보는 것도 좋아요. 그렇게 전체 흐름을 익히
고 문법이 머릿속에 조금이나마 정리되면, 다시 처음부터 책을 보면서 찬찬히
들여다보길 추천합니다. 처음부터 무리해서 깊게 공부하다 보면 지쳐서 포기하
는 경우도 많거든요. 천천히 마라톤 하듯이 완주하는 게 더 중요해요. 😊

짬뽕   오! 그래도 되는군요! 쌤 이야기를 듣고 나니 부담이 좀 덜하네요.

바나나 그리고 여러 권의 책을 사서 공부하는 것보다 한 권의 책을 여러 번 보는 게 더 도움이 될 때도 있어요. 특히 우리 책은 사소한 것까지도 모두 정리해 놓은 책이라 두 번 이상 보는 게 좋아요. 처음에는 쉬엄쉬엄 보고, 두 번째 볼 때는 집중해서 깊게 공부하는 거죠!

짬뽕 네! 공부 분량을 조절해가면서 잘 따라가볼게요! ☺

🍌 대명사의 뜻 & 역할

바나나 지난 시간에 배운 명사 부분을 잘 복습해 왔다면 오늘 배울 대명사를 훨씬 쉽게 이해할 수 있어요.

짬뽕 명사와 대명사, 이름도 비슷한 게 뭔가 관련이 깊은가 보죠?

바나나 That's right! 대명사의 '대'는 한자 '대신할 대(代)'를 써요. 한마디로 '명사를 대신해서 쓸 수 있는 단어'란 뜻이죠. 명사와 대명사 둘 다 명사의 종류로, 문장 내에서 하는 역할도 거의 비슷해요.

짬뽕 아하! 둘이 약간 형제 같은 느낌이군요!

바나나 Exactly! 그럼 대명사가 뭔지, 문장에서 왜 필요한지 퀴즈를 통해서 알아볼게요.

Q. 아래 문장에서 어색하거나 고치고 싶은 부분을 체크하세요.

어제 미국인 친구를 만났어. 미국인 친구가 한국음식을 엄청 잘 먹어서 그 미국인 친구와 함께 분식집에서 떡볶이랑 김밥을 먹었어. 그런데 미국인 친구가 떡볶이 국물에다 김밥을 찍어 먹는 거 있지? 그 미국인 친구는 전생에 한국인이었나 봐!

짬뽕   아니, '미국인 친구'라는 단어가 몇 번 나오는 거죠? 하나, 둘… 헉! 총 다섯 번이나 나왔어요!

바나나 단어가 반복되니 불필요해 보일 뿐만 아니라 어색하기까지 하죠? 그럼 이 거슬리는 부분을 고쳐볼게요!

어제 미국인 친구를 만났어. 걔가 한국음식을 엄청 잘 먹어서 걔랑 같이 분식집에서 떡볶이랑 김밥을 먹었어. 그런데 걔가 떡볶이 국물에다 김밥을 찍어 먹는 거 있지? 걔는 전생에 한국인이었나 봐!

짬뽕   '미국인 친구'라는 말 대신 '걔'라는 단어를 쓰니까 문장이 확 짧아지네요!

바나나 '미국인 친구'라는 명사 대신 '그 애(걔)'라는 대명사가 문장을 깔끔하게 정리해주죠? 이렇게 같은 명사를 대신하여 문장을 간결하게 만들어주는 게 대명사의 역할이에요. 특히 영어는 단어의 반복을 매우 싫어해서 대명사의 쓰임을 더욱 중요하게 생각해요. 그럼 명사를 대신하는 대명사의 종류를 살펴볼까요?

🍌 인칭대명사

바나나 자, 앞의 예문의 '미국인 친구'처럼 사람을 대신하는 명사를 '인칭대명사(사람을(人) 칭하는(稱) 대명사)'라고 해요. 예를 들어 '남자 사람=he', '여자 사람=she'라고 쓰는 게 바로 인칭대명사인 거죠. 인칭대명사의 경우 주어 자리에는 주격으로, 목적어 자리에는 목적격으로 자리에 맞게 격을 바꿔 사용해요.

—— 주격 인칭대명사 = 주어

바나나 우리 지난번에 짧게 '격의 구분'을 배운 적이 있죠? 간단히 말해 '주어' 자리에 단어를 쓸 때는 주격에 알맞은 모양새로, '목적어' 자리에 쓰일 때는 목적격으로 격을 맞춰서 쓰는 것을 말해요.

짬뽕 아! 저번에 파티 갈 때는 파티복을, 학교 갈 때는 교복을 입는 것과 같다고 예를 들어 설명해주셨던 내용이군요.

바나나 맞아요! 대명사는 격을 구분함으로써 자신의 역할을 드러낸답니다. 그럼 주격 대명사를 하나하나 살펴볼게요.

[인칭별 주격대명사]		
		주격대명사 = 주어 (~은/는/이/가)
1인칭	단수	I (나)
	복수	we (우리)
2인칭	단수	you (너)
	복수	you / you guys (너희)

3인칭	**단수**	he (그) she (그녀) it (그것 / 그 아기 / 그 동물) * it은 성별을 알기 힘든 아기나 동물(개/고양이), 전화 중이거나 누구인지 까먹은 인물을 가리킬 때도 사용
	복수	they (그들 / 그녀들 / 그것들) * 복수대명사로 인칭/사물을 모두 지칭

* 비인칭 it과 they는 3인칭 it과 they와 형태가 같다.

짬뽕　쌤, I가 1인칭인 건 알겠는데 we(우리)가 1인칭인 건 이해가 잘 안돼요.

바나나　인칭은 어려울 것 없이, '나'가 포함되면 무조건 1인칭이에요. 그래서 I(나), 내가 포함된 we(우리)가 1인칭이 되는 거죠. 마찬가지로 2인칭은 '너'가 포함되면 무조건 2인칭이에요. 그래서 you(너) 그리고 you guys(너희)가 2인칭이 된답니다.

짬뽕　그럼 3인칭은요?

바나나　'나'도 아니고 '너'도 아닌 모든 걸 3인칭이라고 해요. 그녀, 그, 아빠, 신발, 커피, 공기 등등! '나'와 '너'를 제외한 모든 것이 3인칭이라고 생각하면 돼요.

짬뽕　아하! 이제 이해했어요! 😃

1인칭

I apologized and said I was really sorry. 내가 사과했죠. 그리고 정말 미안하다고 했어요.

We were raised in Seoul. 우리는 서울에서 자랐어요.

2인칭

You missed the bus. 넌 기회를 놓쳤어/너는 버스를 놓쳤어.

Did you (guys) use to date? 너희 둘이 사귀었어?

* used to(~하곤 했다): 의문문과 부정문에서는 use to로 사용합니다.

3인칭

He is thin-skinned. 그는 좀 예민한 편이야/그는 상처를 잘 받아.

She reads the Bible every day. 그녀는 매일 성경책을 읽어.

They have two sons and a daughter. 그들에겐 아들 둘과 딸 하나가 있어.

비인칭

How cute! How old is it? 아이고, 귀여워라! 아기가 몇 살이에요?(남자아이인지 여자아이인지 모르면 it)

Who is it? 누구세요?(성별도, 정체도 모르는 사람이면 it)

Hello? It is Renee. 여보세요? 나 르네야.(통화 중에 자신을 소개할 때 눈으로 확인할 수 없어서 it)

Hey, don't you remember me? It's Jamie from Banana English school!

야, 나 기억 안 나? 나 바나나 영어학교에서 만난 제이미야!(상대가 나를 기억하지 못하면 it)

── 목적격 인칭대명사 = 목적어

바나나   주격은 주어 자리에 쓰는 거라고 배웠는데, 그럼 목적격은 어디에 쓰일까요?

짬뽕   목적격은 목적어 자리에 쓰이는 게 아닐까요?

바나나   That's right! 정확하게는 목적어/목적격보어(3, 4, 5형식)에 쓰이며 전명구(전치사+명사) 자리에도 쓸 수 있어요.

짬뽕　전명구? 전명구가 뭐예요?

바나나　나중에 자세히 다룰 건데 전치사 뒤에 오는 명사를 '전치사의 목적어'라고 불러요. 여기 오는 대명사도 목적격으로 써줘야 해요.

[인칭별 목적격대명사]

		목적격대명사 (~을/를/에게)
1인칭	**단수**	me (나를)
	복수	us (우리를)
2인칭	**단수**	you (너를)
	복수	you / you guys / you all(y'all) (너희를)
3인칭	**단수**	him (그를) her (그녀를) it (그것을) * it은 성별을 알기 힘든 아기나 동물(개/고양이), 전화 중이거나 누구인지 까먹은 인물을 가리킬 때도 사용
	복수	them (그것들을 / 그들을 / 그녀들을) * 복수대명사로 인칭/사물을 모두 지칭

* 비인칭 it과 they는 3인칭 it과 they와 형태가 같다.

Don't talk to me like that. 나한테 그런 식으로 말하지 마.

Why didn't you tell us about it before? 왜 전에 그것에 대해서 우리한테 말하지 않았니?

When I asked you before, you said you are on a diet.

내가 전에 너한테 물었을 때 너는 다이어트 중이라며.

I thought you were still in love with him. 난 네가 아직도 그와 사귀는 줄 알았어.

Don't expect too much from him. 그에게 너무 많은 걸 바라지 마(기대하지 마).

You don't look like her at all. 너랑 그녀는 전혀 닮지 않았어.

I think I saw them somewhere. 내 생각에 저 사람들을 어디서 본 적이 있는 것 같은데.

―――― **인칭대명사의 동격**

바나나 '동격'이란 '지위/역할이 같다'라는 뜻으로, 문장에서 쓰인 인칭대명사가 누구인지 모호할 때 쓰는 거예요. 예를 들어 "She picked us for the next project.(그녀가 다음 프로젝트를 위해 우리를 선택했어)"라는 문장에서 듣는 사람이 us(우리)가 누구인지 모를 때도 있겠죠? 그런 경우에는 "She picked us, Arty and me, for the next project.(그녀가 다음 프로젝트를 위해 우리, 그러니까 아티랑 나를 선택했어)" 이렇게 쓰는 거죠.

짬뽕 그럼 콤마를 써서 표현하는 게 일반적인가요?

바나나 동격에도 여러 종류가 있는데, 명사나 인칭대명사의 동격일 때는 주로 콤마를 써서 나타내요.

My friend, Bella, got promoted. 내 친구 벨라가 승진했어.

[인칭대명사 종합]

인칭		주격 (~은/는/이/가)	목적격 (~을/를/에게)	소유격 (~의)	소유대명사 (~것)	재귀대명사 (~자신)
1인칭	단수	I	me	my	mine	myself
	복수	we	us	our	ours	ourselves
2인칭	단수	you	you	your	yours	yourself
	복수	you	you	your	yours	yourselves
3인칭	단수	she	her	her	hers	herself
		he	him	his	his	himself
		it	it	its	x	itself
	복수	they	them	their	theirs	themselves

* 비인칭 it과 they는 3인칭 it과 they와 형태가 같다.

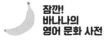

바나나　영어 문장에서 대명사를 정말정말 자주 쓰는데, 거기엔 두 가지 이유가 있어요.

짬뽕　아, 하나는 알 것 같아요! 영어는 실용적인 걸 좋아하니까 **반복되는 걸 피하려고** 대명사를 쓴다고 했어요!

바나나　That's right! 그리고 또 다른 이유 하나! 영어는 **문장에서 구성요소를 생략하지 않기 때문이에요.** 주어나 목적어 자리의 명사를 자주 생략하는 한국어와는 달리, 영어는 항상 그 자리를 채워줘야 하는데요, 같은 단어를 두 번 이상 쓰는 것을 꺼리다 보니 대명사를 자주 쓰게 된 거죠. 그중에서도 you/he/she/we/they 등의 대명사는 쓰임에 대한 이해가 필요해요.

짬뽕　인칭대명사 you/he/she/we/they는 '너/그/그녀/우리/그들'! 이제 이 정도는 다 알고 있는 거 같은데요?

바나나　you/he/she/we/they는 **일반적으로는 짬뽕이 말한 것처럼 특정한 사람이나 그룹을 대신해서 쓰는 경우가 많지만, 정해지지 않은 '일반인'을 나타내기도 해요.** 예를 들어볼게요. "어제 비가 많이 왔어"는 영어로 어떻게 써야 할까요?

짬뽕　It rained a lot yesterday.

바나나　짬뽕은 날씨를 대신하는 대명사 it을 주어로 쓰고, '비가 오다'라는 뜻의 rain을 동사로 썼네요. 저는 이렇게 써볼게요. "We had a lot of rain yesterday."

짬뽕　오, 문장은 다르지만 의미는 같네요?

바나나　맞아요. 제가 쓴 문장에서 we는 우리를 뜻하는 대명사죠? 그런데 이 문장에서 우리는 나와 너를 포함하는 의미의 '우리'를 넘어, 같은 날씨를 공유했던 지역 사람 모두를 총칭해요. 즉 정해진 누군가가 아니라 내가 포함된 어떤 그룹 전체를 '일반화'해서 묶어 쓰는 거죠. 한국어에서는 주어를 생략하고 "어제 비가 많이 왔어"

라고 하면 되니까 문제가 없어요. 하지만 영어에서는 주어를 꼭 써야 하기 때문에 이렇게 대명사를 쓰는 거예요. 한국어로 "~라고 가정해보자" 같은 주어 없는 문장도, 영어로는 "Let us suppose that~"이라고 많이 쓰는데요, 굳이 직역하자면 "우리가 가정하도록 허락해보자"이고, 여기서 '우리'는 이 말을 듣는 모든 사람을 가리켜요.

> **Let us suppose that it is true.** 이게 사실이라고 가정해보자.
> **Let us suppose that you are correct.** 네가 맞다고 가정해보자.

마찬가지 선상에서,

> **They speak English, Tamil, Gujarati and other different languages in India.** 인도에서는 영어, 타밀어, 구자라트어 그리고 다른 언어를 사용한다.

위의 문장에서 주어는 they예요. 그런데 they가 누굴까요? 정확하게 누군가를 콕 집어 가리키는 게 아니라 넓은 의미의 인도 사람을 뜻해요.

> **He who is in hell knows not what heaven is.**
> 지옥에 사는 사람은 천국을 모른다.
> (옛 속담이라 knows not이 don't I know와 같은 표현으로 쓰임)

위의 문장은 유명한 서양 속담이에요. 여기서 he는 정확한 누군가를 가리키는 게 아니라 '사람'이라는 '일반인'을 의미합니다. 그래서 이 문장에서 he를 the one으로 바꿔 써도 문제가 없어요. 이처럼 외국 속담에서는 he가 일반인을 지칭하는 경우가 많아요.

> **He who is bitten by a snake fears a lizard.**
> 뱀한테 물린 사람은 도마뱀만 봐도 놀란다.
> **He who is afraid to ask is ashamed of learning.**
> 묻기를 두려워하는 사람은 배우는 것을 꺼린다.
> **He who is guilty believes that all men speak of him.**
> 죄가 있는 사람은 세상 모든 사람이 자기를 욕한다고 믿는다.

🍌 재귀대명사

She is looking at her.

바나나   짬뽕, 위의 그림을 본 다음에 아래 문장을 해석해볼래요?

"She is looking at her."

짬뽕   그녀는 그녀를 보고 있다?

바나나   자, 그럼 빨간 머리의 그녀가 '빨간 머리인 자신을 본다'라는 걸까요, 아니면 '초록 머리인 다른 여자를 본다'라는 걸까요?

짬뽕   음… 대명사 her로 쓰여 있어서 너무 헷갈려요. 😲

바나나   정답은!
"그녀는 그녀를 보고 있다.→빨간 머리 여자가 초록 머리 여자를 보고 있다."
영어를 제대로 쓰는 사람이라면 헷갈리지 않고 단 하나의 의미로 명쾌하게 해석할 수 있어요. 왜냐하면 영어에서는 주어와 목적어가 같은 경우가 거의 없거든요. 하지만 주어와 목적어가 같은 문장도 종종 필요합니다. 예를 들어 '그녀는 그녀 스스로에게 물었다', '그는 스스로를 사랑했다' 등의 표현을 할 때예요. 이때 주어와 같은 의미의 목적어에 쓰는 대명사를 '재귀대명사'라고 해요.

주어≠목적어: She is looking at her. 그녀는 (다른) 그녀를 보고 있다.

주어 = 목적어: She is looking at herself. 그녀는 그녀(스스로)를 보고 있다.

짬뽕   재귀대명사? 이름이 완전 비호감인데요…. 무슨 의미인지 전혀 감이 안 와요. ☹

바나나   재귀대명사의 '재귀'는 한자 '다시 재(再), 돌아가다 귀(歸)'를 써서 '원래 자리로 돌아간다'라는 뜻이에요. 한마디로 주어 자리에 쓰인 명사가 목적어 자리에 또 쓰이면서 '다시 한번 더 쓴다'라는 의미로 재귀대명사를 쓰는 거죠. 즉 '주어=목적어'를 뜻해요.

$$S + V + O$$

사실 짬뽕도 재귀대명사의 개념은 이미 써오고 있었을 거예요. 식당에서 'self-service: 셀프서비스' 이렇게 쓰여 있는 거 많이 봤죠? 이게 무슨 의미일까요?

짬뽕   '본인이 알아서 가져다 먹어라', 이런 뜻으로 쓰지 않나요?

바나나   맞아요. 식당에서 주인이 가져다주는 게 아니라, 식사하는 사람 스스로가 가져다 먹으라는 뜻이에요. 왜냐하면 우리가 흔히 쓰는 self에는 '스스로'라는 뜻이 있거든요. myself(나 스스로), yourself(너 스스로), itself(그것 스스로), 이런 것들이 바로 재귀대명사예요.

[재귀대명사]

	단수		복수	
1인칭	I	myself (나 자신)	we	ourselves (우리들 자신)
2인칭	you	yourself (너 자신)	you	yourselves (너희 자신)
3인칭	he	himself (그 자신)	they	themselves (그들 자신)
	she	herself (그녀 자신)		
	it	itself (그 자체)		

* 복수형의 경우에는 '-self'가 아니라 '-selves'라고 쓰니 유의
* 비인칭 it과 they는 3인칭 it과 they와 형태가 같다.

바나나 자, 그럼 앞의 두 여자 그림을 설명하는 문장을 다시 살펴볼게요. "She is looking at her."에서는 주어와 목적어가 달라야 하니 "한 여자가 다른 여자를 본다"라고 해석해야 해요. 반면 "She is looking at herself."라면 목적어로 재귀대명사 herself가 쓰였으니 "한 여자가 스스로를 본다"라고 해석해야 하고요. 이제 이해가 되었나요?

짬뽕 오! 이제 좀 알 것 같아요. 그럼 "I love me."라는 문장은 틀린 건가요?

바나나 문법적으로 보면 틀린 문장이에요. "I love myself."로 써야 맞는답니다. 하지만 이 문장은 짧고 귀엽잖아요? 그래서 리듬감을 중요하게 생각하는 광고나 문학, 노래 등에 자주 쓰이기도 해요. 하지만 정확하게는 "I love myself."가 맞는 문장이에요. 😲

짬뽕 네! 그럼 재귀대명사는 꼭 목적어 자리에만 쓰이나요?

바나나 주로 목적어 자리에 쓰이지만 가끔 부사로 쓰여 문장을 꾸미거나 강조하는 역할을 해요. 지금은 재귀대명사가 목적어로 쓰이는 예문을 먼저 살펴볼게요.

〔 재귀대명사가 목적어로 쓰일 때 〕

I hurt myself. 다쳤어.(내 잘못으로 다쳤어/내가 나를 다치게 했어)

I will choose myself. 나는 나 자신을 선택할래.

You are pushing yourself too hard. 너는 너 스스로를 너무 몰아세워.

You need to be honest with yourself. 너 스스로에게 솔직해져야 해.

Calm yourself. 진정해!(너 스스로를 진정시켜라)

Please seat yourself in a chair. 자리에 앉으세요.(의자 위로 스스로 앉게 하세요)

Just be yourself. 원래대로 하세요.(스스로의 모습대로 하세요) * 명령어는 주어 생략

She loves herself. 그녀는 스스로를 사랑해요.

She talks to herself sometimes. 그녀는 종종 혼잣말을 해요.(스스로에게 말하다)

He wet himself. 그는 오줌을 싸고 말았다.(스스로를 적셨다)

He taught himself instruments. 그는 악기를 독학했다.(스스로를 가르쳤다)

이렇게 재귀대명사가 목적어 자리에 쓰일 때 주어 I → 목적어 myself, 주어 you → 목적어 yourself, 주어 she → 목적어 herself로 주어에 맞춰서 쓰세요. 또 하나! 주어가 복수형이면 재귀대명사도 꼭 복수형 '-selves'로 쓰는 것도 잊지 마세요!

🍌 소유대명사

바나나 인칭대명사는 거의 다 배웠고, 이제 소유대명사로 넘어갈게요. 소유대명사는 이름을 딱히 외우지 않더라도 의미를 알아두는 게 좋아요. '소유'는 '가지고 있다'라는 뜻이니 간단하게 '~를 소유한 사람을 대신하는 명사'라고 이해하면 돼요. 아래의 예시를 한번 읽어볼게요.

아티   오! 이 초콜릿은 네 초콜릿이야?

바나나   응, 그 초콜릿은 나의 초콜릿이야!

짬뽕 　악, 로봇들의 대화 같아요. 😖 너무 형식적인 느낌이 드는데요?

바나나 　그렇죠? 영어로 직역해서 써봐도 그래요.

아티 　　**Wow, is this chocolate your chocolate?**

바나나 　**Yes. That chocolate is my chocolate.**

초콜릿이라는 단어를 계속 반복하니 이것도 어색하죠? 실제로 이렇게 대화하는 사람은 없어요. 영어는 논리, 실용성, 생략, 간단함이 생명인데 단어가 반복되는 걸 그냥 둘 리 없죠. 그래서 '내 것/우리 것/네 것/그녀의 것/그의 것/그들의 것'처럼 간단히 쓸 수 있는 단어를 만들었고, 이것을 소유대명사라고 해요.

[소유대명사]

		소유격	소유대명사
1인칭	단수	my (나의)	mine (나의 것)
	복수	our (우리의)	ours (우리의 것)
2인칭	단수	your (너의)	yours (너의 것)
	복수	your (너희의)	yours (너희의 것)
3인칭	단수	his (그의) her (그녀의) its (그것의)	his (그의 것) hers (그녀의 것) X(거의 사용하지 않음)
	복수	their (그들의)	theirs (그들의 것)

＊비인칭 it과 they는 3인칭 it과 they와 형태가 같다.

What did you order? Mine is strawberry! 너 뭐 시켰어? 내 건 딸기 맛!

This computer is yours, not mine. 이 컴퓨터는 네 거시, 내 것이 아니야!

Theirs is larger than ours. 저 사람들 건 우리 거보다 크잖아!

The victory is ours. 승리는 우리의 것!

I'm a big fan of hers. 나는 그녀의 것(주로 예술작품)의 열렬한 팬이다.

그럼 어색한 예문을 소유대명사를 써서 자연스럽게 바꿔볼게요.

아티   Wow, is it your chocolate?

바나나   Yes, that is mine.

'mine＝내 것'이라고 하니까 바로 이해가 되죠?

짬뽕   선생님, chocolate 대신에 **it, that**을 쓴 것 같은데, 그럼 이것도 대명사인가요?

바나나   Exactly! 짬뽕, 이제 대명사를 정확히 이해한 것 같은데요? 지금까지 '사람'을 대신하는 '인칭대명사'를 배웠는데요, 지금부터는 사람이 아닌 사물이나 개념 등을 대신해서 쓰는 대명사를 배워볼게요.

🍌 대명사 it

바나나   대명사 중에 가장 많이 쓰이는 단어는 바로 it이에요. 주격, 목적격 등 격의 구분은 없지만, 단수명사를 대신해서 다양하게 쓸 수 있어요.

짬뽕   it은 문장 여기저기에 정말 많이 쓰이는 것 같아요.

바나나   그럼 복수명사로는 무엇이 쓰일까요? 바로 they예요. they는 인칭대명사에서 '그들'이란 의미로 많이 쓰이지만, 사물이나 개념이 복수일 때도 '그것들'이란 뜻으로 쓸 수 있어요.

그럼 it이 어떻게 쓰이는지 알아볼게요.

1. 사물 대신 it

바나나   it은 가장 기본적으로 쓰는 대명사로 '두 사람이 말하는 대상이 무엇인지 알고 있을 때' 직접적으로 그 단어를 언급하지 않고 쓸 수 있어요.

바나나가 답한 문장을 잘 보세요. "How much is this dress?"라고 하지 않고 dress 대신 it을 썼죠? 점원은 당연히 제가 가리키는 옷에 대한 질문이라고 생각할 테니까요!

2. 앞에 언급한 특정 단수 단어 대신 it

아티   Ummm! This new Korean ramen is so delicious! Do you want to try it?

음~! 이 새로 나온 한국 라면 진짜 맛있어! 이거 한입 먹을래?

바나나   Just a bite then! 그럼 딱 한입만!

아티   What did you do with your bag? 너 가방은 어쨌어?

바나나   I put it in my car. 아, 내 차에 넣어놨어.

아티   Where did you park your car? 네 차는 어디에 주차했는데?

바나나   I parked it in a parking lot. 주차장에 주차했지.

아티   So you put your bag in your car? 그래서 네 차에 네 가방을 뒀다고?

바나나   Yep. I put it(가방) in it(차). 응, 거기에 그걸 넣어놨지.

── 3. 상황 대신 it

바나나 짬뽕! it을 사용해서 시간이나 날씨를 표현하는 걸 들어본 적 있죠? "It is five o'clock.", "It's sunny today!" 이렇게요!

짬뽕 그럼요! 그 정도는 들어봤죠.

바나나 대명사 it은 다양한 상황을 설명하는 문장에서 주어 자리에 쓰이는 경우가 많아요. '시간 / 요일 / 특정한 날 / 계절 / 날씨 / 하늘의 색 / 온도 / 거리'가 그 대상인데요, 많이 쓰이는 만큼 정말 중요한 내용이랍니다.

짬뽕 쌤, 그런데 it 대신 that을 쓰기도 하지 않나요? 그럼 that도 대명사예요?

바나나 오, 지금 막 설명하려던 부분이에요. this / that은 지시대명사라고 해서, it을 대신해서 쓸 수 있어요. 그런데 모든 it을 100% 대체할 수 있는 건 아니에요. 오직 'it'만이 '시간 / 요일 / 특정한 날 / 계절 / 날씨 / 하늘의 색 / 온도 / 거리'의 모든 의미를 표현할 수 있는 대명사거든요.

짬뽕 그럼 this / that은 언제 it을 대신해서 쓰이나요?

바나나 it이 사물이나 상태를 표현할 때는 this / that을 쓸 수 있어요. 앞서 옷가게에서 나눈 대화를 응용해볼까요?

점원 Can I help you? 도와드릴까요?

바나나 How much is this(it)? 이건 얼마인가요?

점원 That(It) is $50. 그건 50달러예요.

바나나 Oh, That(It) is a bit expensive. 오, 이건 좀 비싸군요.

'it＝this/that＝어떤 물건'인 문장을 보니 이해가 되죠? 그럼 지시대명사를 좀 더 알아봐요!

 지시대명사

바나나 뭔가를 '지시하다'라는 말은 '~를 시키다'라는 뜻도 있지만 손가락으로 '~를 가리키다'라는 뜻도 있어요. 지시대명사의 '지시'는 바로 '여기, 저기를 가리키는 방향성과 (심리적·물리적으로) 얼마나 멀리 혹은 가까이에 있는지 거리감을 표현'하는 대명사예요. 대표적으로는 this(these)/that(those)이 있어요.

[지시대명사]

단수(1개)		복수(여러 개)	
이것/이 사람	this	이것들/이 사람들	these
저것/저 사람	that	저것들/저 사람들	those
그것	it	그것들	they

예를 들어 나와 (심리적·물리적으로) 가까이 있는 사람이나 물건에 대해서 이야기할 때는 아래의 예문처럼 this/these를 써요.

This is my best friend, Hamish. 이 애는 내 베스트 프렌드, 해미시야.
These are my favorite bags. 이것들이 내가 가장 좋아하는 가방들이야.

반면에 나와 (심리적·물리적으로) 멀리 있는 사람/물건에 대해서 말할 때는 that/those를 써요.

Those were the days. (오래 지난) 그때가 좋은 날들이었지.

짬뽕   this /that은 그냥 이거! 저거! 이렇게 생각했는데, 엄청 다양하게 쓰이는군요. 😃

바나나   For sure! 물론이죠! 그럼 이제 마지막으로 정해지지 않은 불특정한 것을 대신하는 부정대명사를 배워볼게요.

🍌 부정대명사

바나나   영어를 배울 때 단어에 붙는 '부정'은 not(아니다)의 개념이 아니라 한자로 '아닐 부(不), 정할 정(定)'으로 '정할 수 없는 개념'이라고 이야기했죠? 그래서 부정대명사라고 하면 '정해지지 않은 명사를 대신해서 쓰는 대명사'라는 의미예요.
지시대명사 this(이것)/that(저것)이 뭔가를 정확히 지칭해서 쓰는 표현이었다면, 부정대명사는 any(아무것)/some(어떤 것)과 같이 정해지지 않은 것을 칭해요. 부정대명사의 종류에는 one /all /some /any /each /both /other /another /either /neither /none 등이 있어요.

짬뽕   쌤, 예시 문장 몇 개만 보여주세요!

I lost my cellphone. I need to buy a new one. 휴대폰을 잃어버렸어. 새로 하나 사야 해.

바나나   이 문장에서 a new one은 a new cellphone '새로운 휴대폰'이죠. 이미 앞에서 휴대폰을 잃어버렸다고 했으니 낭연히 새로 사는 깃도 휴대폰이겠죠? 그래서 대명사를 써주는 거예요. 하지만 동시에 '어떤' 휴대폰을 쓸지 정해놓고 말하는 게 아니라 '아무' 휴대폰이라도 사야 한다는 뜻이라 one이라는 부정대명사를 쓴 거예요. 예시 하나만 더 볼까요?

I forgot to bring cash. Do you have any? 나 현금 가지고 오는 걸 깜빡했어. 너 현금 좀 있냐?

짬뽕　아, 얼마인지 정해진 건 아니지만 '좀' 있냐고 물어보는 거라서 any라는 부정대명사를 쓴 거군요!

바나나　Exactly! 잘 이해했어요. 😃

짬뽕　명사를 배우고 나니 대명사 개념이 좀 쉽게 다가오는 것 같아요.

바나나　다행이에요! 대명사는 워낙 종류가 다양하고 양도 많아서 한 번에 완벽하게 외우긴 어려울 수 있어요. 처음 공부할 때는 부담 없이 대명사의 역할과 뉘앙스를 익히는 데만 집중해주세요. 그리고 저번에 제가 영어 단어는 '코에 걸면 코걸이, 귀에 걸면 귀걸이'라고 말했던 거 기억나죠?

짬뽕　네! 표현이 웃겨서 지금도 기억나요. 😊

바나나　오늘 배운 대명사들 가운데 대다수의 것들은 형용사로도 쓰일 수 있어요. 이 부분은 형용사 파트에서 더 자세하게 공부할게요.

짬뽕　감사합니다, 선생님! 오늘도 많이 배웠어요!

바나나　짬뽕도 수고했어요. 우리 다음 시간에는 동사 파트를 배워볼게요. 그럼 **내일 또 바나나요!** 🍌

오늘 배운 내용

▶ 대명사의 뜻 & 역할   ▶ 인칭대명사   ▶ 재귀대명사

▶ 소유대명사   ▶ 대명사 it   ▶ 지시대명사

▶ 부정대명사

대명사의 뜻 & 역할

사람, 사물, 장소의 이름을 대신하여 가리키는 낱말로 명사가 쓰일 수 있는 곳이라면 대명사도 모두 쓰일 수 있다. 대명사는 주어 / 목적어 / 보어 / 전명구의 역할을 한다.

인칭대명사

사람을 가리키는 말을 대신해서 쓰는 말로 '나 / 너 / 그 / 그녀 / 우리 / 너희 / 그들'을 뜻한다.

* 영어는 위치가 중요하기 때문에 주어 자리에 쓰는 인칭대명사는 주격으로, 목적어 자리에 쓰는 인칭대명사는 목적격으로 격을 지켜야 한다.

소유대명사

물건의 소유자와 물건을 한 번에 나타낼 수 있는 소유대명사의 모양도 기억해두자.

→ my bag → mine / her apartment → hers / his house → his

		주격대명사	목적격대명사	소유대명사
1인칭	단수	I (나)	me (나를)	mine (나의 것)
	복수	we (우리)	us (우리를)	ours (우리의 것)
2인칭	단수	you (너)	you (너를)	yours (너의 것)
	복수	you (너희)	you (너희를)	yours (너희의 것)
3인칭	단수	he (그) she (그녀) it (그것)	him (그를) her (그녀를) it (그것을)	his (그의 것) hers (그녀의 것) ×
	복수	they (그들)	them (그들을)	theirs (그들의 것)
비인칭	단수	it (그것)	it (그것을)	
	복수	they (그것들)	them (그것들을)	

* 비인칭 it과 they는 3인칭 it과 they와 형태가 같다.

재귀대명사

주어의 동작이 다시 주어로 돌아가는 관계를 나타내는 대명사이다.

① 재귀대명사의 재귀 용법
재귀대명사가 목적어로 쓰여 주어 자신을 나타내는 것을 말한다.

I was talking to myself. 나 혼잣말한 거야.(나 스스로한테 말하는 중이었어)
You should ask yourself. 너 스스로에게 물어봐.

② 재귀대명사의 강조 용법
문장의 필수 요소인 주어, 목적어, 보어 뒤에 와서 그 뜻을 강조한다. 이때, 부사로 쓰인 것이기 때문에 재귀대명사를 생략해도 문장이 성립한다.

She made dinner herself! 그녀 혼자서 저녁을 준비했어!
We ourselves **solved the problem!** 우리 스스로 문제를 해결했어!

대명사 it

① 성별을 알기 힘든 아기 혹은 동물(강아지 / 고양이) 등을 대신하는 경우

→ How old is it? 몇 살이야?

② 얼굴이 보이지 않아 누구인지 모르는 경우(문밖 / 전화상)

→ Who is it? 누구야?

③ 누구인지 까먹은 인물을 가리키는 경우

→ Don't you remember me? It's Arty! 나 기억 안 나? 나 아티야!

④ 사물을 대신 받는 경우

→ I will take it. 내가 가져갈게.

⑤ 앞에 나온 특정 단수 단어를 대신해서 쓰는 경우

→ A Your dress is so pretty. 네 드레스 정말 예쁘네.

　　 B I can give it to you. 나 그거 너한테 줄 수 있어.

⑥ 상황을 대신 받는 경우(시간 / 요일 / 특정한 날 / 계절 / 날씨 / 하늘 색 / 온도 / 거리)

→ It's sunny today. 오늘은 화창하다.

지시대명사

특정 사람 / 동물 / 사물 / 장소 등을 지시하는 대명사로 this / these / that / those가 있다.

부정대명사

지시대명사가 특정한 것을 콕 집어서 쓰는 대명사라면, 부정대명사는 정해지지 않은 명사를 대신해서 쓴다.

→ one, all, some, any, each, both, other, another, either, neither, none

오늘의
바나나 퀴즈

1. 대명사란 무엇인지 정의하세요.

_____

2. 대명사의 종류를 각 3개씩 쓰세요.

① 인칭대명사 _____

② 재귀대명사 _____

③ 지시대명사 _____

④ 부정대명사 _____

3. 대명사 it은 어떨 때 쓰일 수 있는지를 쓰고, 예시를 하나 쓰세요.

① _____ ex) _____

② _____ ex) _____

③ _____ ex) _____

④ _____ ex) _____

⑤ _____ ex) _____

⑥ _____ ex) _____

4. 대명사는 문장에서 어떤 역할을 하는지 쓰세요.

_____

5. 다음 문장에서 틀린 것을 고쳐 쓰세요.

① I am looking at me in the mirror. I see one sad girl. I want to hug her.

나는 거울 속에 있는 나를 봐요. 한 슬픈 소녀가 있어요. 그녀를 안아주고 싶어요.

② Each of us have a personal calling from God.

우리 각자는 신에게 받은 개인적 소명이 있어요.

③ He think that he is somebody.

그는 그가 대단한 사람인 줄 알아.

④ Nobody like you.

아무도 널 좋아하지 않아.

⑤ Everyone miss Kimchi except Arty and me.

나랑 아티를 제외한 모두가 김치를 그리워해.

6. 빈칸에 들어갈 알맞은 단어를 고르세요.

(1) Some people like cold weather, _____ people like hot weather.

① some   ② other   ③ others   ④ another   ⑤ the other

(2) Some like cold weather, _____ like hot weather.

① no one   ② other   ③ others   ④ another   ⑤ the other

7. 다음 문장에서 대명사 it의 뜻을 적절하게 해석하세요.

① It is such a beautiful day. _____

② It is so cold today. _____

③ It is our anniversary, baby! _____

④ It's Friday. Let's party tonight! _____

⑤ Is it already 5 o'clock? _____

⑥ It is summer time! _____

8. 우리말과 같은 뜻이 되도록 빈칸에 알맞은 '지시대명사'를 쓰세요.

① 저건 저번에 산 책이고, 이건 오늘 산 거야.

→ _____ is the book I bought last time and _____ is the book I bought today.

② 일이 잘 안 풀리는 날이네. → It's one of _____ days.

③ 그것들이 다 네 거야? → Are _____ all yours?

9. 우리말과 같은 뜻이 되도록 빈칸에 알맞은 '인칭대명사'를 쓰세요.

① 나는 그의 모든 것을 사랑해.

→ I love everything about _____ .

② 저는 엄마를 많이 닮았어요. 코도 엄마한테서 온 거예요. 엄마가 미인이거든요.

→ I take after my mother a lot. I have _____ nose. _____ is very beautiful.

③ 너는 저 여자를 담당해. 나는 저 남자를 처리할게.

→ You handle _____ . I will deal with _____ .

10. 우리말과 같은 뜻이 되도록 빈칸에 알맞은 '부정대명사'를 쓰세요.

① 너 아니면 너의 남자친구가 돈을 내야 해.

→ _____ you or your boyfriend should pay for it.

② A 난 잘 모르는데. → A I don't know.

　B 나도 몰라.　　 → B Me _____ .

③ 네가 상관할 바가 아니거든?

→ It is _____ of your business.

④ 그 집에 아무도 없던데요?

→ There was _____ in the house.

⑤ 난 너 말곤 아무것도 신경 안 써.

→ I care about _____ but you.

＊정답은 p.502를 참고하세요.

DAY 6

영어 문장을 이루는 주연급 문법요소, 동사!

오늘 배울 내용

- 동사의 역할

- 동사의 뜻

- 동사의 종류

- be동사

- 일반동사

DAY 4~7 수업과
관련된 영상은
← 여기!

바나나　짬뽕, 명사와 대명사를 배웠는데, 종류도 분량도 많아서 힘들었죠?

짬뽕　처음에는 분량 때문에 엄청 기죽었는데, 쌤 말씀대로 쭉 읽듯이 공부했더니 그렇게 힘들지 않았어요!

바나나　잘했어요! 처음 공부할 땐 단 한 번에 완벽하게 알고 넘어가려고 하는데, 그렇게 하면 반도 못 하고 포기하기 십상이에요. 기본 핵심을 정확하게 파악하는 게 훨씬 중요하답니다! 지난 시간에 배운 것 중에 제일 중요한 걸 물어볼게요. 명사와 대명사는 문장의 어느 위치에 쓴다고 했죠?

짬뽕　아… 바나나쌤, 저를 뭘로 보시고…. 이제 이런 선 기본이죠!

바나나　이야~, 짬뽕, 대단한걸요! 명사와 대명사의 개념과 쓰임을 확실히 알았다면 이후 퀴즈까지 꼭꼭 챙겨 공부하면서 내공을 쌓아주세요!

자, 그럼 지금까지 주연급 문법요소 '명사 / 대명사 / 동사 / 형용사' 중에 무려 2개나 마스터했으니까, 이제 나머지 2개만 더 처리하면 되겠네요. 이 중에서 오늘은 가장 매력적인 주인공, '동사'를 배울 거예요.

🍌 동사의 역할

바나나 동사 공부에 앞서 질문 하나 할게요. 짬뽕 그리고 함께 공부하고 있는 여러분, 어제 아침부터 저녁까지 뭘 했는지 한국어로 적어볼까요?

[어제 하루의 일과]

_____

_____

_____

_____

_____

짬뽕 저는 일어나서 아침을 챙겨 먹고 영어 공부를 조금 했어요. 그다음에 동네 한 바퀴를 돌며 조깅을 했고, 점심시간에는 잠깐 낮잠을 잤죠. 그리고 학교에서 수업을 듣고 집에 돌아와서 운동을 조금 한 후 미드를 보다가 잠들었어요.

바나나 자, 여러분도 짬뽕처럼 어제 한 일을 간략하게 썼나요? 그럼 이번엔 쓴 문장에서 가장 핵심적인 정보에 형광펜으로 줄을 그어주세요. 그럼 짬뽕의 하루 중 짬뽕이 체크한 핵심과 제가 체크한 부분을 비교해볼게요.

짬뽕 답지

저는 일어나서 아침을 챙겨 먹고 영어 공부를 조금 했어요. 그다음에 동네 한 바퀴를 돌며 조깅을 했고 점심시간에는 잠깐 낮잠을 잤죠. 그리고 학교에서 수업을 듣고 집에 돌아와서 운동을 조금 한 후 미드를 보다가 잠들었어요.

바나나 답지

저는 일어나서(wake up) 아침을 챙겨 먹고(eat) 영어 공부를 조금 했어요(study). 그다음에 동네 한 바퀴를 돌며 조깅을 했고(jog) 점심시간에는 잠깐 낮잠을 잤죠(sleep). 그리고 학교에서 수업을 듣고(study) 집에 돌아와서 운동을 조금 한 후(exercise) 미드를 보다가(watch) 잠들었어요(sleep).

짬뽕   헉. 쌤, 저는 쌤과 완전히 다른 곳에 줄을 쳤네요. 왜 이렇게 차이가 나는 거죠?

바나나   짬뽕은 문장에서 영어, 학교, 운동, 미드 등 '명사'만을 골랐네요? 왜 명사에 줄을 쳤어요?

짬뽕   글쎄요. 뭔가 눈에 딱 들어오는 단어들이라서 그랬어요.

바나나   물론 명사도 중요하지만, 명사를 통해서는 문장의 핵심 정보를 전달힐 수 없어요.

짬뽕 왜 그런가요?

바나나 자, 예를 들어서 짬뽕이 고른 명사 '영어'를 한번 봅시다.

저는 일어나서 아침을 챙겨 먹고 영어 공부를 조금 했어요. 그다음에 동네 한 바퀴를 돌며 조깅을 했고 점심시간에는 잠깐 낮잠을 잤죠. 그리고 학교 에서 수업을 듣고 집에 돌아와서 운동을 조금 한 후 미드를 보다가 잠들었 어요.

'영어', 이 한 단어만 보고 짬뽕이 영어로 뭘 했는지 알 수 있나요? 영어를 들었 는지, 썼는지, 공부했는지, 가르쳤는지 전혀 알 수가 없죠? 마찬가지로 '점심시 간'이라는 단어만 봐서는 점심시간에 어떤 일이 일어났는지, 무슨 행동을 했는지 알 수가 없어요.

짬뽕 아! 😲 😲 😲

바나나 제 질문의 포인트를 알아챘나요?

짬뽕 네! 명사에는 '내용'이나 '정보'가 들어 있지 않군요!

바나나 Exactly! 오직 '동사'만이 단독으로 쓰일 때도 상태나 행동 등의 내용을 담을 수 있어요. 그래서 문장에서 가장 많은 정보를 전달하죠. 즉, 문장에서 서술 어 자리에 쓰이는 동사는 문장의 핵심 역할을 해요.

짬뽕 쌤의 이야기를 듣고 보니 정말 그렇네요! '조깅하다 / 자다' 같은 동사들 에는 '무엇을 하는지'에 대한 정보가 잘 드러나요.

바나나 좋아요! 😊 그럼 이제부터 동사에 대해 조금 더 깊이 공부해볼까요?

🍌 동사의 뜻

─── S + V = 주어 + 서술어

바나나 문장에서 주어 바로 뒤에 들어가는 V를 서술어라고 해요. '동사'는 이 서술어 자리에 들어가는 품사 이름이에요. 그러니까 주어 S 자리에는 명사/대명사가 들어가고, 서술어 V 자리에 동사가 들어가는 거죠.

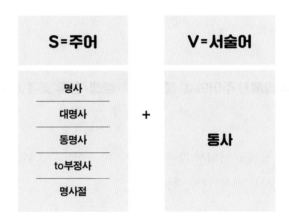

짬뽕 쌤, 그런데 주어는 '주어'라고 그대로 부르면서 서술어는 왜 '동사'라고 부르는 건가요?

바나나 나중에 더 자세히 배우겠지만, 주어 S 자리에는 일반 명사뿐만 아니라 대명사, 동명사, to부정사, 명사절 등 다양한 종류의 명사류가 들어갈 수 있기 때문에, 이를 통칭할 수 있는 '주어'라는 이름으로 부르는 게 일반적이에요. 하지만 서술어 V 자리에는 동사만 들어가기 때문에 '서술어＝동사, 동사＝서술어'라는 공식이 이루어지면서 서술어 대신 동사라고 쓰는 게 관행이 되었어요.

—— **동사의 정의**

바나나 　동사는 한자로 '움직일 동(動), 말씀 사(詞)'를 써요.

짬뽕 　'움직임을 표현하는 말'이라는 뜻이군요!

바나나 　That's right! 하지만 동사의 뜻이 '움직임을 표현하는 말'이라고 해서 항상 '움직임' 같은 행위만을 표현하는 건 아니에요. 그럼 동사의 기본적인 정의를 한번 살펴볼까요?

▶ **동사: 한 문장에서 주어의 ① 움직임, ② 상태/성질 등을 서술하는 말**

짬뽕 　움직임, 상태… 어디서 많이 들어봤는데… 아! 혹시 3일 차에 공부한 동작동사와 상태동사를 이야기하는 건가요?

바나나 　Exactly! 짬뽕, 기억하는군요! 단어를 듣고 어떤 동작을 취해야 할지 퍼뜩 떠오르는 run, eat, walk 같은 동작동사는 '움직임'을 나타내고, 동작으로 표현하기 어려운 have, think, consider 같은 상태동사는 '상태나 성질'을 나타낸다고 배웠어요.

🍌 **동사의 종류**

바나나 　동사는 크게 두 그룹으로 나눌 수 있어요. 문장에서 서술어 역할을 하는 본동사 그리고 본동사를 도와주는 조동사 그룹이에요. 조동사는 나중에 조동사 파트에서 깊게 다루기로 하고 우선 본동사를 공략해봐요. 😊

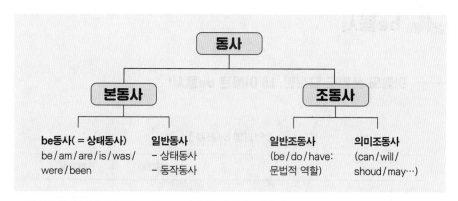

* 동사 편에서는 본동사를 중점적으로 배우니 조동사라는 게 있다는 것만 접수!

바나나 본동사의 모양은 크게 두 가지로 정리할 수 있어요.

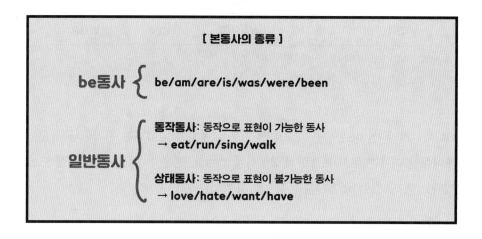

짬뽕 선생님, 저는 사실 동사 중에서 be동사가 가장 어려운 것 같아요. be동사는 쓰임이 많다고 들었는데 어디에 어떻게 써야 할지 너무 헷갈리더라고요. 이름도 왜 be동사라고 부르는지 모르겠고요. 🙁

 **be동사**

이름도 쓰임도 모호한, 내 이름은 be동사!

[인칭별 be동사]

			현재형	과거형
1인칭	나	I	am	was
2인칭	너	you		
1인칭 복수	우리	we	are	were
3인칭 복수	그들	they		
3인칭	그/그녀/그것	he/she/it	is	was

* 비인칭 it과 they는 3인칭 it과 they와 형태가 같다.

바나나　자, 우선 be동사는 대표적인 자동사(동사가 나타내는 동작이나 작용이 주어에만 미치는 동사)로 1형식, 2형식에 쓰여요. 짬뽕, be동사가 뭔지 잘 모르겠다고 했죠? 그럼 be동사를 동작으로 표현해볼래요?

짬뽕　엥? be동사를 동작으로요? 전혀 감이 안 오는데요⋯. 😮

바나나　감이 안 오는 게 당연해요. 왜냐하면 be동사는 동작으로 표현할 수 없는 상태동사거든요! 😳

짬뽕　아하! 상태동사라서 동작으로 표현이 안 되었군요!

바나나　상태동사의 대표 격인 be동사는 <u>1형식에서 '존재하다 / 있다'</u>라는 뜻으로 쓰여요. "God is in my heart.(신은 내 마음속에 존재한다)", "He is here.(그는 여기에 있어)", 이렇게 쓰이죠.

반면 2형식에서는 주어와 보어 사이에서 '~이다 / ~한 상태이다'라는 뜻으로 쓰여요. 주어와 보어는 결국 같은 뜻을 가지기 때문에 중간에 오는 be동사는 '등호(=)'라고 생각하면 돼요.

[주어] **S = C** [보어]
am
are
is
was
were

짬뽕 선생님, 그럼 be동사는 이름이 왜 be동사인 거예요?

바나나 혹시 명사 편 수업에서 주어에 따라 동사의 모양이 바뀌었던 것, 기억하나요?

짬뽕 그럼요! 수일치나 시제 바꾸기 말이죠?

바나나 Yes! 그런데 동사를 쓸 때, 종종 '동사의 원형', 그러니까 동사에 아무런 변화도 주지 않은 원형 그대로의 동사를 써야 할 때가 있어요. 바로 명령문 혹은 조동사(동사를 도와주는 동사로 can, should, may 등)가 오는 경우예요. 예를 들어 보여줄게요.

〔평서문〕 She eats a lot. 그녀는 많이 먹는다.

위의 문장은 주어가 3인칭 단수이기 때문에 eat에 s를 붙여서 eats라고 썼어요. 이걸 명령문과 조동사가 있는 문장으로 바꿔볼게요.

〔 **명령문** 〕　Eat **a lot!** 많이 먹어!

〔 **with 조동사** 〕　She can eat **a lot.** 그녀는 많이 먹을 수 있다.

명령문 그리고 조동사 can과 함께 쓴 문장에서는 동사가 모두 원형으로 쓰였죠? am / are / is / was / were / been이 화장한 얼굴이라면 be동사는 민얼굴, 즉 '쌩 얼'이라고 할 수 있어요.

짬뽕　아하! 😃 그럼 be동사의 be는 am / are / is / was / were / been처럼 다양하게 변하는 상태동사의 원형인 거군요. 한국어랑 비슷한 것 같아요. 우리도 '~이다'라는 동사를 '~이다 / 이었다 / 였다 / 입니다', 이렇게 바꿔 쓰는데, be동사도 그런 거라고 생각하면 될까요?

바나나　Wow! 짬뽕, impressive! 이러다가 내가 짬뽕한테 배워야겠어요!

짬뽕　헤헤~, 아직 멀었죠! 전 아직도 '수일치', '시제' 같은 단어도 잘 모르는데요, 말이 나온 김에 이 부분을 정확하게 설명 좀 해주시겠어요?

바나나　Sure! 우리 지금까지 영어에서 문장의 구성요소가 얼마나 중요한지, 그 순서가 얼마나 중요한지 잘 배웠죠? 그리고 요소 간의 관계도 매우 중요하다고 이야기했어요. 특히 주어와 동사는 언제나 둘을 '깔맞춤' 해준다고 생각하면 이해하기 쉬워요. 주어 자리에 누가 오는지에 따라서 동사도 '깔맞춤'해서 서로 스타일을 맞추는 거죠. 이때 맞춰야 하는 것이 '수일치'와 '시제 맞춤' 두 가지예요.

> ▶ **수일치: 주어의 수(단수/복수)에 따라 동사를 주어에 맞춰주는 것**
> ▶ **시제: (과거/현재/미래) 시간에 따라서 동사를 알맞게 맞춰주는 것**

바나나 그럼 주어에 따라 변화하는 '수일치'와 '시제 깔맞춤' 하는 방법을 배워 봐요.

be동사의 수일치와 시제

바나나 우선 명사 수업에서 배운 인칭대명사를 한 번 더 이야기할게요.
I / you / he / she / they 등 다 기억나죠?

[인칭별 주격대명사]

		주격대명사 = 주어 (~은/는/이/가)
1인칭	단수	I (나)
	복수	we (우리)
2인칭	단수	you (너)
	복수	you / you guys (너희)

	단수	he (그) she (그녀) it (그것 / 그 아기 / 그 동물) * it은 성별을 알기 힘든 아기나 동물(개/고양이), 전화 중이거나 누구인지 까먹은 인물을 가리킬 때도 사용
3인칭		
	복수	they (그들 / 그녀들 / 그것들) * 복수대명사로 인칭/사물을 모두 지칭

* 비인칭 it과 they는 3인칭 it과 they와 형태가 같다.

바나나 인칭대명사의 '인칭'은 한자로 '사람 인(人), 일컬을 칭(稱)'을 써요. 즉 사람을 칭하는 말을 인칭이라고 해요. 1인칭은 말 그대로 '나'를 뜻해요. 간단하게 '나'가 들어가면 1인칭이라고 보면 됩니다.

▶ **1인칭** ⎡ 1인칭 단수 = I = 나
　　　　　 ⎣ 1인칭 복수 = we = 우리

짬뽕 흠… '나'를 뜻하는 I가 1인칭인 건 이해되는데 어떻게 we가 1인칭이에요?

바나나 아까도 말했지만 '나 자신'이 포함되어 있으면 무조건 1인칭이에요. '우리'는 '나'를 포함한 여러 사람을 일컫는 말이니까요.
1인칭 단수 I는 be동사 am(현재형), was(과거형)와 함께 쓰이고, 1인칭 복수 we는 are(현재형), were(과거형)와 함께 쓰여요.

[현재]	[과거]
I am a student. 나는 학생이다.	I was a student. 나는 학생이었다.
We are best friends. 우리는 베프다.	We were best friends. 우리는 베프였다.

바나나   2인칭은 나와 마주하고 있는 '너'를 뜻해요. 그리고 너를 포함하는 '너희'도 2인칭이에요.

▶ **2인칭** [2인칭 단수 = you = 너
2인칭 복수 = you = 너희

짬뽕   2인칭은 둘이 똑같이 생겼는데 어떻게 구분해요?

바나나   문맥을 통해서 알 수 있어요. 하지만 영어권 사람들도 단수와 복수가 헷갈릴 땐 종종 you를 복수형으로 you guys / you all처럼 쓰기도 해요. 2인칭은 단수와 복수 모두 be동사 are(현재형), were(과거형)와 함께 쏜답니다.

[현재]	[과거]
You are pretty today! 너 오늘 예쁘다!	You were pretty last night. 너 어젯밤에 예뻤어.
You(you guys) are together? 너네 사귀어?	You(you guys) were together? 너네 사귀었어?

$you \begin{cases} \text{+ be동사} < \begin{matrix} \textbf{are} \\ \textbf{were} \end{matrix} \\ \text{+ 일반동사 — 동사원형} \end{cases}$

바나나　자, 마지막으로 가장 중요한 3인칭을 배워봐요. 3인칭은 나도 아니고 너도 아닌 '제3자'를 의미해요. 그래서 she / he / they(그녀 / 그 / 그들)가 모두 3인칭이에요.

> **▶ 3인칭** ⎡ 3인칭 단수 = he/she = 그/그녀
> ⎣ 3인칭 복수 = they = 그들/그녀들

짬뽕　선생님, 그런데 왜 3인칭이 가장 중요해요?

바나나　문법 문제에 가장 많이 나오는 게 바로 3인칭 단수의 수일치 문제이기 때문이에요. 1, 2인칭이 주어일 땐 일반동사를 동사원형으로 쓰기 때문에 간단하지만, 3인칭 단수가 주어라면 be동사는 is(현재형), was(과거형)를 쓰고 일반동사에는 -s / es를 붙여줘야 해요. 3인칭 복수는 are(현재형), were(과거형)와 함께 씁니다.

[현재]	[과거]
He is so cute! 그는 정말 귀여워!	He was so cute! 그는 정말 귀여웠어!
She is very smart. 그녀는 정말 현명해.	She was very smart. 그녀는 정말 현명했어.
They are students. 그들은 학생이야.	They were students. 그들은 학생이었어.

3인칭 단수
(he/she/it) { + be동사 < **is** / **was**
{ + 일반동사 − 동사원형 + **s/es**

3인칭 복수
(they/people) { + be동사 < **are** / **were**
{ + 일반동사 − 동사원형

* 비인칭 it과 they는 3인칭 it과 they와 형태가 같다.

짬뽕   쌤, 예시 좀 더 보여주세요!

바나나   Sure!

① **This computer (have/has) a virus.** 이 컴퓨터는 바이러스에 걸렸다.

② **My nephew (cry/cries) everytime he (see/sees) my boyfriend.**
   내 조카는 내 남자친구를 볼 때마다 울어.

짬뽕   정답! this computer / my nephew / she 전부 너도 나도 아닌 3인칭 단수니까 -s / es를 붙인 has / cries / sees가 와야 해요!

바나나   Great! 배우니까 보이죠? ☺ 아주 좋아요. 그럼 여기까지 '인칭', 즉 사람을 부르는 주어를 살펴봤어요.

* this computer는 엄밀히 따지면 '인칭'이 아니지만, 이 문제에서는 주어와 동사의 '수일치'가 핵심이므로 '3인칭 단수'에 집중해요. 영어 공부할 때 1~3인칭이라는 말을 많이 쓰는데, 인칭보다는 수일치가 중요하답니다.

am	are	is
1인칭 단수 = I	1인칭 복수 = we 2인칭 단수/복수 = you 3인칭 복수 = they	3인칭 단수 = he/she/it
Korean		
I am Korean.	We are Korean. You are Korean. They are Korean.	He is Korean. She is Korean.

바나나   이번엔 사람이 아닌 '비인칭주어'를 살펴볼게요. 비인칭주어는 위에서 배운 인칭주어에 '아닐 비(非)'를 붙여서 만든 이름으로 '아닐 비(非), 사람 인(人)', 즉 '사람이 아닌 주어'를 뜻해요. 예를 들면 대명사 it, 강아지 한 마리 a dog, 공기 air, 머리카락 hair 등은 대상이 하나이거나 셀 수 없는 명사이기 때문

에 단수로 취급해요. 그래서 be동사는 is(현재형), was(과거형)를 쓰고 일반동사에는 -s /es를 붙여줘요.

It is very expensive. 이건 너무 비싸.
It was very expensive. 이건 너무 비쌌어.
Her hair looks great. 그녀의 머리가 근사해 보여.

비인칭주어의 복수형은 대명사 they(그것들)와 단수 단어에 -s /es를 붙인 clothes, books 등 매우 다양해요. be동사는 are(현재형), were(과거형)와 함께 쓰고 일반동사는 원형 그대로 씁니다.

They are historians. 그들은 역사학자들이야.
They were historians. 그들은 역사학자들이었어.
Books change life. 책은 사람의 인생을 바꿔.

짬뽕　　오! 대충 감 잡았어요!

—— be동사의 성격

짬뽕　　쌤, 제목이 너무 재밌어요. 😁 영어 동사는 성격도 따로 있나요?

바나나　　제목을 이렇게 지은 이유가 있겠죠? be동사는 긍정적이고 겸손하다! 이것만 기억해주세요. 이게 무슨 말인지 지금부터 설명할게요.

1. 겸손한 be동사

우리 짬뽕은 질문을 열심히 하는 학생이니까 꼭 알고 있어야 하는 문장 형태가 있어요. 우리가 의문이 생겨서 질문할 때 쓰는 문장을 뭐라고 할까요?

짬뽕   의문문요! 그런데 영어로 의문문을 만드는 건 좀 헷갈리더라고요.

바나나   맞아요. 학생들이 많이 헷갈려 하는 문장이죠. 그럼 평서문(일반적인 문장)을 의문문(질문하는 문장)으로 만드는 방법을 알아볼게요.

당신은 학생입니다. → 당신은 학생인가요?

한국어에서는 이렇게 문장의 끝맺음을 '~인가요/하나요' 등으로 바꾸고 물음표를 넣어서 평서문을 의문문으로 만들었어요. 영어 의문문도 볼까요?

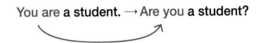

한국어와 달리 영어에서는 주어와 동사의 자리를 바꿔서 의문문을 만들어요. 원래 주어 뒤에 있던 be동사 are가 문장 맨 앞으로 간 게 보이죠?

[be동사의 위치 변화]

긍정문(평서문)		의문문		
I	am	Am	I	
he			he	
she	is	Is	she	
it			it	?
we			we	
you	are	Are	you	
they			they	

짬뽕   오, 생각보다 간단하네요? 동사와 주어의 자리를 바꾼다!

바나나   오늘 수업을 시작할 때 제가 이런 말을 했어요. '동사는 문장의 핵심이다!' 한마디로 '킹왕짱', '대빵'의 역할을 한다는 거죠. 그런데도 be동사는 참으로 겸손하기 때문에 의문문을 만들 때 제 발로 일어나서 직접 주어 앞으로 가요. 그런 특징 때문에 제가 be동사를 겸손하다고 한 거예요. 꼭 기억해주세요! ☺

2. 부정적인 마음은 뒤로! 긍정왕 be동사

'~이다'로 끝나는 문장은 긍정문, '~이 아니다'로 끝나는 문장은 부정문이라고 불러요.

〔 긍정문 〕 I am a student. 나는 학생이다.

〔 부정문 〕 I am not a student. 나는 학생이 아니다.

[be동사 종합]

	인칭	주어	be동사	축약형	부정문
단수	1인칭	I(나)	am	I'm	I'm not
	2인칭	you(너)	are	you're	you're not you aren't
	3인칭	he(그)	is	he's	he's not he isn't
		she(그녀)		she's	she's not she isn't
		it(그것)		it's	it's not it isn't
복수	1인칭	we(우리)	are	we're	we're not we aren't
	2인칭	you(너희)		you're	you're not you aren't
	3인칭	they(그들)		they're	they're not they aren't

* be동사의 축약형은 편의를 위한 것으로 일상 회화에서는 많이 쓰이지만 에세이, 논문 등 형식을 갖춘 글에는 잘 쓰지 않는다.

영어에서 긍정문과 부정문의 차이가 보이나요? be동사 am 뒤에 not이라는 부정어가 들어갔어요. be동사 특유의 '긍정적인' 성격 때문에 부정적인 것을 뒤로 보내버린 거죠!

짬뽕 be동사는 항상 긍정적이고 겸손하다! 발상이 너무 재밌어요!

 일반동사

be동사 빼고는 전부 일반동사!

바나나 일반동사는 be동사와 조동사를 제외한 모든 동사를 말해요. 이름에서 알 수 있듯이 대부분의 동사가 일반동사라고 생각하면 돼요. 일반동사가 아닌 be동사는 일반적이지 않고 특별하게 쓰이는 동사라고 기억하면 좀 더 쉽겠죠?

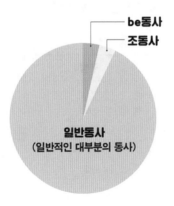

일반동사를 공부할 때 신경 써야 할 건 딱 세 가지예요.

1. 시제(현재형, 과거형)　　　**2. 주어와 수일치**　　　**3. 일반동사의 성격**

그럼 하나하나 살펴볼게요.

── 일반동사의 시제

바나나 be동사와 마찬가지로 일반동사도 시제를 구분하고 주어에 따라 수일치를 시켜줘야 하는데, be동사보다 조금 어려울 수 있어요. 왜냐하면 be동사는 시제가 be /am /are /is /was /were /been으로 한정되어 있고, 주어에 맞춰 써주기만 하면 되지만, 일반동사는 각 동사마다 시제의 변화가 규칙적일 때도 있고 불규칙적일 때도 있거든요.

〔 규칙동사 〕 동사 뒤에 -ed/d를 붙인다: talk → talked/share → shared
〔 불규칙동사 〕 변형이 규칙적이지 않다: eat → eated(X) → ate(O)

1. 시제를 바꾸는 데 규칙을 지키는 '규칙동사'

구분	규칙	예시
① 대부분의 동사	동사원형 + ed	talk → talked (말하다) hand → handed (건네다) call → called (부르다)
② e로 끝나는 동사	동사원형 + d	love → loved (사랑하다) like → liked (좋아하다) die → died (죽다)
③ '자음 + y'로 끝나는 동사	y를 i로 고치고 ed	cry → cried (울다) fry → fried (튀기다) study → studied (연구하다)
④ '자음 + 모음 + 자음'으로 끝나는 동사	마지막 자음을 한 번 더 쓰고 ed	crop → cropped (잘라내다) sum → summed (요약하다) hop → hopped (폴짝 뛰다)

바나나　위의 표를 보면서 설명할게요.

대부분의 동사들은 ①처럼 단어 끝에 -ed를 붙여서 과거형으로 만들 수 있어요. 하지만 이미 동사 끝에 e가 있는 경우에는 ②처럼 d만 붙여주면 돼요. 그리고 딱 보면 매우 짧은 단어들, 그중에서도 '단모음＋단자음'으로 끝나는 경우에는 ④처럼 단어의 마지막 자음을 1개 더 쓰고 -ed를 붙여요. 그리고 마지막으로 동사가 '자음＋y'로 끝나면 ③처럼 y를 i로 고치고 -ed를 붙여줘요.

> ▶ **단모음: 소리를 내는 도중에 입술 모양이나 혀의 위치가 달라지지 않는 모음**
> ▶ **단자음: 홀로 소리 나는 자음**

짬뽕　으아아아! 😵 😣 😖

바나나　흠, 짬뽕, 표정이 심상치 않네요. 내용이 너무 어려워요?

짬뽕　으으… 뭐가 이렇게 복잡한 거죠? 짜증이 확 밀려오고 자꾸 딴생각이 나요…. 😣

바나나　그 심정, 저도 이해해요. 아니, 다르려면 크게 다르든가! 너무 사소한 차이라 일일이 신경 쓰는 것도 귀찮고 피곤하잖아요. 그런데 영어를 처음 배우는 단계에서는 규칙과 불규칙을 매우 중요하게 다뤄요. 그만큼 학교에서는 이 부분을 집중해서 공략하죠. 그런데 저는 학생들에게 이 부분을 대충 이해하고 패턴만 익히라고 말해요. 왜냐고요? 방금 설명한 걸 보면 다른 건 다 기억나지 않아도 '대강 동사 끝이 -ed/d로 끝나면 과거형이구나!' 하고 인지하게 되지 않나요? 그러면 된 거예요! 지금은 그 정도면 돼요. 몇만 개가 되는 동사의 과거형을 하루아침에 다 배울 수는 없거든요.

그리고 여기서 규칙동사를 바꾸는 방법 등에 집착해서 시간을 끌다 보면 진도를 나가기가 어려워요. 지금은 그냥 쓱 한 번 보면서 "동사 녀석, 아주 귀찮게도 바뀌는구나. 대충 이렇게 생겨 먹었군. 오케이!" 하고 쿨하게 넘어가세요. 뒤에는 더 짜증나는 '불규칙 동사 변화'가 기다리고 있으니까요.

짬뽕   아아아아니! 더 짜증나는 애들이 있을 수가 있나요? Oh my God! 😵

2. 시제를 바꾸는 게 제 맘대로인 '불규칙동사'

바나나   불규칙동사에도 네 가지 패턴이 있어요.

[불규칙동사 패턴]

1	현재-과거-과거분사(PP) 모두 똑같은 유형 → 일명 **A-A-A형**	cost-cost-cost / put-put-put read-read-read (＊과거형은 발음만 달라서 '레드'라고 발음)
2	현재형은 다르지만 과거-과거분사(PP)가 똑같은 유형 → 일명 **A-B-B형**	build-built-built pay-paid-paid mean-meant-meant
3	현재형과 과거분사(PP)가 같지만 과거형은 다른 유형 → 일명 **A-B-A형**	run-ran-run come-came-come
4	예측 불가! 맘대로 변화하는 유형 → 일명 **A-B-C형**	rise-rose-risen sing-sang-sung take-took-taken

짬뽕   선생님… 정말 애네들을 다 외워야 하나요…?

바나나   네, 외워야 합니다. 그런데! 지금 말고 나중에 꼭 외워주세요. 지금은 그냥 제 설명을 쭉 들으며 봐주세요. 당장 이걸 다 외우라고 하면 진도를 나갈 수가 없겠죠? 그러니 영문법 공부 초기에는 '문법의 틀을 이해하는 게 암기보다 우선이라는 점!'을 꼭 기억해주세요. 지금은 도통 모르는 것투성이이고 복잡해 보이지만, 나중에 영어와 친해져서 익숙해지면 지금보다 외우는 게 편해질 수 있거든요. 지금은 외우는 것에 부담 갖지 말고 공부해주세요. 😊

짬뽕　그렇게 말씀해주시니 맘이 좀 편하네요. 어마어마한 스트레스가 몰려오고 있었거든요. 😩 그런데 과거분사 PP? 얘도 동사라서 이렇게 쓴 거예요?

바나나　자세한 건 나중에 영어 시제와 분사를 공부하며 배울 테니 간단히 설명할게요. 과거분사 PP는 사실 스스로 동사는 아니에요. 나중에 여러분 실력이 쭉쭉 올라가서 더 복잡한 시제를 써서 말할 때, 매우 자주 쓰게 될 친구라는 것만 기억해주세요.

* 일반동사의 과거형은 주어의 수나 인칭에 관계없이 모두 같은 모양이에요.
　→ I liked him. / He liked me. / We liked each other.

──── 일반동사의 수일치

바나나　일반동사의 수일치를 간단히 요약할게요. 주어가 단수일 땐 동사 -s/es를 붙이고, 복수일 땐 원형 그대로 쓰면 됩니다.

짬뽕　휴~, 글로 읽을 땐 쉬운데 적용하려면 항상 어렵게 느껴져요.

바나나　I understand. 이 부분은 학생들이 이해는 하면서도 많이 헷갈려 해요. 왜냐하면 명사는 뒤에 복수일 때 -s/es를 붙인다고 배웠는데, 반대로 동사는 단수일 때 -s/es를 붙여줘야 한다고 하잖아요? 그러니 기초 실력을 가진 친구들이라면 헷갈릴 수밖에 없죠. 하지만 우리는 이제 명사와 동사는 구분할 줄 알잖아요? 문장에서 가장 먼저 오는 건 주어 S이고 주어 자리에는 명사가 온다! 기억나죠? 주어가 복수일 때는 명사에 -s/es를 붙여 복수명사를 만들고, 뒤에 오는 동사는 '원형 그대로'를 써줍니다.

〔 주어가 복수: 복수명사 + 원형동사 〕

Computers change the way people work. 컴퓨터는 사람들이 일하는 방식을 바꾼다.

Manners make a gentleman. 매너가 신사를 만든다.

My customers buy products from your website.

저의 고객들은 당신의 웹사이트에서 제품을 삽니다.

〔 주어가 단수: 단수명사 + 동사 + s/es 〕

This computer has a hard disk drive with a storage capacity of 50GB.

이 컴퓨터는 50GB 용량의 하드 디스크를 탑재하고 있다.

She loves partying. 그녀는 파티하는 걸 좋아해.

His wife writes a book. 그의 아내는 책을 쓴다.

주어와 동사의 수일치: 단수주어 → 단수동사
★주어가 3인칭 단수이고 현재시제라면 동사 뒤에 −s/es를 붙임

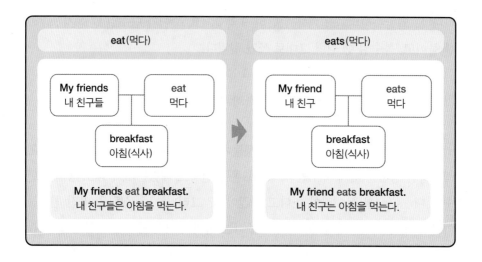

바나나 이만하면 수일치를 어떻게 하는지 대충 이해하겠죠?
그런데 사실 이 수일치 패턴도 깊게 들어가면 꽤 복잡합니다.

[수일치 동사의 변형]		
	형태	예시
일반적인 동사	동사원형 + s	makes/knows/showers
-sh/ch/ss/s/x/o 로 끝나는 동사	동사원형 + es	wishes/catches/mixes/goes
자음 + y로 끝나는 동사	y를 i로 바꾸고 + es	cries/studies/fries
예외		has

두 번째 '동사원형+es'형태는 복잡해 보이지만, 예전에 제가 그려드린 아래의 그림처럼 외우면 금방 익힐 수 있어요.

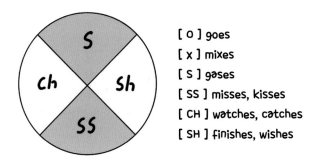

나머지 규칙도 '아, 주어가 단수일 때 동사는 대부분 -s/es로 끝나는구나!' 하고 가볍게 넘어가세요. 이 부분을 다 외우려고 오래 붙잡고 있으면 스트레스만 받아요.

짬뽕　　그런데요, 선생님, 명사에 단수/복수를 표시했으면 됐지, 왜 이것과는 반대로 단수동사 뒤에 -s/es를 붙이는 거예요? 원어민들도 이게 더 귀찮지 않을까요?

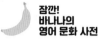
짬뽕이 질문한 것처럼 단수동사 뒤에 붙는 −s/es는 문법 시험에 단골로 나오는 헷갈리는 문법이에요. 학생들이 늘 실수하는 부분인 **'3인칭 단수 S+V(−s/es)'**, 이건 왜 이렇게 만들어놔서 우리를 헷갈리게 하는 걸까요? 이제부터 그 이유를 설명할게요.

지금 우리는 8품사를 배우는 중인데요, 제가 영어는 품사 공용어라고 얘기했어요. work이라는 단어를 예로 들어볼게요. 이 단어는 주어 자리에 오면 '일', 동사 자리에 오면 '일하다'로 해석해요. 한 단어가 명사와 동사의 역할을 다 하는 거죠. 그런데 아래의 두 문장을 봐주세요.

> **This work perfectly.** 이거면 완벽하게 충분해.
> **This work look perfect.** 이 작품은 완벽해 보여.

두 문장 모두에 work이라는 단어가 쓰였죠? 첫 번째 문장에서는 '충분하다'라는 뜻의 **동사**로 쓰였고, 두 번째 문장에서는 '일, 작업'이라는 뜻의 **명사**로 쓰였습니다. 두 번째 문장의 동사 look도 마찬가지로 **명사**로는 '모습, 외모'라는 뜻이지만, **동사**로는 '보이다'라는 의미로 쓰여요. 그런데 여기서 looks가 아닌 look이라고 쓰니, 이것 또한 동사인지 명사인지 구분이 안 가서 헷갈려요.

이렇게 영어의 '품사 공용'이라는 특징 때문에 문장에서 주어와 동사가 헷갈리는 경우가 많고, 이것을 방지하기 위해 단수동사에 '−s/es'를 붙이게 된 거예요. 그럼 아래의 문장을 해석해볼까요?

> **That looks fine!** → ① _____
> **What's that look for?** → ② _____

* 정답: ① 괜찮아 보인다! ② 표정이 왜 그래?

짬뽕   아하! 설명을 들으니 어느 정도 이해가 되네요. ☺

바나나   Great! 자, 이제 마지막으로 일반동사의 성격만 후딱 볼게요!

── 일반동사의 성격

바나나   짬뽕, 아까 배운 be동사의 성격, 기억해요?

짬뽕   당연하죠! be동사는 긍정적이고 겸손하다!

바나나   맞아요. 그런데 일반동사는 딱 그 반대예요. 일반동사는 '게으르고 오만한 갑(甲)'이라고 기억해주세요. 무슨 말이냐고요? 일반동사는 본업인 평서문을 만들 때가 아니면 직접 자리를 옮기는 일이 거의 없거든요!

1. 일반동사의 의문문

바나나   자, 우리가 보통 부정문과 의문문을 만들 때를 생각해보세요. 영어에서 의문문을 만들 땐 보통 주어와 동사를 도치(차례나 위치를 바꿈)시켜요. 이때 착한 be동사는 제 발로 걸어가 주어 앞으로 자리를 옮겼어요.

You are **a student.** → Are you **a student?**

그런데 일반동사는 오만하기 때문에 제 발로 걸어가거나 자리를 옮기지 않아요. 그래서 일반동사를 도와줄 친구가 필요한데, 그게 바로 '조동사'예요. 조동사의 '조'는 한자로 '도울 조(助)'를 써서 '동사를 돕고 조력한다'는 뜻으로, 동사라고 하기보다는 동사의 매니저 정도라고 생각하면 돼요.

조동사는 일반동사가 있는 문장을 의문문으로 전환할 때 항상 "뿅!" 하고 나타나 일반동사 대신 문장의 맨 앞으로 갑니다.

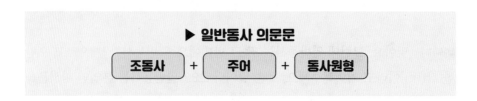

▶ **일반동사 의문문**

조동사 + 주어 + 동사원형

You like chocolate. → Do you like chocolate?

She dances well. → Does she dance well?

He cooks well. → Does he cook well?

They study English. → Do they study English?

We had lunch together. → Did we have lunch together?

짬뽕　오오, 선생님! 저 여기에서 공통된 패턴 하나를 찾았어요. 조동사가 문장의 맨 앞에 나타나서 의문문을 만들어주니까, 일반동사는 원래 자리인 '주어 뒤'에 그대로 남아 있네요?

바나나　그렇죠! 그런데 더 좋은 건 이 조동사가 수일치나 시제까지 모두 도맡아 한다는 거예요. 그래서 매니저인 조동사와 함께 등장하는 일반동사는 언제나 원형 그대로의 모습을 유지한 채, 아무런 의무나 책임을 가지지 않는 거예요. 그런데 일반동사의 갑질은 여기서 끝나지 않아요.

2. 일반동사의 부정문

바나나　부정문은 대개 동사에 not을 붙여서 '~이 아니다'라는 의미를 만들어요. 하지만 까다로운 일반동사는 결코 부정적인 not 같은 단어와 직접적으로 만나려고 하지 않아요. 그럼 여기서 누가 움직일까요? 역시나 이번에도 매니저 조동사가 나서서 not을 전담해요.

짬뽕　아! 그래서 일반동사를 '갑'이라고 불렀군요. 😃 갑질하는 일반동사! 안 까먹을 것 같아요!

[인칭별 일반동사의 부정형]

	주어	현재형	과거형
1인칭	I	do not(=don't)	
2인칭	you	do not(=don't)	did not
3인칭	he/she/it	does not(=doesn't)	(= didn't)
복수	we/you/they	do not(=don't)	

바나나　그런데 우리가 영어로 말할 때 문장에서 not을 따로 쓰기보다는 축약형인 don't/doesn't/didn't를 쓰는 게 일반적이에요. do not/does not/did not으로 쓰면 not을 좀 더 강조하는 의미로 심각한 느낌을 주기 때문이에요.

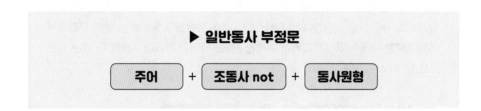

▶ **일반동사 부정문**

주어 ＋ 조동사 not ＋ 동사원형

**잠깐!
바나나의
영어 문화 사전**

be동사 / 일반동사의 부정형이 다른 이유

바나나 여러분이 쉽게 기억할 수 있도록 수업에서는 be동사와 일반동사의 차이를 성격에 빗대어 설명했는데요, 사실 두 동사의 부정형을 다른 방식으로 쓰는 이유가 있답니다.

> ▶ **be동사의 부정형**: S + be동사 + not
> ▶ **일반동사의 부정형**: S + 조동사 not + 일반동사

우선 be동사는 해석할 때 특별한 의미를 가진다기보다는, 문법적으로 주어와 보어를 이어주는 '등호(=)'와 같은 역할을 한다고 했죠? 반면에 일반동사는 문장을 해석할 때 가장 핵심이 되는 '동작과 상태'를 담고 있기 때문에 그 역할이 매우 중요해요.
자, 그런데 부정문을 만들 때 부정부사 not은 핵심 단어 앞에 와서 '~가 아니다'라는 것을 보여줍니다. 문장으로 자세히 설명해볼게요.

  She is my girlfriend. 그녀는 내 여자친구야.

이 문장에서 중요한 건 그녀가 내 '여자친구'라는 점이죠? 엄마나 누나도 아닌, 여자친구라는 것이 핵심이에요. 그렇다면 부정문을 만들 때는 핵심 단어 girlfriend 앞에 뭐가 와야 할까요? 문장에서 등호(=) 역할만 할 뿐, 핵심적인 뜻이 없는 be동사 is 가 아니라 not이 와야 합니다. **She is not my girlfriend(그녀는 내 여자친구가 아니야)**. 이렇게요!

그런데 **I love my girlfriend.(나는 여자친구를 사랑해)** 이 일반동사의 문장을 볼게요. 여기서는 여자친구라는 상대보다 여자친구에게 가지는 내 감정, '사랑한다'가 핵심이에요. 누군가를 사랑한다거나 키스했다거나 고백했다거나 하는 말은 문장에서 매우 중요한 내용이잖아요. 그래서 여자친구라는 단어가 아니라 '사랑한다'라는 일반동사 앞에 not이 오는 거예요.

  I don't love my girlfriend. 나는 여자친구를 좋아하지 않아.

이렇게요!

I don't **like pasta.** 나는 파스타를 좋아하지 않는다.

You don't **know what I am saying.** 너는 내가 무슨 말을 하는지 몰라.

He doesn't **look sweet.** 그는 다정해 보이지 않는다.

She doesn't **have a laptop.** 그녀는 노트북이 없어.

We don't **learn Japanese.** 우리는 일본어를 배우지 않는다.

자, 이 정도면 여러분은 이제 동사의 기본만큼은 다 알았다고 봐도 좋아요. 더 깊은 내용 '조동사 / 시제 / 준동사' 등은 다른 챕터에서 차근차근 배울 거예요. 😃

짬뽕   역시… 이게 동사의 끝이 아니었군요. 그래도 재미있었어요. 😊

바나나   오늘 배운 내용을 정리해서 복습하면서 퀴즈를 풀고 나면 내일은 형용사가 기다리고 있어요. 주연급 문법요소의 마지막 주자니까 지금까지 공부한 것을 열심히 복습해서 오길 바라요. 그럼 짬뽕, 우리 **내일 또 바나나요!**

오늘 배운 내용

▶ 동사의 역할 ▶ 동사의 뜻 ▶ 동사의 종류
▶ be동사 ▶ 일반동사

동사의 역할

한 문장에서 주어의 ① 움직임, ② 상태/성질 등을 서술하는 말이다.

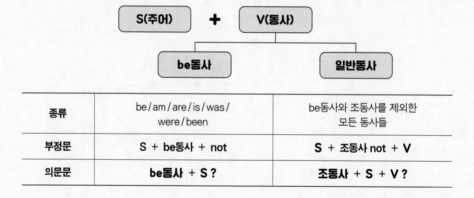

종류	be / am / are / is / was / were / been	be동사와 조동사를 제외한 모든 동사들
부정문	S + be동사 + not	S + 조동사 not + V
의문문	be동사 + S ?	조동사 + S + V ?

동사의 뜻

동사는 문장에서 주어 뒤 서술어 자리에 쓰인다. 문장에서 가장 핵심적인 정보를 가지고 있고, 문장의 형식을 나누는 기준이 되기도 한다.

동사의 종류

본동사에는 be동사와 일반동사가 있고, 동사를 도와주는 역할을 하는 조동사까지 더하면 동사는 크게 세 종류로 나눌 수 있다.

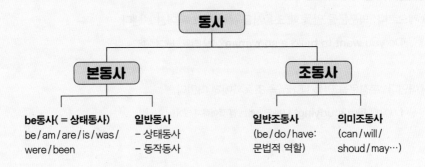

be동사

대표적인 상태동사로 be / am / are / is / was / were / been이 있다. 1형식과 2형식에 쓰이며 조동사 역할로 '현재진행형', '수동태' 등을 만들 때 쓰이기도 한다.

① 의미

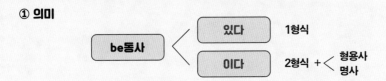

② be동사의 성격

- 겸손하다: 의문문을 만들 때 직접 문장 맨 앞으로 나간다.

  → **Are you okay?** 괜찮아?

- 긍정적이다: 부정문을 만들 때 not을 뒤로 보낸다.

  → **You are not sick.** 당신은 아프지 않습니다.

일반동사

be동사를 제외한 모든 동사를 일컫는다. 종류에는 상태동사와 동작동사가 있다.

일반동사의 성격 → 오만한 갑(甲)

• 게으르다: 의문문을 만들 때 조동사를 문장 앞으로 대신 보낸다.

   → Do you want to build a snowman? 눈사람을 만들고 싶어?

• 떠민다: 부정문을 만들 때 not을 조동사에게 떠민다.

   → I don't like studying! 나는 공부하는 걸 좋아하지 않아!

1. 동사란 무엇인지 정의하세요.

_____

2. 다음 빈칸을 채우세요.

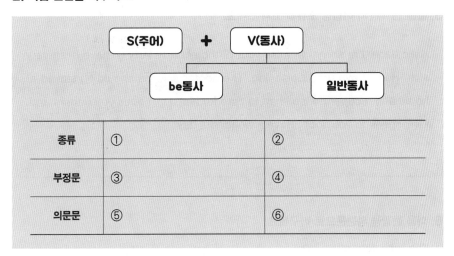

	S(주어) **+** V(동사)	
	be동사	일반동사
종류	①	②
부정문	③	④
의문문	⑤	⑥

3. 다음 빈칸에 적절한 be동사를 쓰세요.

	현재형	과거형
1인칭 단수 = I	①	②
2인칭 단수·복수 = you	③	④
3인칭 단수 = he/she/it 등	⑤	⑥
복수 = we/they 등	⑦	⑧

4. 동사의 성격과 그에 따르는 특징을 쓰세요.

(1) **be동사**

[성격] ① _____ ② _____

[특징] ① _____

② _____

(2) **일반동사**

[성격] ① _____ ② _____

[특징] ① _____

② _____

5. 밑줄 친 부분의 어법상 오류를 고쳐 쓰세요.

Hello Jane. I'm sorry I ① miss your birthday party. Arty ② have been very sick. He ③ have food poisoning. The doctor said he should ④ stayed at home and recuperate, so I had to care for him. I ⑤ hopes you understand. I will speak to you soon. Have a wonderful day!

① _____ ② _____ ③ _____ ④ _____ ⑤ _____

6. 다음 문장을 의문문으로 바꾸세요.

① She likes your gift. → _____

② They play basketball. → _____

③ I am your girlfriend. → _____

④ You are sure. → _____

⑤ He is in the room. → _____

7. 다음 문장을 부정문으로 바꾸세요.

① She likes your gift. → _____

② They play basketball. → _____

③ I am your girlfriend.　→ _____

④ You are sure.　　　 → _____

⑤ He is in the room.　 → _____

8. be동사의 줄임말을 쓰세요.

① I am _____　　② I am not _____

③ You are _____　　④ You are not _____

⑤ He is _____　　⑥ He is not _____

⑦ It is _____　　⑧ It is not _____

⑨ Arty is _____　　⑩ Arty is not _____

⑪ We are _____　　⑫ We are not _____

⑬ They are _____　　⑭ They are not _____

9. 다음 동사들의 3인칭 현재 단수형을 쓰세요.

① come _____　　② teach _____

③ go _____　　④ mix _____

⑤ cry _____　　⑥ study _____

⑦ say _____　　⑧ enjoy _____

10. 다음 동사들의 시제 변화를 쓰세요.

① cost　 – _____ – _____　비용이 들다

② meet　 – _____ – _____　만나다

③ spend　 – _____ – _____　쓰다

④ come　 – _____ – _____　오다

⑤ run　　 – _____ – _____　뛰다

⑥ see　　 – _____ – _____　보다

⑦ write　 – _____ – _____　쓰다

＊ 정답은 p.502~503을 참고하세요.

한국인의 어색한 영어 표현, 동사!

1. 정확한 표현이 중요한 동사!

〔 come 〕 "우리 집에 놀러 와!"

(X) Come to my place(house)!

(O) Come over to my place(house)! → 근처

(O) Come around to my place(house)! → 코앞 거리

(O) Drop by my place(house)! → 가까운 거리

명사 파트에서 이번엔 틀린 문장이라니 이상하죠? 이 표현은 틀렸다기보다는 조심해야 하는 표현인데요, 직역하면 "우리 집에 놀러 와."로 우리 집의 위치나 거리감이 전혀 느껴지지 않습니다. 그래서 듣는 사람이 선뜻 제안을 받아들이기가 어렵죠. 서울 사는 친구가 부산 사는 친구를 초대할 때는 이 표현을 쓸 수 있지만, 가까운 거리를 나타낼 때는 이 표현 대신 "Come over to my house." 등을 써야 합니다.

2. 잘못 말하면 성적인 표현이 되는 동사!

〔 play 〕 "나 친구들이랑 놀고 있어."

(X) I am playing with my friends.

(O) I'm hanging out with my friends.

(O) I'm chilling with my friends.

(O) I'm having a good time with my friends.

'놀다'의 영어 표현으로 play를 떠올리기 쉽지만, play는 게임이나 스포츠를 즐기며 놀 때 쓰는 표현이에요. '시간을 보내며 즐기다'라는 표현은 주로 동사 hang out이나 have good time을 씁니다. 만약 "Do you want to play with me?"라고 play에 목적어 없이 말하면, "너 나랑 재미 좀 볼래?"라는 성적인 뉘앙스로 오해할 수도 있어요. 그래서 이런 대답을 들을지도 모릅니다.

"Play what!?" 뭘 가지고 재미를 보자는 거야?(무슨 게임/스포츠를 하자고?)

그러니 꼭! 조심해서 써야 하는 표현이랍니다.

> **〔 excite 〕"이거 때문에 너무 신나!"**
>
> (X) It excites me! → 날 흥분시켜!
>
> (O) That is exciting!

excite는 exciting(신나게 하는)이나 excited(신난)라는 분사로 자주 쓰이는 단어예요. 그런데 동사 excite를 잘못 쓰면 "넌 나를 흥분시켜!"라는 뜻이 된다는 사실! 특히 it을 주어로 쓰면 성적인 표현으로 들릴 수 있어요.

I love your shirt. It excites me.(=It arouses me sexually.)
난 네 셔츠가 정말 맘에 들어! 완전 흥분돼!

그렇다고 excite가 항상 성적인 의미를 내포하는 건 아니에요. 문맥이 정확하다면 오해 없이 전달된답니다.

I try not to excite my daughter before she goes to bed.
나는 아이가 자러 가기 전에 너무 신나지 않게 주의한다.

이 밖에도 잘못 쓰면 성적인 뉘앙스로 전달되는 다음과 같은 표현을 조심해야 해요.

〔 hard 〕 "나 힘들어."

(X) I am so hard. → 나 흥분했어.

(O) I am having a hard time.

〔 lay 〕 "나 좀 자고 싶어.(눕고 싶어)"

(X) I want to get laid. → 나 (섹스)하고 싶어.

(O) I want to get some sleep.

(O) I need to lay down.

〔 want ~ you 〕 "나는 너와 ~하길 원해."

(X) I want you. → 나 너랑 (섹스)하고 싶어.

(O) I want to be with you.

(O) I want to talk with you.

(O) I want to spend time with you.

뉘앙스가 굉장히 중요한 표현으로 너와 '무엇을' 하고 싶은지 정확하게 말하지 않으면 성적인 표현으로 전달되기 쉬워요.

〔 make love 〕 "나랑 사귀자."

(X) I want to make love with you! → 나 (섹스)하고 싶어!

(O) I want to go out with you. → 10대가 할 만한 표현

(O) Do you want to be exclusive? → 약간 성숙한 표현

한국에서는 "사귀자!"라고 확실히 말해야 연인이 되는 경우가 많지만, 외국에서는 그런 말 없이 자연스럽게 만나는 경우가 많아요. 그래서 사귀자는 표현이 한국만큼 다양하지 않습니다. 종종 학생들이 make love를 '사귀다 / 연인이 되다'라는 뜻으로 오해하는데, make love 는 의역하면 '사랑을 나누다', 즉 '잠자리를 하다'라는 뜻이니 주의해서 사용하세요.

3. 현재완료형을 써야 하는 동사

〔 eat 〕 "밥 먹었어? + 뭐 좀 더 먹을래?"

(X) **Did you eat something?** → 밥 먹었어?(단순히 과거에만 집중)

(O) **Have you eaten (something)?**

동서양을 막론하고 "밥 먹었어? 뭐 좀 먹을래?"는 흔한 인사죠. 그런데 이렇게 '무엇을 먹었느냐'라는 표현에 '뭔가를 좀 더 먹을 거냐'라는 의미를 덧붙이려면 문장에 현재완료형 동사를 써줘야 해요. "Did you eat something?"은 과거에만 집중한 표현으로 현재 상태를 포함하지 못하는 반면, "Have you eaten something?"은 현재완료를 써서 가까운 과거부터 현재까지의 상태를 모두 담을 수 있거든요.

Did you eat something? 밥 먹었어?

Have you eaten something? 밥 먹었니? + 지금 배가 고프진 않아?

〔 the first time ~ have PP 〕 "한국에 온 건 처음이에요."

(X) **It's the first time to come to Korea.**

(O) **It's the first time I have been to Korea.**

(O) **It's the second time I have been to Korea.** → 한국에 온 건 두 번째예요.

현재완료시제는 '경험'을 표현할 때 쓴다고 배웠어요. 그런데 영어로 말할 때는 왜 현재/과거/미래형 동사만 쓰게 될까요? 다른 건 몰라도 이제 이거 하나는 꼭 기억하고 써먹어 봐요. "처음으로 / 두 번째로 ~했어." 같은 표현에는 언제나! 항상! have PP(현재완료)를 써야 한다는 것!

오늘의 명언 about '인내심'!

- **Haste makes waste.**
  급할수록 돌아가라.

- **Be patient. Some things take time.**
  인내심을 가져라. 어떤 일들은 시간이 오래 걸리는 법이니까.

  * haste(급함/서두름) / waste(낭비) / patient(인내심 있는) / take time(시간이 걸리다)

한국어에도 위와 비슷한 속담이 많죠? "첫술에 배부르랴", "급한 길은 에워가라", "급하다고 바늘허리에 실 매어 쓸까" 같은 속담 모두 위의 명언과 같은 의미입니다. 무언가를 이루려면 시간과 노력, 인내심이 필요하다는 뜻이죠.

영어 공부도 똑같습니다. 문법을 익히고 단어를 외우는 행위는 엄청난 인내심을 요구하는 일이에요. 외워야 할 것은 물론이고 이해할 수 있을 때까지 보고 또 봐야 할 공부거리들이 어마어마하게 많죠. 아마 스스로를 영포자라고 생각하는 학생들은 이 단계를 건너뛴 채 무조건 영어를 잘하기만을 꿈꿨을 거예요. 하지만 진짜 실력을 늘리기 위해서는 인내심을 가지고 기본기부터 차근차근 다지는 것이 중요합니다. "영어 마스터 특급 비법!", "9등급에서 1등급으로!", 같은 말에 혹해서 노력 없이 대가를 얻으려고 하지 말자고요. 시간과 노력과 과정 없이는 그 어떤 대가도 얻을 수 없으니까요!

DAY 7

영어 문장을 이루는
주연급 문법요소,
형용사!

오늘 배울 내용
- 형용사의 뜻
- 형용사의 역할 & 위치
- 형용사의 순서
- 형용사의 송류

DAY 4~7 수업과
관련된 영상은
← 여기!

짬뽕　쌤, 저 너무 기분이 좋아요! 드디어 오늘이 주연급 문법요소를 배우는 마지막 날이잖아요! 문법 공부할 때 매번 첫 챕터만 읽고 포기했는데, 이렇게 오랫동안 버틴 건 처음이에요! 😮

바나나　하하! 그 말을 들으니 저도 정말 기분이 좋은데요? 그럼 짬뽕, 오늘 기분을 한마디로 표현해볼래요?

짬뽕　에이, 한마디 말로는 형용할 수 없을 만큼 기분이 좋은데요?!

바나나　이야~! 역시 짬뽕의 센스는 장난이 아니라니까요! 오늘 배울 게 형용사인데 이걸 인용해서 이렇게 센스 있게 대답하다니! 😊

짬뽕　헤헤, 그냥 대답한 건데 그걸 캐치하는 선생님이 더 대단해요! 그런데 쌤,

이제껏 자주 써온 표현이긴 한데, 이 '형용'이란 말이 정확하게 무슨 뜻이에요?

🍌 형용사의 뜻

바나나 형용사는 우리가 평소에 알게 모르게 많이 쓰는 표현이죠? 여기서 '형용'이란 간단하게는 '설명하다/묘사하다'라는 뜻이에요. 형용사는 한자로 '모양 형(形), 얼굴 용(容), 말 사(詞)'를 합한 말로 '말의 모양, 생김새를 설명한다'라는 의미예요.

형용사는 주로 한국어로 '-ㄴ/-한'으로 끝나는 단어가 많아요. 예를 들어 pretty(예쁜), cute(귀여운), attractive(매력적인), delicious(맛있는), difficult(어려운), complicated(복잡한) 등이 형용사예요.

짬뽕 오~! 듣고 보니 이미 일상에서 형용사를 많이 쓰고 있었네요!

바나나 Right! 그럼 형용사는 누구를 어떻게 꾸미고 설명할까요?

짬뽕 흠… 글쎄요?

바나나 형용사를 보면 쉽게 알 수 있어요. 예를 들어 cute와 어울리는 영어 단어는 뭐가 있을까요?

짬뽕 음… cute baby? cute girl?

바나나 역시, 바로 답이 나오네요. 귀여운 아기, 귀여운 소녀, 자연스럽게 연상되죠? 그럼 baby나 girl의 품사가 뭘까요?

짬뽕 명사요! 에이, 선생님, 넷째 날 그렇게 열심히 공부했는데 이걸 모를까

봐요? 당연히 명사죠! 😮

바나나   우리 똑똑한 짬뽕이 단번에 알아차렸듯이 형용사가 꾸미는 대상은 명사예요. 조금 어려운 말로는 '형용사는 명사를 수식한다'고 설명합니다. 즉 형용사는 명사의 성질이나 상태를 나타내죠. 그럼 본격적으로 형용사에 대해 공부해봐요! 😊

🍌 형용사의 역할 & 위치

바나나   본격적인 설명에 앞서 한국어에서 형용사가 어떻게 쓰이는지 볼게요. 짬뽕, '예쁜'이라는 말과 잘 어울리는 단어를 하나 말해주세요.

짬뽕   예쁜 그릇요. pretty dish!

바나나   Good! '예쁜 그릇'은 '예쁜'이라는 단어가 '그릇'을 꾸며줬죠? 그런데 '그릇 예쁜'이라고 하면 어때요?

짬뽕   그릇 예쁜? 하하, 그게 뭐예요. 누가 그렇게 말해요?

바나나   그렇죠? 한국어에서 형용사는 항상 명사 앞에서 수식하는 역할을 해요.

모두 '-ㄴ'으로 끝나는 형용사가 뒤에 있는 명사를 꾸며주고 있어요. 이렇게 형용사가 명사 앞에 위치할 때는 한자로 '앞 전(前), 둘 치(置)'를 써서 '앞에 둔다'라는 의미의 '전치수식'이라고 해요. 한국어와 마찬가지로 영어도 전치수식을 하는 경우가 많아요. 하지만 영어에서는 특이하게 명사를 뒤에서 꾸며주는 '후치수식'도 가능해요. 당연히 후치수식은 뒤에서 꾸며주니까 '뒤 후(後)'를 쓰겠죠? 말이 좀 어렵지만 전치는 앞, 후치는 뒤라는 것만 기억하면 돼요.

짬뽕　잉? 영어는 형용사가 명사 뒤에서 꾸미는 게 가능해요? 처음 알았어요!

바나나　처음 들어보는 것 같지만 아마 영어 문장에서 본 적이 있을 거예요. 그럼 자세히 살펴볼게요.

> 앞에서도 안아주고
> 뒤에서도 안아줄 거야!

── 형용사의 한정적 용법: 명사의 앞 or 뒤에서 수식

1. 전치수식
형용사가 명사 앞에 와서 명사를 수식해요.

▶ **짧은 형용사일 때**

a smart girl　　delicious bananas　　a funny story
똑똑한 소녀　　　맛있는 바나나　　　　재미난 이야기

▶ **형용사구(형용사 + α)*를 '-(하이픈)'으로 연결할 때**

a ten-year-old girl 열 살 소녀
a home-cooked meal 가정식

* 잠깐! 영어 단어는 다양한 품사로 쓰일 수 있다고 했죠? this/these/those는 지시대명사로 쓰이기도 하고 지시형용사로도 쓰이는 단어들이에요. 그래서 다른 형용사의 전치수식을 받지 못해요. 왜냐하면 대명사인지 형용사인지 헷갈릴 수 있기 때문이랍니다.
pretty this → 예쁜 이것(X)
heavy these → 무거운 이것들(X)

2. 후치수식

형용사가 명사 뒤에서 명사를 수식해요.

> ▶ -thing / -body / -one / -where로 끝나는 명사일 때
> something / anything / everything / nothing / somebody / anybody /
> everybody / nobody / someone / anyone / somewhere / anywhere /
> everywhere / nowhere

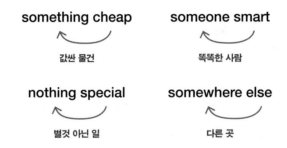

someone smart
똑똑한 사람

nothing special
별것 아닌 일

somewhere else
다른 곳

> ▶ 두 단어 이상의 형용사구*(형용사 + α)가 명사를 꾸밀 때

〔 전명구 = 형용사구 〕

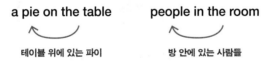

a pie on the table
테이블 위에 있는 파이

people in the room
방 안에 있는 사람들

* 형용사구의 '구'라는 단어가 이해되지 않는다면 '잠깐 쉬어 가기' p.058을 참고하세요.

〔 형용사 + α 〕

a bag full of books
책으로 가득 찬 가방

people available to meet up
만나는 게 가능한 사람들

짬뽕 　앗, 선생님, 잠깐만요! 이거 뭔가 이상한데요? 저 위에 on the table은 아무리 봐도 형용사 같지 않아요. 😖

바나나 　on the table은 정확히는 내일 배우게 될 전명구 구문이에요. 저와 영어를 공부하다 보면 지금까지 영어에 대해 가지던 편견을 깨는 일이 많을 거예요. 예를 들어 위에 나온 on the table이라는 표현을 보세요. on이 나오니까 '저건 전치사다!', 이렇게 생각했죠?

짬뽕 　어떻게 아셨죠? 😮 전치사 to / of / for / on 이런 걸 보면 그냥 전치사구나 하죠….

바나나 　하지만 이 단어가 전치사라는 품사임을 아는 것보다, 문장 전체에서 하는 역할을 구분하는 게 훨씬 더 중요하답니다!

Q. 다음 그림에서 a pie on the table을 고르세요.

① 에펠탑 앞에 있는 파이　　　② 빵집 판매대 위에 있는 파이　　　③ 테이블 위에 있는 파이

자, 위 문제의 답이 뭘까요? a pie on the table은 '테이블 위에 있는 파이'라고 해석해요. 세상에는 셀 수 없이 많은 파이가 있지만, on the table이라는 전명구 덕분에 이 문장의 파이는 어떤 파이다? 프랑스에 있는 파이도 아니고, 빵집에 있는 파이도 아닌 '테이블 위에 있는 파이'라고 정해진 거예요. 즉 on the table이 파이에 의미를 부여해준 것이죠. 결과적으로 on the table이 일반 형용사처럼 보이지 않더라도 '명사를 수식하는 역할', 즉 형용사의 역할을 하는 거예요.

짬뽕   그렇군요! 꼭 형용사라고 부르는 단어만 형용사 역할을 할 수 있는 건 아니었네요? 생각의 폭을 좀 더 넓혀야겠어요. 😃

바나나   자, 말이 나온 김에 중요한 점을 하나 더 짚고 넘어갈게요.

이제 우리는 형용사가 명사를 꾸미고 추가적인 설명을 해준다는 것을 알았어요. 이렇게 명사를 앞과 뒤에서 꾸며주는 형용사를 '한정적 용법'이라고 불러요. 그런데 왜 이름을 이렇게 지었을까요? '한정 짓는다'라는 말은 한계점을 두고 무언가를 제한한다는 뜻인데 형용사가 뭘 한정한다는 걸까요? 형용사는 문장에서 명사의 의미를 한정하는 역할을 해요. 왜 명사의 의미를 제한하는 게 필요한지 아래의 예시로 설명할게요.

소녀 = a girl

소녀는 영어로 a girl이에요. 그런데 세상에는 소녀가 어마어마하게 많죠? 그래서 '나는 소녀가 좋아. → I like a girl.'이라고 하면 어떤 소녀를 좋아하는 건지 알 수가 없어요. 여기에 형용사를 붙여볼게요.

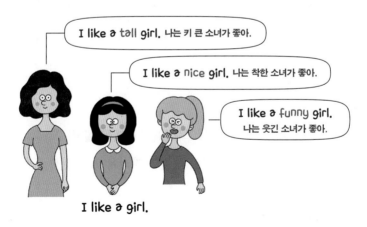

I like a girl.

이렇게 명사 girl에 형용사를 붙였더니 어때요? 구체적인 의미가 살아나죠? 이처럼 형용사는 명사가 가진 의미의 범위를 한정하기 때문에 '한정적 용법'이라는 말이 붙은 거예요.

─── 형용사의 서술적 용법: 보어 자리에서 명사 수식

바나나 애초에 형용사가 주연급 문법요소에 들어갈 수 있었던 이유는 바로 이것! 보어 자리에 들어가기 때문이에요. 2일 차 5형식 수업에서 간략하게 배웠듯이, 2형식 문장의 주격보어(SC) 자리, 5형식 문장의 목적격보어(OC) 자리에 형용사를 쓸 수 있어요.

1. 주격보어(SC)로 쓰이는 형용사: 주어의 상태를 설명

형용사는 주격보어 자리에 들어가서 주어 자리에 있는 명사를 꾸미거나 보충 설명해요. 이때 주어와 보어의 관계는 같거나 비슷합니다.

(S + V + C)

He is sick. 그는 아파.(그 = 아픈 상태)

He looks excited. 그는 신나 보여.(그 = 신난 상태)

He became healthy. 그가 건강해졌어.(그 = 건강한 상태)

2. 목적격보어(OC)로 쓰이는 형용사: 목적어의 상태를 설명

형용사는 목적격보어 자리에 들어가서 목적어 자리에 있는 명사를 꾸미거나 보충 설명할 수 있어요.

(S + V + O + OC)

He found the lecture difficult. 그는 수업이 어렵다고 생각했다.(수업 = 어려운 상태)

This program will make the process simple.

이 프로그램이 과정을 단순하게 만들어줄 거야. (과정 = 단순한 상태)

I cut my hair short. 나는 머리를 짧게 잘랐다. (내 머리카락 = 짧은 상태)

이렇게 보어 자리에 쓰이는 것을 '서술적 용법의 형용사'라고 해요. 말이 좀 어렵죠? 우리가 동사를 '서술어'라고 부르는 것처럼, be동사와 형용사가 함께 쓰이면 형용사가 마치 동사처럼 서술하는 역할을 해서 붙은 이름이에요. 즉 형용사가 동사 같은 역할을 한다고 생각하면 돼요.

I am lonely. 나는 외롭다. (나 = 외로운 상태)
S V   C

여기서 형용사 lonely가 주어 I를 꾸며 '나=외로운 상태'를 만들면서 서술적인 역할을 겸하고 있어요.

I consider him smart. 나는 그가 똑똑하다고 생각한다. (그 = 똑똑한 상태)
S   V   O   OC

마찬가지로 형용사 smart가 목적어 him을 꾸며 '그=똑똑한'이란 의미를 만드는 동시에 서술적인 역할을 하죠.

자, 이렇게 형용사의 주요 역할인 한정적 용법과 서술적 용법을 배워봤어요. 😊 그런데 이런 이름을 꼭 외워야 할까요? 아니요! 이해하는 것만으로 충분해요. 이름에 집착하지 말고 오늘의 핵심 '형용사는 명사를 수식한다'라는 것만 꼭 기억해주세요!

짬뽕   형용사는 명사를 수식한다! 네, 머릿속에 입력했어요! 그럼 선생님, 한정적 용법 형용사와 서술적 용법 형용사는 특별히 차이가 없나요?

바나나   오, 좋은 지적이에요. 대부분은 공통으로 쓸 수 있는데요, 예를 들어 pretty, beautiful 같은 일반적인 형용사는 한정적, 서술적 용법에 둘 다 쓸 수 있어요. 하지만 아주 예외적으로 오직 한정적 용법으로만 쓰이는 형용사, 오직 서술적 용법으로만 쓰이는 형용사도 있답니다!

── 한정적 용법, 전치수식으로만 쓰이는 형용사

한정적 용법, 그중에서도 주로 전치수식으로만 쓰이는 한정형용사예요.

> **[전치수식 한정형용사]**
>
> main / only / total / major / former / latter / inner / outer / indoor / outdoor /
> golden / drunken / international / national / medical / public / criminal

짬뽕   저도 아는 단어가 많이 있네요?

바나나   Right? 일상에서 많이 쓰는 단어들인데, 쓰면서 실수하는 경우가 많아요. 예를 들어 학생들이 자주 쓰는 main과 drunken이란 단어를 살펴볼게요.

main

This is main.(X) 이게 메인이야.
→ main은 한정적 용법으로만 쓰기 때문에 이렇게 보어 자리에 쓸 수 없어요.

Our main menu is cream pasta.(O) 저희 주메뉴는 크림파스타예요.

→ 이렇게 명사를 꾸미는 한정적 용법으로만 쓸 수 있죠.

Would you like to order the main dish first? 메인 요리를 먼저 시키실래요?

drunken

I am so drunken!(X) → I am so drunk!(O) 나 너무 취했어!

drunken은 한정적 용법으로만 쓰기 때문에 이렇게 보어 자리에 쓰면 틀린 문장!
가수 'Drunken Tiger'처럼 명사를 수식하는 한정적 용법으로만 쓸 수 있어요.

The drunken driver ran away quickly.(O) 만취운전자는 재빨리 도망갔다.

── 서술적 용법으로만 쓰이는 형용사

오직 보어 자리에만 쓰는 서술적 용법 전용 형용사는 기본적으로 한정적 용법으
로 쓸 수 없어요. 주로 'a-'가 붙은 형용사가 많아요.(아주 가~끔 후치수식으로
는 쓰이기도 함)

[서술적 용법 전용 형용사]

alive / alone / alike / asleep / awake / aware / afraid /
ready / certain / glad / fond / ignorant / sorry

Are you still alive? 너 아직 살아 있니?

I am alone. 난 혼자야.

I will stay awake. 깨어 있을게.

짬뽕   그러고 보니 "I am afraid."라는 말은 자주 들어봤지만 'an afraid person' 같은 건 들어본 적이 없네요.

바나나   Exactly! 공부하다 보면 나중엔 형용사의 쓰임이 좀 더 익숙해질 거예요. 자, 이제 형용사 수업의 대미를 장식할 반전 이야기를 하려고 해요. 제가 영어 수업을 하면서 학생들에게 가장 많은 질문을 받은 부분! 바로 '관사', a/an/the에 관한 건데요, 짬뽕, 관사는 문장에서 어느 위치에 올까요?

짬뽕   으아~! 관사야말로 진짜 어려운데… 명사 바로 앞에 오죠?

바나나   맞아요. 이렇게 항상 명사 앞에 와요.

a teacher / an ant / the piano

학생들이 골머리를 앓는 관사도 알고 보면 별것 없어요. 얘들도 다 형용사일 뿐이에요. a/an이 붙으면 하나라는 뜻이고 the가 붙으면 '그-'라는 뜻으로 결국 명사의 의미를 한정하고 꾸며주는 형용사거든요!

> ▶ **관사 → 명사를 꾸민다 → 명사를 꾸미면 형용사!**
> **→ 관사 = 형용사**

* 일각에서 관사와 형용사를 구분해야 한다는 의견도 있지만, 이건 학자들의 몫! 우리는 이해만 하고 넘어가기로 해요. ☺

마찬가지로 my/your/his/her/their/our 등의 '소유격(누구에게 소속되었는지를 표현하는 격)'은 문장에서 어느 위치에 있나요?

my mom / your boyfriend / his son

짬뽕 명사 앞에 오죠! 그럼 결국 소유격도 모두 형용사인가요?

바나나 바로 그거예요! 감 잡았나요?

> ▶ **소유격 → 명사를 꾸민다 → 명사를 꾸미면 형용사!**
> **→ 소유격 = 형용사**

이렇게 이해하니까 형용사라는 개념이 좀 잡히나요? 관사나 소유격 같은 이름에 겁먹지 않아도 됩니다! 의미를 추가하는 동시에 한정하고, 명사를 꾸미는 모든 것을 '형용사'라고 부를 수 있다는 게 핵심이니까요.

짬뽕 헐, 선생님! 저 지금 소름 돋았어요. 어렵게만 느껴지던 관사가 단순하게 그냥 형용사였네요? 대박! 😮

바나나 네, 그냥 '관사＝형용사'라고 단순하게 이해해주세요.

🍌 형용사의 순서

짬뽕 그런데 선생님 말씀대로면 a cute dog은 형용사가 2개인 거예요? 이렇게 형용사가 여러 개 올 수도 있나요?

바나나 맞아요. a와 cute, 2개의 형용사가 명사를 수식하고 있어요. 사실 형용사는 여러 개가 한 번에 명사 하나를 꾸미기도 해요. 하지만 이때도 지켜야 할 순서가 있답니다. 짬뽕이 말한 a cute dog을 보면 관사 a가 먼저 오고 특징을 보여주는 성질형용사 cute는 뒤에 오죠? cute a dog처럼 쓰지는 않는단 말이에요. 이처럼 형용사를 여러 개 쓸 때는 대략 아래와 같은 순서로 정리합니다.

[형용사의 순서]

전치한정사				
	한정사			
		+서수	+기수	+성질·상태형용사
all both either neither half double	+ 관사 지시 소유격 부정	first second	one two	• 의견/태도/비평: delicious/cool/nice/lovely/great • 크기/높이: big/small/tall/huge/tiny • 모양/형태/무게/길이: round/square/stellate/fat/long/short • 상태/상황: clean/dirty/wet/dry/rich/poor/hungry/full • 오래된 정도: new/old/antique • 색상: red/yellow/reddish/bluish • 패턴/디자인: striped/checked/flowery/zigzag/spotted • 기원(출신): Korean/American/British • 재료: wooden/gold/silver/plastic • 사용 목적: shopping/studying/fishing/dancing

* 부정관사, 소유격, 수사, 지시형용사는 중복해서 사용하지 않아요!

짬뽕 으아아아! 복잡해 보이는데… 쌤, 저걸 다 외워야 하나요? 😣

바나나 순서가 아주 중요한 건 아니지만, 원어민들은 형용사의 순서를 지키는 게 자연스러운 일이라 순서를 바꿔 쓰면 어색하게 들린다고 해요. 형용사의 순서는 고급 문법에서 꽤 중요하답니다!

a fat, big man(X) → a big, fat man(O) 덩치가 크고 뚱뚱한 남자

$\underset{\text{한정사 상태}}{\text{The}} \underset{\text{색상}}{\text{quick brown}} \underset{\text{S}}{\text{fox}} \underset{\text{V}}{\text{jumps}} \underset{\text{전명구}}{\text{over the}} \underset{\text{한정사 의견}}{\text{lazy dog.}}$ 날쌘 갈색 여우가 게으른 개를 뛰어넘다.

🍌 형용사의 종류

바나나 그럼 지금까지 공부한 내용을 토대로 형용사의 다양한 종류를 살펴볼게요.

[형용사의 종류]

관사	a/an/the
소유형용사	my/your/his/their/Renee's
지시형용사	this/that/these/those
수량형용사	many/much/some/any/a lot/a few/a little
고유형용사	Korean/French/American
부정형용사	all/every/other/another/any/either/neither/many/no
순수형용사	pretty/arrogant/bright/tall
분사형용사	interesting/exciting/moving/dancing
의문형용사	whose/which/what
관계형용사	which/what

바나나 생각보다 종류가 많죠? 그럼 형용사를 여러 개 써서 단어 만드는 연습을 해볼까요?

나의 오래된 자전거	→ ① _____
이 신나는 한국 노래	→ ② _____
모든 똑똑하고 현명한 사람들	→ ③ _____

* 정답: ① my old bicycle ② this exciting Korean song ③ all the smart and wise men

짬뽕　으으… 형용사는 생김새가 너무 다양하다 보니, 문장 안에서 뭐가 형용사인지 구분하기 어려운 것 같아요. 😞

바나나　꼭 그렇지만은 않아요. 형용사도 나름대로 생김새에 특징이 있답니다.

── 형용사형 어미

바나나　며칠 전 수업에서 영어 문장을 이루는 주연급 문법요소 중 '명사／대명사／동사／형용사'는 '정우성／원빈／김태희／전지현이다!'라고 했죠? 형용사를 전지현이라고 생각하고 예를 하나 들어볼게요. 태어나면서부터 전지현처럼 아름다운 사람들이 있죠?

짬뽕　있죠. 물론 흔하진 않지만요. 😊

바나나　동시에 전지현처럼 예쁘게 태어나진 않았지만, 성형수술이나 메이크업으로 전지현처럼 아름다워지는 사람도 있잖아요?

짬뽕　그야 당연하죠!

바나나　형용사도 마찬가지예요. 태어날 때부터 형용사인 친구들이 있는데 sweet／happy／nice／sad／slow／honest／bad 등이에요. 짬뽕도 알고 있는 유명한 형용사들이죠?

짬뽕　네. 그런데 얘들은 서로 공통점은 없나요?

바나나　태어날 때부터 형용사인 것들은 모양 면에서는 큰 특징이 없어요. 하지만 형용사 중에 어미(말의 끝)나 뉘앙스가 비슷한 단어들이 있는데요, 그중 많은 것들이 명사 끝에 다양한 접미사를 붙여서 형용사로 만든 거예요. 그러니까 메이크업으로 전지현이 된 것처럼 접미사를 통해 형용사로 변신한 거죠.

대표적으로 '명사+ly' 형으로 생긴 형용사에는 costly(값비싼)/friendly(친숙한)/timely(시기적절한)/orderly(질서 있는)/daily(매일의)/weekly(매주의)/monthly(매달의) 같은 것들이 있어요.

또 '명사+y' 형의 형용사에는 moody(기분 변화가 잦은)/sunny(날이 맑은)/windy(바람이 많이 부는)/foggy(안개 낀) 등이 있어요. 이 단어들을 자세히 보면 명사 본래의 뜻을 차용한 것이 특징이에요. 이 외에도 형용사를 만드는 다양한 방법들을 간략하게 알아볼게요.

[형용사를 만드는 다양한 방법]

명사+ly	~한 경향이 있는	costly/friendly/timely/orderly/daily/weekly/monthly
명사+y	~한 성격이 강한	moody/sunny/windy/foggy
명사+ful	~로 가득 찬	wonderful/beautiful/helpful/hopeful
명사+ous	~한 특징/성질이 있는	gorgeous/poisonous/delicious/suspicious
명사+some	~하는 경향이 있는	awesome/bothersome/lonesome/troublesome/wholesome
명사+en	~의 재료로 된	wooden/golden/earthen/silken
명사+less	~가 없는	homeless/priceless/careless/powerless
명사+ive	~한	attractive/passive/comprehensive/attentive/active
명사+al	~한	national/cultural/mental/fatal/lethal
-ic	~한	romantic/erotic/optimistic/pessimistic
-lar	~한	popular/particular/similar/regular
-able	~할 수 있는	reliable/visible/accessible/miserable

costly(많은 돈이 드는)	timely(시기적절한)	orderly(정돈된)
moody(쓸쓸한)	gorgeous(아주 멋진)	poisonous(독이 있는)
suspicious(수상한)	awesome(굉장한)	bothersome(성가신)
lonesome(외로운)	troublesome(문제를 일으키는/귀찮은)	wholesome(건강에 좋은/건전한)
attractive(매력적인)	passive(소극적인)	comprehensive(포괄적인)
attentive(주의를 기울이는)	fatal(치명적인)	lethal(치명적인/치사의)
optimistic(낙관적인)	pessimistic(비관적인)	particular(특정한)
similar(비슷한)	regular(규칙적인)	reliable(믿을 수 있는)
visible(보이는)	accessible(접근(이용) 가능한/이해하기 쉬운)	miserable(비참한)

짬뽕 오! 형용사랑 명사랑 생각보다 연결고리가 많은 것 같아요.

바나나 그렇죠? 그런데 위의 예시처럼 명사에서 의미를 가져오거나 '명사 +ly/y/ful…' 등으로 형용사를 만드는 경우도 있지만, 반대로 형용사가 명사가 되는 경우도 있어요.

—— the + 형용사 = 명사

짬뽕 형용사가 명사로 쓰인다고요?

바나나 아주 특별한 경우이긴 해요. 그런데 만드는 방법은 생각보다 간단해요. 형용사 앞에 관사 the를 붙여서, 'the + 형용사' 형태로 쓰면 되거든요.

> ▶ **the + 형용사 = 명사**
> ① ~한 사람들(복수명사 취급)
> ② ~한 것(추상명사로 단수명사 취급)

the rich = rich people → **부자들**

the poor = poor people → **가난한 사람들**

the blind = blind people → **시각장애인들**

the homeless = homeless people → **노숙자들**

the old = old people → **노인들**

the unknown = unknown thing → **미지의 것**

the impossible = impossible thing → **불가능한 것**

You should always expect the unexpected. 항상 예기치 못한 일에 대비해야 한다.

She is working for the old. 그녀는 노인들을 위해 일한다.

짬뽕 우와, 형용사에 대해 알면 알수록 영어가 달라 보여요. 형용사의 세계가 이렇게나 넓다니! 제가 이제껏 알던 형용사의 세계는 너무 좁았군요! 😮

바나나 그렇죠? 재차 강조하지만, 형용사를 포함한 주연급 문법요소 4인방은 문장에서 매우 중요하게 쓰여요. 그래서 이 네 가지만 알아도 문장을 이해하는 게 정말 쉬워진답니다. 😊

짬뽕 이 정도만 이해해도 문장을 해석하고 말하는 데 문제가 없을까요?

바나나 우선 기본적인 문장 구조를 이해하는 건 어렵지 않을 거예요. 하지만 내일부터 배울 나머지 네 가지 요소도 정말 중요하니까 마음의 준비를 해야겠죠? 그리고 수능이나 공무원 시험, 토익 시험 등을 공부하는 친구들이라면 부록에 있는 형용사 편을 꼼꼼하게 공부하길 바라요. 문법 위주의 시험에서는 세부적인 형용사 문제가 많이 나오니까요!

짬뽕 네, 선생님! 주연급 요소가 끝나서 마음이 한층 가벼워졌어요. 😊 그럼 내일은 무슨 수업인가요?

바나나 내일은 드디어 부사를 공부합니다! 오늘 배운 내용을 열심히 복습하고 오세요. 내일 수업은 조금 더 재미있을 거라고 예고하며 **내일 또 바나나요!** 🍌

오늘 배운 내용

▶ 형용사의 뜻　　　　　　▶ 형용사의 역할 & 위치

▶ 형용사의 순서　　　　　▶ 형용사의 종류

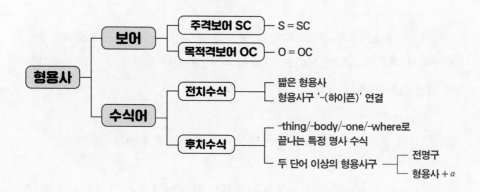

형용사의 뜻

명사를 수식하는 말로 명사의 상태나 특징을 설명하는 단어

형용사의 역할 & 위치

① 명사를 앞과 뒤에서 수식

I want to have a cute little **brother.** 귀여운 동생을 갖고 싶어.

I want something spicy. 난 매운 걸 원해.

· DAY 7 · 형용사

② 2형식 혹은 5형식에서 보어 역할을 한다.

- 2형식 주격보어(SC): **He sounds** smart. 그는 똑똑한 것 같아.

- 5형식 목적격보어(OC): **I found her** attractive. 나는 그녀가 매력적이라고 생각해.

형용사의 순서

전치한정사				
	한정사			
		+서수	+기수	+성질 · 상태형용사
all both either neither half double	+ 관사 지시 소유격 부정	first second	one two	• 의견 / 태도 / 비평: delicious / cool / nice / lovely / great • 크기 / 높이: big / small / tall / huge / tiny • 모양 / 형태 / 무게 / 길이: round / square / stellate / fat / long / short • 상태 / 상황: clean / dirty / wet / dry / rich / poor / hungry / full • 오래된 정도: new / old / antique • 색상: red / yellow / reddish / bluish • 패턴 / 디자인: striped / checked / flowery / zigzag / spotted • 기원(출신): Korean / American / British • 재료: wooden / gold / silver / plastic • 사용 목적: shopping / studying / fishing / dancing

* 부정관사, 소유격, 수사, 지시형용사는 중복해서 사용하지 않음!

형용사의 종류

관사	a / an / the
소유형용사	my / your / his / their / Renee's
지시형용사	this / that / these / those
수량형용사	many / much / some / any / a lot / a few / a little
고유형용사	Korean / French / American
부정형용사	all / every / other / another / any / either / neither / many / no
순수형용사	pretty / arrogant / bright / tall
분사형용사	interesting / exciting / moving / dancing
의문형용사	whose / which / what
관계형용사	which / what

오늘의
바나나 퀴즈

1. 형용사란 무엇인지 정의하세요.

_____

2. 다음 빈칸을 채우세요.

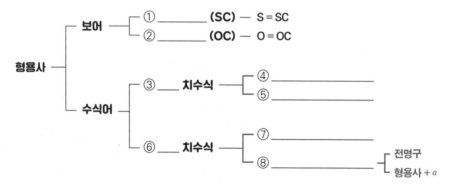

형용사
- 보어
  - ① _____ **(SC)** — S = SC
  - ② _____ **(OC)** — O = OC
- 수식어
  - ③ ___ **치수식**
    - ④ _____
    - ⑤ _____
  - ⑥ ___ **치수식**
    - ⑦ _____
    - ⑧ _____
      - 전명구
      - 형용사 + α

3. 적절한 형용사를 각 5개씩 쓰세요.

① 한정적 용법으로만 쓰이는 형용사 _____

② 서술적 용법으로만 쓰이는 형용사 _____

4. 적절한 형용사를 최소 2개씩 쓰세요.

① 관사: _____

② 소유형용사: _____

③ 지시형용사: _____

④ 수량형용사: _____

⑤ 고유형용사: _____

⑥ 부정형용사: _____

⑦ 순수형용사: _____

⑧ 분사형용사: _____

⑨ 의문형용사: _____

⑩ 관계형용사: _____

5. 다음 문장에서 모든 형용사에 동그라미를 치세요.

> Dear mom,
> Hi, mom. How have you been? I just started to attend school and am very happy.
> Right now I am in a big American city, Tampa, Florida. I rent a very cozy, humble apartment. It is an old place with brown wooden floor.
> I have two roommates so I don't feel lonely. One of them is Val. She is very beautiful and thoughtful.
> The other one is Silvia. She loves playing video games <u>with violence</u>* and doesn't really come out of her room. I think she is not very talkative as well. We will see if we can get along well.
> I miss you.
>
> Your daughter, Renee.

* with violence(폭력적인): 전명구(전치사+명사)지만 명사를 수식하고 있으니 형용사 역할을 하는 형용사구이며 앞에 있는 명사를 후치수식함

6. 각 문장에서 틀린 부분을 체크하고 고쳐 쓰세요.

① His both parents are from Singapore.

_____

② He looks really nicely and friendly, but he is seriously jealous of me.

_____

③ The next presidential election in South Korea is due in fifth years.

_____

④ You are not allowed to carry some pistols in this country.

_____

⑤ I got any food for you.

_____

＊ 정답은 p.503~504를 참고하세요.

장깐 쉬어 가기

한국인의 어색한 영어 표현, 형용사!

1. good & bad

많은 학생들이 good과 bad를 '착하다, 나쁘다' 정도로 단순하게 생각하는 경우가 많아요. 하지만 good & bad는 상황에 따라 '잘한다/좋다' 혹은 '안 좋다/상했다' 등으로 다양하게 쓰여요.

〔 good 〕 "컨디션이 안 좋아."

(X) My condition is not good.

(O) I don't feel good. = I am not well.

"컨디션이 안 좋아"를 한국식으로 직역해서 my condition을 주어로 쓰는 경우가 많아요. 하지만 원어민들은 이 말을 간단히 "I don't feel good." 혹은 "I am not well."이라고 표현해요.

〔 good 〕 "나는 착하지 않아."

(X) I am not good.

(O) I am not nice.

good이 '착하다'라는 뜻으로 쓰일 때는 "You are a good girl.", "You are a good boy."라는 식의 표현에 한정합니다. good은 '~를 잘한다'라는 의미로 많이 쓰이며 "I am good at something."이라는 표현으로 자주 쓰이죠. 그래서 "You are good."이라고 쓰면 "너, 잘하네?", 이렇게 칭찬하는 표현이 된답니다. "I am not good."은 "I don't feel well."과 같은 뜻으로 상태나 컨디션이 안 좋다는 의미입니다.

〔 bad 〕 "너 너무 나빠."
(X) You are so bad.
(O) You are so mean.

good과 마찬가지로 bad가 '나쁘다'라는 의미로 쓰일 때는 "I am a bad girl.", "I am a bad boy."라는 식의 표현에 한정합니다. good이나 bad는 사람을 가리켜 '좋다/나쁘다'로 표현하기보다 '상황이 안 좋다/나쁘다'를 말할 때 주로 쓰이죠. 이때 '상황'은 주어로 it을 많이 씁니다. 일반적으로 bad는 '~를 잘 못하다'라는 의미로 많이 쓰이고, "You are bad at something."이라는 표현으로 자주 쓰입니다.

* "You are so bad."가 꼭 부정적인 표현은 아니랍니다. 상대가 짓궂은 장난, 행동, 말을 했을 때 웃으면서 던지는 "You are so bad!"는 오히려 애정의 표현으로 "너 정말 못 말려!" 정도로 해석할 수 있어요.

2. hot & warm
영어에서 hot과 warm은 주어를 어떻게 쓰는지에 따라 뜻이 완전히 달라질 수 있어요.

〔 hot 〕 "너무 더워."
(X) I am so hot.
(O) It's so hot.

"나 너무 추워!"는 "I am so cold!"라고 할 수 있지만, 날씨가 더울 때 "I am so hot!"이라고 말하면 주변에서 눈총을 받을 수 있어요. 왜냐하면 "나 너무 섹시하지!" 하고 자랑하는 뜻이기 때문입니다. 그러나 이 표현을 늘 쓰지 못하는 건 아니에요. 예를 들어 날씨가 덥지 않은데 특정한 상황 때문에 '내가 지금 막 달리기를 끝내고 와서 덥다'라거나 '아파서 열이 나서 덥다'라고 하면 "I am so hot/I feel so hot."으로 쓸 수 있답니다. 즉 상황이나 날씨가 아니고 개인적인 상태를 표현할 때라면 쓸 수 있는 거죠. 이를 제외하고는 대개 "It's so hot."이라고 쓰는 것이 좋습니다.

〔 warm 〕 "넌 정말 따뜻한 사람이야."

(X) You are so warm.

(O) You are so sweet. = You are a warm-hearted person.

여러분은 위의 문장을 직역해서 "You are so warm."이라고 쓰고 싶겠죠? 하지만 영어로 '따뜻하다/착하다'라는 표현에는 가볍게 nice나 sweet 정도의 형용사를 씁니다. "You are quite warm."이라고 하면 '몸에 열이 난다/몸이 뜨겁다', 즉 몸의 온도를 표현하는 것으로 성격이나 감정을 나타내지 않습니다. 만약 문장에 warm을 넣어 '다정함'을 표현하려면 꼭 명사를 수식하는 형용사로 써야 하죠. "You are a warm person," 더 흔하게는 "You are a warm-hearted person."처럼요.

3. 그 외의 어색한 형용사 표현

〔 poor 〕 "너 너무 불쌍해."

(X) You are so poor! → 넌 너무 가난해!

(O) Oh, poor you(thing)! (불쌍한 것!)

(O) You are so unfortunate/unlucky.

poor가 보어 자리에 쓰이면 '불쌍한'이 아니라 '형편없는/가난한'이란 뜻이에요.

Sorry for my poor English. 저의 형편없는 영어 실력을 이해해주세요.
I am a poor swimmer. 전 수영을 못해요.

그래서 "You are so poor!"는 불쌍하다는 뜻이 아니라, "넌 너무 가난해!" 하고 모욕하는 표현이 됩니다. poor를 '불쌍한'이란 의미로 쓰고 싶다면 무조건 '명사'를 꾸미는 '한정적 용법'으로 써야 해요. 일반적으로 '불쌍한'이라는 뜻을 보어 자리에 쓸 때는 unfortunate/unlucky 정도의 단어를 사용합니다.

〔 stressful 〕 "나 너무 스트레스 받아."

(X) I am so stressful. → 난 스트레스 주는 사람이야.

(O) I am so stressed (out). = I am stressing.

(O) I am under a lot of stress.

위 문장은 한국 학생 10명 중 9명이 "I am so stressful."이라고 표현할 정도로 자주 틀려요. 하지만 stressful은 '스트레스를 주는'이란 표현으로 "I am so stressful."은 "나는 사람들에게 스트레스를 주는 사람이야."라고 말하는 것과 마찬가지인 거죠. stressful은 '주어'가 스트레스를 '주는' 상황과 연결 지어 써야 합니다.

My job is very stressful. 내 직업은 굉장히 스트레스가 많은 일이야.

* '~ 때문에'라고 말할 때는 주로 전치사 over나 about을 써요.

오늘의 명언 about '시작'!

- **Actions speak louder than words.**
  행동이 말보다 더 중요하다. — Abraham Lincoln

- **Don't worry about failures, worry about the chances you miss when you don't even try.**
  실패를 두려워하지 마라. 오히려 시도하지 않았을 때 놓칠 기회를 아쉬워하라. — Jack Canfield

* action(행동) / loud(시끄러운) / word(말)

 **바나나쌤의 한마디!**

학생들과 구독자들이 저에게 하는 질문 중에 제가 가장 싫어하는 고정 멘트가 있는데요, "제가 벌써 중3인데 / 고2인데 / 22살인데… 지금 영어를 공부해도 될까요?"라는 질문이에요. 백 명의 사람이 똑같은 질문을 백 번 던질 때마다 제 대답은 한결같습니다.

"당연하죠!"

네이버에 위와 같은 질문을 검색하거나, 유튜브에서 영어 공부법을 찾는 대신에 오늘부터 당장 책을 펴고 공부를 시작하세요. 지금 시작하는 행동이야말로 성공의 발판이 될 테니까요!

DAY 8

영어 문장을 이루는 조연급 문법요소, 부사!

오늘 배울 내용
- 부사의 뜻
- 부사의 역할
- 부사의 위치
- 부사의 종류
- 부사의 순서
- 부사의 형태
- 부사 vs 형용사

DAY 8~10 수업과
관련된 영상은
← 여기!

바나나   짬뽕, 하이! 어제 공부한 다음 복습까지 잘 마쳤나요?

짬뽕   네! 그런데요, 문제를 풀어보니 만만치 않았어요…. 😫

바나나   답은 책의 맨 뒤에 있고, 해설 강의는 문제 끝부분의 링크를 따라가면 유튜브 채널에 있으니 문제를 풀고 답지까지 꼭 체크해야 해요. 알겠죠? 😊

짬뽕   오! 그럴게요, 쌤!

짬뽕   어제까지는 주연급 문법요소 중에서 '명사/대명사/동사/형용사'를 배 웠어요. 이 사총사는 문장의 구성요소인 '주어/동사/목적어/보어' 역할을 하는 '정우성/원빈/김태희/전지현'급이기 때문에 내 마음대로 문장에서 넣고 빼기 가 쉽지 않다고 했어요.

[주연급 문법요소 사총사!]			
S	V	O	C
명사	동사	명사	명사/형용사
(주어)	(서술어)	(목적어)	(보어)

바나나 오늘은 사총사의 활약을 옆에서 도와줄 감초들, 조연급 문법요소를 공부하는 첫날이에요. 그럼 부사부터 시작해볼까요?

 부사의 뜻

바나나 짬뽕, 우리 어제 수업에서 형용사가 누굴 꾸민다고 이야기했죠?

짬뽕 형용사는 당연히 명사를 꾸미죠!

바나나 맞아요. 형용사의 핵심은 명사를 꾸미는 거라고 했어요. 그런데! 오늘 배울 부사는 형용사와는 반대로 명사만 빼고 다른 걸 꾸며주는 친구예요.

짬뽕 어? 왜 명사만 쏙 빼고 다 꾸며요?

바나나 명사는 이미 형용사가 꾸미고 있으니까요! 부사의 한자를 풀면 '도울 부(副), 말씀 사(詞)'를 써서….

짬뽕 잠깐잠깐, 쌤! 제가 맞혀볼게요. 말을 돕는다는 뜻인가요?

바나나 Exactly! 형용사가 명사를 돕듯, 부사도 다른 품사들을 돕는 거예요. 부사의 '부'를 부가정보라고 생각하면 이해하기 쉬워요. 부가정보는 '추가'해도 되고 안 해도 되는 정보니까요.

짬뽕   짜장면에 고춧가루를 뿌려 먹으면 더 맛있지만 없어도 맛있는 것처럼요?

바나나   That's right! 그렇게 넣어도 빼도 상관없는 정보가 부사랍니다.

짬뽕   오, 이해 완료! 제가 이해한 게 맞는지 예를 들어서 설명해주세요.

바나나   오케이! 이렇게 넣고 빼는 게 자유로운 부사 중에 가장 흔한 것이 바로 '장소/방법/시간'이에요. 줄여서 '장.방.시'라고도 불러요.

[장·방·시 부사!]

---

① **장소**: here / there 등
② **방법**: fast / slowly / safely / hard / well / badly 등
③ **시간**: before / today / yesterday / ago / later / soon 등

문장으로 살펴볼게요.

I will see you there soon! 나는 곧 거기서 너를 볼 거야!

그런데 여기서 부사를 다 빼볼까요?

I will see you! 나는 너를 볼 거야!

부사가 없어도 해석하는 데 문제없죠?

짬뽕   오, 정말이네요? 그런데 부사가 명사만 빼고 다 꾸민다고 했는데, 정확히 누굴 꾸미는 거예요?

바나나   부사가 수식하는 것들은 '문장 전체/동사/다른 부사/형용사'로 종류가 무척 다양한데요, 지금부터 차근차근 배워봅시다!

🍌 부사의 역할   "명사 빼고 다 꾸미는 부사!"

—— **문장 전체를 꾸미는 부사**

firstly / lastly / today / luckily / happily / honestly 등

바나나   짬뽕, '운을 뗀다'라는 말, 들어본 적 있죠?

짬뽕   말을 시작한다는 뜻, 아닌가요?

바나나   맞아요. 한국어로 대화할 때도 '있잖아~ / 그러니까~ / 다행인 건~ / 자~ / 우선은~ / 먼저~' 등의 말로 운을 떼잖아요. 하지만 이런 단어는 써도 안 써도 별 상관 없는 말이기도 합니다. 자, 이런 것들이 바로 문장 전체를 꾸미는 부사예요. 문장에서 추임새처럼 쓰이는 것이 부사라고 생각하면 돼요.

Well, we should know the main issue. 흠, 우리는 주요 이슈부터 알아야 해.
Today, I am going to study the adverb. 오늘은, 부사에 관해 공부할 거야.
Luckily, I am good-looking. 다행히, 내가 좀 잘생겼잖아.

짬뽕   그럼 이런 것들을 전부 생략해도 괜찮은 거예요?

바나나   그렇죠. 물론 있으면 내용이 풍부해지지만 없어도 해석에는 지장이 없어요.

—— 동사를 꾸미는 부사

beautifully / happily / poorly / well / carefully

바나나   이번에는 동사를 꾸미는 부사를 볼게요. 동사는 '행동 or 상태'를 나타낸다는 것, 기억하죠? 우리가 '춤춘다 / 노래한다 / 달린다 / 공부한다' 등의 표현을 쓰면 상대방은 '얼마나? 어떻게?' 하는 궁금증이 생길 수 있어요. 그걸 도와주는 게 부사예요.

Arty sings terribly. 아티는 노래를 끔찍하게 해.

Banana drums loudly. 바나나는 드럼을 시끄럽게 쳐.

짬뽕   선생님, 그런데 부사는 넣어도 되고 빼도 된다고 했잖아요. 만약 "바나나는 드럼을 시끄럽게 쳐."라는 문장에서 '시끄럽게'를 뜻하는 부사 loudly가 빠지면 하고 싶은 말이 완성되지 않는데… 그럼 빼면 안 되는 거 아니에요?

바나나   자, 부사를 넣거나 빼도 된다는 건 '문법적'으로 부사가 없어도 된다는 뜻일 뿐, '내용상' 빠져도 상관없다는 말은 아니에요. 예를 들어 부사를 빼고 "Banana drums.(바나나는 드럼을 쳐)"라고 해도 문장의 의미가 통하죠? 그게 핵심이에요! 드럼을 '어떻게' 친다는 내용은 전달하지 못하지만, 문법적으로는 문장 자체에 문제가 없죠.

―― 다른 부사를 꾸미는 부사

바나나 부사가 다른 부사를 꾸미기도 한다니 신기하죠? 예시를 보면 이해가 빠를 거예요. 아래 문장에서 much(많이)라는 부사가 무엇을 꾸미고 있나요?

I love you so much! 나는 너를 너무 많이 사랑해!

많이 나?
I love you so much...?

많이 너?
I love you so much...?

많이 사랑한다!
I love you so much!

이 문장에서 much는 love라는 동사를 꾸미는 부사예요. 그런데 "나는 너를 많이 사랑해!"라고만 하면 뭔가 아쉽지 않겠어요? 가끔은 좀 더 '오버'해서 표현해야 할 때가 있잖아요. 그래서 써준 게 so(너무 / 많이 / 대단히)라는 부사예요. 부사 so가 부사 much를 꾸며서 "I love you so much!(나는 너를 너무 많이 사랑해)"가 된 거랍니다. 이해됐나요?

짬뽕 네! 다른 예시도 더 보여주세요!

바나나 얼마든지요! 😊

Arty speaks Korean really **well.** 아티는 한국어를 정말 잘해.

I slept quite **deeply.** 난 꽤 푹 잤어.

형용사를 꾸미는 부사

so / too / really / quite

짬뽕   형용사를 꾸미는 부사 so / too / really / quite는 다른 부사를 꾸미는 부사 so / quite / really / very랑 거의 비슷하네요.

바나나   자주 쓰이는 부사라 그렇게 보일 수 있어요.
자, 그럼 형용사를 꾸미는 부사를 한번 살펴볼까요?

"She is pretty."는 "그녀는 예뻐" 정도의 담백한 문장이지만, "She is so pretty."는 어때요? "그녀는 너무 예뻐" 이렇게 부사를 써주니까 그녀가 예쁘다는 걸 강조하는 느낌이 팍팍 살죠? 이게 바로 형용사를 꾸미는 부사랍니다.

You are too nice. 넌 너무 착해.

This place looks really awesome! 여기 너무 멋진데!

짬뽕   쌤! 예시랑 같이 보니까 머리에 쏙쏙 들어와요! 😊 아, 그런데 영어는 순서가 생명이라고 했잖아요. 부사도 문장에 들어가는 위치가 정해져 있나요? 쌤이 보여준 예시 문장에서는 부사가 여기저기에서 쓰이는 것처럼 보여요.

🍌 부사의 위치

바나나   부사는 문장의 필수 요소가 아니기 때문에 위치도 비교적 자유로워요.

짬뽕   하긴 넣어도 되고 빼도 되니까 자리가 그렇게 중요하지 않을 수 있겠네요!

바나나   그래도 하나 기억해둘 것은, 수식하는 단어는 수식되는 단어 바로 근처에 위치하기 마련이라는 것! 그래서 다른 부사나 형용사를 꾸밀 땐 꾸며주는 대상 앞에 쓰는 게 일반적이에요.

You look so fantastic! 너 정말 환상적이다!

She dances very elegantly. 그녀는 정말 우아하게 춤춰.

마찬가지로, 문장 전체를 수식할 때는 문장의 맨 앞이나 맨 뒤에 많이 쓰이죠.

Actually, I don't agree with you. = I don't agree with you, actually.
솔직하게 난 네 의견에 동의 안 해.

그런데 부사가 동사를 꾸밀 땐 주로 문장 뒤에 넣어요. 동사와 목적어 사이에는 잘 쓰지 않는 편이랍니다.

짬뽕   동사 바로 옆에 안 쓰는 이유가 있나요?

바나나　문장의 흐름이 끊기는 느낌이 들기 때문이에요. 아래 문장을 보세요.

I love you so much.(O)

I love so much you.(X)

짬뽕　오, 진짜 그러네요! 😲

바나나　이 밖에도 기억해야 할 부사의 위치가 있는데요, 바로 빈도부사랍니다.

짬뽕　빈도부사요? 엄청 자주 들어본 이름이에요!

🍌 부사의 종류

━━ 빈도부사

바나나　빈도부사는 말 그대로 어떤 일이 얼마나 자주 일어나는지, 그 '빈도'를 표현하는 부사예요. 예를 들어 '자주, 가끔, 전혀' 같은 단어가 있어요.

always / usually / often /
never 등

빈도		빈도부사
100%		always
85%		usually
75%		frequently
60%		often
50%	↕	sometimes
40%		occasionally
30%		rarely
20%		seldom
10%		hardly ever
0%		never

짬뽕   저 중에 always, sometimes는 많이 봤어요!

바나나   네, 들어본 적 있을 거예요. ☺ 빈도부사의 위치는 지금껏 배운 부사의 위치와는 좀 달라요. 'be동사 뒤, 조동사 뒤, 일반동사 앞', 그래서 '비뒤-조뒤-일동앞'이라고 간단하게 외워요. 예시를 통해 살펴볼게요.

I always eat apples in the morning. I usually go to school on foot, but I often take a bus. Sometimes, I go to school with Arty, but he leaves early before lunch. He seldom eats lunch at school with me, so I rarely spend time with him on weekdays. However, we are always together on weekend. We never get sick of each other.

나는 항상 아침에 사과를 먹어. 보통 걸어서 학교에 가지만, 가끔은 버스를 타기도 해. 때로는 아티와 학교에 가기도 하는데, 아티는 점심 시간 전에 떠나. 아티는 나랑 학교에서 점심을 먹는 경우가 거의 없어서 평일에는 아티랑 좀처럼 시간을 같이 보내지 못해. 그러나 우리는 주말에 항상 같이 있어. 우리는 절대 서로한테 질리지 않거든.

짬뽕   앗, 선생님! 그런데 위에 나온 sometimes는 왜 '비뒤-조뒤-일동앞' 순서를 안 지키고 문장 맨 앞에 왔어요?

바나나   일반적으로 '비뒤-조뒤-일동앞'의 위치를 지키지만, 가끔 문장 맨 앞이나 맨 뒤에 오는 경우도 있답니다. ☺

짬뽕   아하! 그런데 왜 빈도부사만 이런 위치에 쓰는 거예요?

바나나   '항상, 가끔, 절대' 등의 단어는 문장의 내용을 바꿀 수 있을 만큼 굉장히 중요한 역할을 하죠? 예를 들어,

I always lie to you. 너한테 항상 거짓말해.

I never lie to you. 너한테 절대 거짓말 안 해.

'항상' 거짓말을 한다는 것과 '절대' 거짓말을 안 한다는 것은 전혀 다른 뜻이죠? 이렇게 빈도부사는 문장 전체의 뜻을 좌우할 만큼 중요한 정보를 전달하기 때문에 위치를 딱 정해놓고 쓰는 거예요. 이제 다른 종류의 부사들도 살펴볼게요.

—— 정도부사

바나나 빈도부사가 어떤 일이 얼마나 '자주' 일어나는지를 표현한다면 정도부사는 어느 '강도'로 일어나는지를 표현해요.

very / so / a lot / quite / terribly / awfully / badly / extremely / almost 등

This bread is terribly dry. 이 빵은 심하게 딱딱하네요.

The music sounds extremely loud. 음악이 너무나 시끄럽네요.

—— 양태부사(방법부사)

바나나 '모양'과 '태도'라는 단어에서 한 글자씩 따온 말로 모습과 태도를 표현해요.

beautifully / terribly / awfully / elegantly / quickly / carefully / shortly 등

This is a terribly **written essay.** 이건 엉망으로 쓰인 에세이구먼.

I am awfully **sorry.** 내가 너무 미안해.

—— 장소부사

바나나 말 그대로 장소를 표현하는 부사예요.

> here / there / home / forward / backward /
> upward / downward / uptown / downtown

그런데 장소부사 중 몇몇은 명사로도 쓰여 헷갈릴 수 있어요. 대표적인 것이 home인데요, "I am home!(나는 집에 있어)"라는 문장에서의 home은 명사가 아니라 부사예요.

짬뽕 헐, home이 어떻게 부사예요? 그냥 명사로 '집' 아닌가요?

바나나 정확하게는 "I am in home." 혹은 "I am at home."으로 쓰는 게 맞아요. 하지만 일상에서 자주 쓰이는 표현이다 보니 문장을 점차 줄여 쓰게 되었고, 이것이 아예 문법으로 고착된 경우예요. "I am home."에서 home을 명사로 이해하면 "나는 집이다.(나=집)", 이렇게 2형식으로 해석할 수도 있잖아요? 올바른 해석을 위해 이 문장에서 home을 부사로 이해하는 게 중요하답니다.

짬뽕 아하! 😃

I will be there **soon.** 나 곧 거기에 도착해!

Mom, I am home! 엄마 저 집에 왔어요!

─── 시간부사

바나나 동작이나 상태가 일어나는 시간을 알려주는 부사예요.

> today / tomorrow / currently / recently / lately / early / late

I will see you tomorrow. 내일 보자!

I quit my job recently. 나는 얼마 전에 일을 그만뒀어.

─── 의문부사

바나나 우리가 의문문을 만들 때 쓰는 아래의 단어들이 알고 보면 다 부사예요.

> when / where / why / how

Where are you going? 어디 가는 길이야?

When can I see you? 언제 너를 볼 수 있어?

─── 관계부사

바나나 관계부사절을 만들 때 문장 중간에 쓰이는 부사예요. 우리 책 2권의 Day 24 관계부사 수업에서 자세히 설명할 테니 이런 게 있다는 정도만 알아두세요. 😊

I remember the day when you were born like yesterday.

네가 태어난 날이 어제처럼 기억나.

Tell me the reason why **you dumped me!** 나를 왜 찼는지 말해줘!

—— 지시부사

바나나 this나 that은 지시명사 / 지시형용사 / 부사로 쓰일 수 있는데, 부사일 때는 그 의미가 많이 달라져요.

〔 형용사를 꾸미는 this/that 〕

Is it that difficult? 그게 그렇게 어려워?

It shouldn't be this complicated. 이건 이렇게까지 복잡할 필요가 없어.

짬뽕   영어는 같은 단어라도 품사를 다양하게 쓰는 품사 공용어라서 헷갈릴 일이 많은 것 같아요.

바나나 맞아요. 특히 장소-방법-시간, 줄여서 '장방시' 삼인방은 명사와 부사, 두 가지 품사로 사용하는 경우가 많은 부사들이에요. home / today / yesterday / this way / that way는 명사로도 쓰이니까요.

〔 명사 home 〕 I miss my home. 나는 집이 그리워.

〔 부사 home 〕 I am coming home. 집에 가는 길이야.

── 접속부사

바나나   접속사처럼 두 문장의 의미를 자연스럽게 연결하는 것을 도와주는 부사로 영작할 때 아주 중요한 역할을 합니다. 하지만 접속부사를 접속사로 착각해 뒤에 S+V인 절을 접속사 없이 쓰는 실수를 할 수도 있으니 주의해야 해요.

〔 접속부사의 사용 목적 〕

〔 결과 〕 therefore / thus / consequently / accordingly / hence
〔 반대 〕 however / nevertheless / yet / still / otherwise
〔 추가 〕 moreover / likewise / similarly / furthermore / additionally / besides / also

---

〔 결과 〕 I got fired. Consequently, I need to find a new job.

나 잘렸어(앞에 열거한 이유 때문에). 그래서 새 직장을 찾아야 해.

〔 반대 〕 My sister helped my paperwork. Otherwise, I couldn't have finished it.

우리 언니가 내 서류작업을 도와줬어. 그러지 않았으면, 끝내지 못했을 거야.

〔 추가 〕 Jimin gave me this dress and additionally, she also gave me this bag!

지민이가 나에게 이 드레스를 줬고, 게다가 이 가방도 줬어!

짬뽕   선생님, 접속부사를 접속사로 헷갈린다는 게 무슨 말이에요?

바나나   접속사는 내일 배울 내용이에요. 살짝 미리 살펴보자면, 접속사란 문장 2개를 착 달라붙게 연결해주는 접착제 같은 역할을 하는 품사예요. 예를 들어 "I have a sister.", "My sister is my best friend."라는 두 문장은 모두 동생에 대해 이야기한다는 점에서 서로 연결돼요. 이럴 땐 접속사라는 연결 품사를 써서 두 문장을 하나로 만들 수 있어요.

I have a sister. + My sister is my best friend.
→ **I have a sister and she is my best friend.**

이렇게요! 이때 중간에 쓰인 and가 바로 접속사예요. 주어와 동사를 가진 문장 2개를 이어주는 역할을 하는 거죠. 하지만 접속부사는 문장이 의미상 자연스럽게 연결되는 걸 돕는 역할일 뿐, 접속사처럼 두 문장을 연결할 수는 없어요. 예를 들어 "I have a sister also she is my best friend.", 이렇게 쓸 수는 없다는 거예요.

짬뽕   솔직히 제 눈에는 저 문장도 괜찮아 보이는데요? 해석하면 "나는 동생이 있어. 또한 그녀는 나의 베프야." 정도로 자연스럽고요.

바나나   그게 바로 함정이에요! 문법적으로는 두 문장을 연결하는 역할을 할 수가 없는데 해석하면 너무 자연스럽죠? 그래서 마음대로 접속사처럼 써버리는 거죠.

짬뽕   그럼 어떻게 고쳐야 맞는 거예요?

바나나   "I have a sister, and also she is my best friend." 이렇게 진짜 접속사도 함께 넣어줘야 해요.

짬뽕   아하! 접속부사와 접속사를 함께 쓰니까 두 문장이 조금 더 유연하게 연결되네요?

바나나   그렇죠! 😊 이 정도면 부사의 종류에 대해서는 거의 다 훑어본 거나 다름없어요.

짬뽕   그런데 선생님, 어제 배운 형용사는 여러 개가 함께 쓰이기도 했잖아요. 부사도 그런가요?

🍌 부사의 순서

바나나   Right! 너무 좋은 질문이에요! 부사도 형용사처럼 여러 개가 함께 올 수 있어요. 그런데 부사는 위치가 자유로운 만큼 순서도 자유로워요. 보통 '장방시(장소/방법/시간)' 부사의 순서는 '장-방-시' 혹은 '방-장-시'로 쓰는 경우가 많아요. 실제로는 '길이가 짧은 순서'로 쓰는 게 보편적이고 말하는 사람이 중요하다고 생각하는 순서로 쓸 수도 있죠.

You should come here, **right** now! 너 당장 여기로 와!
　　　　　　　　　장소　　　　　시간

I hope you come here safely as soon as possible.
　　　　　　　　　장소　　방법　　　　시간
가능한 한 빨리, 네가 여기로 안전하게 오기를 바라.

짬뽕   그럼 부사는 순서가 그렇게까지 중요한 건 아니네요?

바나나   다른 품사와 비교할 땐 그런 편이죠. 자, 부사의 다양한 종류와 순서까지 봤으니 부사의 일반적인 모양을 살펴볼까요?

🍌 부사의 형태

바나나 부사도 형용사처럼 태어나면서부터 부사인 친구들 그리고 성형(?)을 거쳐서 부사가 되는 친구들이 있어요.

[태어나면서부터 부사]

so / very / such / still / yet / fast / already / then

그런데 이렇게 태어날 때부터 부사인 친구들보다 성형을 거쳐서 부사가 된 단어가 훨씬 많아요. 부사가 아닌 단어가 부사가 되기 위해서는 두 가지 방법이 있는데, 하나는 '부사+ly', 또 하나는 '형용사+ly'예요.

짬뽕 아! 명사가 '명사+ly'가 되어 형용사가 된 거랑 비슷한 거죠?

바나나 Exactly!

[만들어진 부사]

▶ **부사 + ly = 부사**
nearly(거의) / hardly(거의 ~않는) / shortly(금방) / lately(최근에)

▶ **형용사 + ly = 부사**
beautifully(아름답게) / surprisingly(놀랍게) / arrogantly(건방지게) /
carefully(조심스럽게) / kindly(친절하게)

'형용사+ly' 형태의 부사는 형용사의 뜻에서 크게 벗어나지 않아요. -ly로 끝

나는 부사가 매우 많아서 무조건 이런 단어를 부사라고 생각할 수도 있지만, silly(바보 같은), lonely(외로운), elderly(나이 든) 등과 같은 단어들은 형용사이니 헷갈리지 마세요. 그리고 형용사를 부사로 만들 때도 단어 끝의 스펠링에 따라 방법이 다양해요.

〔 형용사를 부사로 만드는 방법 〕

① -y로 끝나는 형용사: y를 i로 수정 ＋ ly → happily, luckily

② -le로 끝나는 형용사: e 삭제 ＋ y → horribly, simply

③ ic로 끝나는 형용사: ＋ ally → magically, cynically

짬뽕　혁, 선생님! 형용사랑 부사랑 너무 비슷한데요?

바나나　이건 짬뽕뿐만이 아니라 학생들 대부분이 헷갈리는 부분이에요. 그래서 한 문장에 형용사와 부사를 나란히 두고 맞는 것을 고르라는 형식으로 문법 문제에도 자주 등장한답니다. 게다가 부사와 형용사는 생긴 게 비슷한 것도 있지만 fast／hard／late／very／pretty처럼 단어가 아예 똑같은 것도 있어서 더 헷갈리기 쉬워요.

[형태가 같은 형용사와 부사]

	fast	hard	late	very	pretty
형용사	빠른	딱딱한／어려운	늦은／말기의／고인의	바로 그	예쁜
부사	빠르게	열심히	늦게	매우	꽤

짬뽕　생긴 게 똑같고… 둘 다 누구를 꾸미는 용도로 쓰이고… 하아, 쌤, 이걸 어떻게 구분해요. 😣

바나나　짬뽕, 너무 어렵게 생각할 것 없어요. 단순하게 생각해봐요. 둘은 수식하는 대상이 완전히 다르죠? 그리고 품사에 따라 뜻도 다르고요. 계속 연습하다 보면 자연스럽게 알게 될 거예요. 😄

짬뽕　네, 쌤! 그럼 우리 연습해봐요!

🍌 부사 vs 형용사

바나나　좀 전에 형용사와 부사를 비교하는 문제가 많다고 했죠? 바로 아래의 두 가지 이유 때문이에요.

① 부사, 형용사 모두 문장에서 다른 단어를 수식하는 특징이 있다.
② 둘의 생김새가 매우 비슷하다.

하지만 부사와 형용사를 구분할 때, 다음 세 가지만 기억하면 그렇게 어렵지 않을 거예요.

① 형용사는 명사를, 부사는 명사를 뺀 나머지를 모두 수식한다.
② 모양은 비슷해도 뜻이나 문장 안에서 쓰임이 다르다.
③ 형용사는 문장에서 보어로도 쓰여 문장의 핵심 역할을 할 수 있지만, 부사는 넣으나 빼나 상관없는 '부가적 요소'이다.

그럼 다음 문제를 풀면서 형용사와 부사의 구분법을 확실하게 정립해볼까요?

Q. 아래 문장에서 알맞은 단어를 모두 고르세요.

① Men and women feel different / differently.
② Men and women feel pain different / differently.
③ This bread is hard / hardly.
④ He really worked hard / hardly.
⑤ This is not the proper / properly time to eat dinner.
⑥ You can be a fluent / fluently English speaker.
⑦ Ara sounds angry / angrily.
⑧ Eye contact is important and can help people feel more comfortable / comfortably.
⑨ Sudden / Suddenly, it started snowing.
⑩ Hyun-Tae is pretty / prettily busy nowadays.

* 해답은 바로 아래! ↓ 해석 강의 링크는 바로 여기!

Q. 아래 문장에서 알맞은 단어를 모두 고르세요.

① Men and women feel different / differently.
② Men and women feel pain different / differently.
③ This bread is hard / hardly.
④ He really worked hard / hardly.
⑤ This is not the proper / properly time to eat dinner.
⑥ You can be a fluent / fluently English speaker.
⑦ Ara sounds angry / angrily.
⑧ Eye contact is important and can help people feel more comfortable / comfortably.
⑨ Sudden / Suddenly, it started snowing.
⑩ Hyun-Tae is pretty / prettily busy nowadays.

짬뽕   오! 문제를 풀고 나니 아까보다 훨씬 정리된 느낌이에요!

바나나   그렇죠? 그래서 복습에는 문제풀이가 최고라고 하는 거예요. 내일은 중
요도에 비해 매번 대충 배우고 넘어가서 의문점만 남겼던 전치사를 찬찬히 공부
할게요. 그럼 내일 또 바나나요!

오늘 배운 내용

▶ 부사의 뜻   ▶ 부사의 역할   ▶ 부사의 위치

▶ 부사의 종류   ▶ 부사의 순서   ▶ 부사의 형태

▶ 부사 vs 형용사

부사의 뜻

문장에서 감초 같은 역할로 쓰여 문장의 의미를 더 풍부하게 해준다. 주로 시간, 장소, 방법 등을 나타낸다.

부사의 역할

명사만 빼고 다 꾸민다! 문장 전체, 동사, 다른 부사, 형용사를 수식하는 품사까지 모두!

부사의 위치 & 순서

① 일반적으로는 장 → 방 → 시 혹은 방 → 장 → 시를 지키지만 비교적 자유롭다.

② 주로 길이가 짧은 것부터 긴 순서로 쓰고, 화지기 중요하다고 색각하는 순서로 써도 된다.

* 빈도부사의 경우 '비뒤-조뒤-일동앞'을 꼭 지켜서 쓴다.

부사의 종류

빈도부사	always / usually / frequently / often / sometimes / seldom / never
정도부사	very / so / a lot / quite / terribly / awfully / badly
양태부사	beautifully / terribly / awfully / elegantly / quickly
장소부사	here / there / home / forward / backward / upward / downward
시간부사	today / tomorrow / currently / recently / lately / early / late
의문부사	when / where / why / how
관계부사	when / where / why / how
지시부사	this / that
접속부사	therefore / thus / however / nevertheless / moreover / likewise / similarly

* frequently (자주) / seldom (거의 ~ 않는) / terribly (몹시) / awfully (정말 / 몹시) / elegantly (우아하게)

오늘의
바나나 퀴즈

1. 부사란 무엇인지 정의하세요.

_____

2. 다음 빈칸에 각 부사의 예시를 2개 이상 쓰세요.

빈도부사	①
정도부사	②
양태부사	③
장소부사	④
시간부사	⑤
의문부사	⑥
관계부사	⑦
지시부사	⑧
접속부사	⑨

3. 빈도부사 10개를 쓰세요.

_____

4. 일반적인 부사의 위치와 순서를 쓰세요.

_____

5. 빈도부사의 위치를 쓰세요.

_____

＊ 정답은 P.504를 참고하세요.

한국인의 어색한 영어 표현, 부사!

1. 명사가 아니라 부사야!

명사와 부사는 문장에서 역할이 엄격하게 구분됩니다. 명사는 주어/보어/목적어/전명구 자리에 들어갈 수 있지만, 부사는 필수적인 문장요소가 아니기 때문이죠. 그런데 이런 부사를 명사로 착각하고 주어나 목적어 등으로 쓰는 경우가 있어요.

> 〔 home 〕 "나 집에 갈 거야."
>
> (X) I am going to go to home.
>
> (O) I am going to go home.

일반적으로 home은 명사 '집'이란 뜻이지만 be/go/get 등의 동사와 함께 쓰이면 명사가 아니라 부사로 인식합니다. 그래서 전치사 to를 빼고 써도 되는 것이죠.

I am home! 나 집이야!

I am on my way home. 나 지금 집으로 가는 중이야.

He went home. 그는 집에 갔어.

Let's go back home by car! 차 타고 집으로 돌아가자.

> 〔 here 〕 "여기는 버스 정류장이야."
>
> (X) Here is the bus station.
>
> (O) This is the bus station.

'이곳이 버스 정류장'이라는 의미를 표현할 때는 주어로 this를 써줘야 해요. here는 한국어로 '여기'라는 뜻이라서 마치 '이것/저것'을 가리키는 것 같지만, 부사로는 주어 역할을 할 수 없기 때문입니다.

Here is your pen. 여기, 너의 펜이야.(*1형식 도치 구문)

물론 위 문장처럼 here가 '주어'로 쓰인 것 같은 문장을 본 적이 있겠지만, 이 문장에서 here는 주어(명사)가 아닌 '부사'로 쓰였어요. 이렇게 here를 주어 자리에 쓸 때는 '상대에게 무엇을 전달'하는 경우에 주어와 동사를 도치해서 쓰는 것으로 한정합니다.

2. 한국식 해석대로 잘못된 부사를 쓰는 한국인!

〔 feel 〕 **"기분이 안 좋아."**
(X) I feel badly.
(O) I feel bad.

〔 study 〕 **"공부를 열심히 한다."**
(X) I study hardly.
(O) I study hard.

위의 잘못된 영어 문장을 한국어로 직역하면 모두 바른 표현 같지만, 영어 문법상으로는 틀린 표현이에요. 첫 번째 문장인 "I feel badly."는 한국 학생들 사이에서 전형적으로 많이 볼 수 있는 실수인데요. 형용사 자리에 부사를 쓰는 거예요. 위 문장에서 feel은 2형식 동사로 보어가 필요해요. 보어 자리에는 '형용사/명사'만 쓸 수 있다고 배웠죠? 그런데 위에 문장에 써진 'badly'는 보어자리에 들어갈 수 없는 '부사'예요.

그렇다면 두 번째 문장 "I study hardly."는 뭐가 문제일까요? 이 문장은 study가 1형식으로 쓰였고, hardly라는 부사가 쓰였으니 문법적으로 문제가 없다고 생각할 수도 있어요. 하지만, '열심히'라는 뜻을 가진 부사는 hardly가 아니라, hard랍니다. Hardly는 주로 동사를 꾸며주는 부사로 '거의 ~않다'라고 쓰이는 부사에요. 문장에서 하고자 했던 말은 '공부를 열심히 한다'인데, 부사 하나 잘못 쓰니까 '공부를 거의 하지 않는다'라고 정 반대의 뜻을 쓰게 되었네요!

이렇게 틀린 영어 문장도 직역해서 맞는 것처럼 느껴진 건 한국식 해석 때문이에요. 한국에서는 부사를 '~하게'라고 해석해서 badly(나쁘게), hardly(열심히)가 다 괜찮게 들리는 거죠. 이렇게 해석에만 의존하면 문법에 어긋나는 표현을 쓰기 쉬우니, 올바르게 영작하기 위해서는 문법을 우선시해주세요.

3. 이런 부사는 없는데요?

〔 fast 〕 "빨리 가주세요."
(X) Please go fastly.
(O) Please go fast.

'형용사+ly' 형태는 형용사를 부사로 만드는 방법 중 하나로, '빨리'라고 하면 형용사 fast에 –ly를 붙여 부사로 쓰고 싶을 거예요. 하지만? fast는 형용사와 부사가 똑같이 생긴 단어로 fastly라는 단어는 없답니다!

4, 말끝마다 xx를 붙이면 한국인?

〔 actually 〕 "나는 학생이야."
(X) Actually, I am a student.
(O) I am a student.

한국인이 사랑하는 영단어 Top 10을 꼽으라면 저는 무조건 actually를 말할 거예요. 한국 학생들은 말의 시작과 끝에 항상 actually를 넣는데요, 마치 한국어의 추임새처럼 "사실은~" 하며 뜸 들이는 시간을 채우기 위해서죠. 하지만 actually를 남발하는 건 굉장히 어색한 영어 표현입니다. 반전이 있거나 반대되는 이야기를 할 때 써야 해요. 아래 문장처럼요!

Do I look young? Actually, I am thirty years old. 제가 어려 보이나요? 사실 전 30살이에요.

DAY 9

영어 문법을 이루는 조연급 문법요소, 전치사

오늘 배울 내용
- 전치사의 뜻
- 전치사의 역할
- 전명구의 형태
- 전치사의 종류

DAY 8~10 수업과
관련된 영상은
← 여기!

짬뽕 선생님, 선생니임~! 안녕하세요오~~!

바나나 오, 짬뽕! 오늘따라 컨디션이 좋아 보이는데요?

짬뽕 네! 오늘이 기다리고 기다리던 전치사 수업이라서요, 헤헤! 😊 전치사는 왠지 헷갈려서 어디에 뭘 써야 할지도 모르겠고, 언제나 미궁 속에 빠진 느낌이었거든요.

바나나 짬뽕처럼 전치사를 어려워하는 친구들이 정말 많아요. 문장에 자주 등장하는 만큼 영어의 중요한 요소라서 공부해야 할 내용은 방대한데, 어쩌다 보니 두루뭉술하게 대충 배우고 넘어가기 쉽거든요. 자, 그럼 오늘만큼은 전치사의 뜻부터 완벽하게 이해하고 마스터해봐요!

🍌 전치사의 뜻

바나나　전치사는 in, of, from, to, for 등처럼 자주 쓰이는 것 말고도 수십 개가 더 있어요. 전치사는 한자로 '앞 전(前), 위치할 치(置), 말씀 사(詞)'를 써요. 해석하면 '말 앞에 위치한다'라는 뜻이에요. 이름 자체가 '~앞에 위치하다'라니, 그럼 누구 앞에 위치하는지가 엄청 중요하겠죠?

짬뽕　음… 전치사 뒤에는 뭐가 오더라….

바나나　이렇게 퍼뜩 안 떠오를 때는 항상 예시를 대입해 보면 쉽게 이해할 수 있어요. 짬뽕, in이라는 전치사와 어울리는 단어를 하나 생각해볼래요?

짬뽕　어… in the room? in a house?

바나나　좋아요. 그럼 the room이나 a house는 품사가 뭘까요?

짬뽕　당연히 명사죠!

바나나　그럼 전치사는 누구 앞에 오는 거죠?

짬뽕　음… 아하! 명사 앞에 오는군요!

바나나　맞아요! 전치사는 언제나! 항상! 어김없이! 명사 앞에 와요. 그게 전치사의 핵심이자 전치사라는 이름의 뜻이랍니다!

짬뽕　전치사는 언제나 명사와 함께 온다! 머릿속에 입력했어요! 😊

바나나　'전치사＋명사'는 항상 한 묶음으로 쓰여서 이름도 따로 붙여줬어요. 이름하여 '전명구'가 바로 그 주인공입니다. 단어 2개가 마치 하나의 묶음처럼 쓰이는 걸 '구'라고 부르는데, '전치사＋명사'가 마치 한 단어처럼 덩어리째 해석되어 (전치사＋명사)구, 즉 '전명구'가 된 거죠. 해석할 때는 전치사와 명사를 각각 따로 해석하지 않고 자연스럽게 연결하여 해석해요. 예를 들어볼게요.

on the table → 위에 테이블(X) → **테이블 위에**(O)
in my computer → 안에 내 컴퓨터(X) → **내 컴퓨터 안에**(O)

🍌 전치사의 역할

짬뽕   선생님, 그런데 전치사는 조연급 문법요소잖아요. 그럼 전치사도 문장에서 넣고 빼는 게 자유로운가요?

바나나   네. 그런데 전치사는 명사 없이는 절대 혼자 쓰이지 않아요. 그래서 전치사만 따로 넣고 뺄 수는 없고 '전명구(전치사＋명사)'를 통째로 넣고 뺄 수 있어요. 전명구는 주로 장소나 방향, 시간 등 부가적인 정보를 담고 있어서 생략과 첨부가 자유로운 편이에요.

짬뽕   아하? 부사랑 비슷하네요?

── 부사구

바나나   Exactly! 그래서 전명구가 부사처럼 '시간, 장소, 원인, 수단'의 역할로 쓰이는 경우에는 '부사구'라고 부르기도 해요.

I run on the treadmill. 나는 러닝머신 위에서 달린다.(달리는 행위를 어디에서 하는지 나타냄)

The plane leaves at 11 am. 비행기는 오전 11시에 떠난다.(비행기가 언제 뜨는지 나타냄)

짬뽕   어? 그런데 7일 차 형용사 수업에서 '전명구가 형용사구로 쓰인다'라고 말씀하지 않으셨나요? (※ p.223 참고)

바나나   와, 짬뽕! 기억력이 대단한데요? 말한 대로 전명구가 형용사처럼 명사를 수식하면 '형용사구'로 쓰이는 거예요. 결국 전명구는 무엇을 수식하는지에 따라 형용사구도 되고 부사구도 되는 거죠.

── 형용사구

바나나   형용사가 명사를 꾸민다는 건 이제 다 알죠? 그래서 "I had the pie on the table."은 '테이블 위에 있는 파이를 먹었어'라고 해석해요. 여기서 전명구 'on the table'이 무얼 꾸몄을까요?

짬뽕   앞에 있는 명사, 파이요!

바나나   Right! 이 경우 전명구가 명사를 꾸미는 형용사적 역할을 하기 때문에 이럴 때는 형용사구라고 해요.
다른 예시를 하나 더 볼게요. "I saw him in my school."을 해석하면 '나는 그를 학교에서 봤어'예요. 이 문장에서는 전명구 'in my school'이 무얼 꾸몄나요? 동사 saw(보았다)가 어디서 행해졌는지를 설명해주기 때문에 부사구가 되는 거예요.

짬뽕   전명구는 명사를 수식하면 '형용사구', 부사처럼 부가적인 정보(시간/장소/방법)를 전달하면 '부사구'가 된다! 이것도 입력 완료했어요! 😊

〔 전명구가 형용사구로 쓰일 때 〕

a girl with blue eyes 푸른 눈을 가진 소녀

the book about flowers 꽃에 대한 책

〔 전명구가 부사구로 쓰일 때 〕

I go to school. 나는 학교에 간다.

I go jogging in the woods. 나는 숲에서 조깅을 한다.

── 동사구

바나나   전치사는 전명구나 동사구를 만드는 역할도 해요.

짬뽕   동사구요? 구는 단어가 2개 이상 모여서 한 묶음을 만든다고 했으니까 '동사＋전치사'처럼 생긴 걸 동사구라고 하나요?

바나나   오, 정확하게 맞혔어요! 알고 보면 동사구는 이미 여러분이 많이 쓰고 있는 거예요. '보이다'라는 뜻을 가진 look은 전치사와 만나 look at(~을 보다), look for(~을 찾다), look forward(기대하다), look into(조사하다) 등으로 다양하게 변신해서 쓰이죠.

짬뽕   그런데 선생님, '찾다'는 find를 쓰면 되고 '기대하다'는 expect를 쓰면 되는데 왜 굳이 동사구를 만들어요?

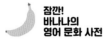
바나나 동사구는 동사가 전치사나 부사를 만나 '동사+전치사' 혹은 '동사+부사'의 형태로 변형해서 쓰이는 것을 말해요. 이렇게 하면 하나의 동사를 다양하게 확장해서 쓸 수 있어요.

동사구의 유래에 대해서는 여러 가지 가설이 존재해요. 그중 하나는 과거 영국에서 일어난 프랑스어의 대유행이에요. 프랑스의 노르망디 공 기욤 2세가 잉글랜드를 정복하고 영국 왕 자리에 오르자 영국의 귀족과 지식인들은 프랑스어를 일상어로 사용하기 시작했어요. 결국 프랑스어는 영국 전체를 휩쓸며 영어를 대체하기에 이르렀죠. 영어를 쓰는 사람들은 대부분 평민이었고 그마저도 점점 줄어들어 영국 내 프랑스어 전성기에는 영어를 사용하는 국민이 20% 아래로 떨어질 정도였어요. 이때 모국어인 영어가 사라질 것을 염려한 영국의 지식인들이 모였고, 국민들이 쓰기 쉽게 이미 아는 단어를 조합해서 동사구를 만들기 시작했죠! 단어가 어려우면 사용 빈도수가 떨어지니까 어려운 단어를 대체할 쉬운 표현이 필요했거든요. 그것이 바로 우리가 지금 배우고 있는 '동사구'입니다. 새로운 단어를 익힐 필요 없이 이미 아는 단어에 전치사나 부사를 조합해 의미를 전달하기로 한 거죠. 아래 단어들처럼요!

> put → 놓다
> put on → (옷 / 신발 / 향수 등을) 입다
> put in → (책 / 신문 등에) 내용을 넣다
> put away → 돌려보내다 / (감옥 / 정신병원 등에) 가두다

그래서 원어민들은 일상에서 구동사를 일반 동사만큼 많이 활용해요. 그리고 이렇게 많이 쓰이는 구동사를 '숙어' 혹은 '관용구'라고 불러요. 사람들 사이에서 자주 쓰이며 익숙해진 말이라는 뜻이죠. ☺

짬뽕   아하! 선생님, 혹시 '숙어'의 '숙'이 '익숙하다'의 그 '숙'인가요?

바나나   맞아요. 한자 '익을 숙(熟)'을 써서 익숙하다는 뜻으로 숙어라고 불러요.

짬뽕   그럼 관용구도 '관용적으로 쓰다'라고 할 때의 그 관용구인가요?

바나나   하하, 맞아요! 이제는 척하면 척이네요! 😊 한자로 '버릇 관(慣), 쓸 용(用)'을 쓰는 '관용'은 '습관적으로 쓰는, 즉 자주 써서 굳어진 표현'이라는 뜻이에요.

짬뽕   캬아! 뭔가 머릿속의 퍼즐이 척척 맞춰지는 기분이에요! 😲

🍌 전명구의 형태

바나나   전치사의 역할을 배웠으니 이번에는 전명구의 형태를 살펴볼게요.

짬뽕   전명구는 그냥 '전치사+명사' 아닌가요? 뭐가 더 있는 거예요?

바나나   여기에서 범위가 조금 더 확장되니까 '전치사+명사류'라고 하는 게 더 정확하겠네요. 보통 같은 범주에 속하는 대상에는 '~류'라는 단어를 붙여 커다란 카테고리를 만들어요. 고기류, 생선류처럼요. 그럼 고기류에는 뭐가 있죠?

짬뽕   소고기, 돼지고기, 닭고기 등이 있죠.

바나나   명사류도 마찬가지예요. 명사류 안에 다양한 종류가 있는데, 그중 '명사/대명사/동명사/명사절' 이렇게 네 종류의 명사가 전치사 뒤에 쓰일 수 있어요.

고기류	명사류	생선류
돼지고기 소고기 닭고기 ...	명사 대명사 동명사 명사절	고등어 꽁치 갈치 ...

* 명사류에는 to부정사도 포함되지만 전명구로 쓰지 않아서 그림에 넣지 않았어요!

1. 전치사 + 명사

① I will stay all night in the library. 나 오늘 도서관에서 밤새울 거야.

② For the record, I am not here. 공식적으로 난 여기 없는 거야.

2. 전치사 + 대명사

① I am not fond of him. 난 그를 별로 좋아하지 않아.

② Stay away from her! 그녀에게서 떨어져!

3. 전치사 + 동명사

① Let's pray before eating. 식사 전에 기도드립시다.

② I'm confident in speaking English. 나는 영어로 말하는 데 자신 있어.

4. 전치사 + 명사절

① I should take notes on what he says. 나는 그가 말하는 것을 받아 적어야 해.

② Forget about what happened. 지난 일은 잊어버려.

③ He didn't want to talk about where he was last night.

그는 어젯밤 어디 있었는지 말하고 싶어 하지 않았다.

이 중에 명사절과 동명사에 대해서 질문하고 싶겠지만, 동명사 파트와 절 파트
에서 더 깊게 공부할 거니까 지금은 예시만 보고 넘어갈게요. ☺

🍌 전치사의 종류

바나나　전치사는 무려 100개가 넘을 정도로 종류가 많지만 실제로 자주 사용하는 건 30개 정도예요. 그중 in / on / at / to / for / with 등이 가장 많이 쓰이고 의미도 다양하니 자세히 배워봐요.

── 위치, 장소, 방향 관련 전치사

바나나　위치, 장소, 방향 관련 전치사는 아래 그림을 보면 이해하기 쉬워요.

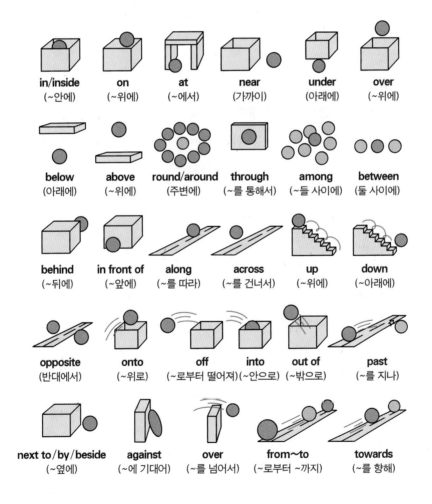

in/inside (~안에)　on (~위에)　at (~에서)　near (가까이)　under (아래에)　over (~위에)

below (아래에)　above (~위에)　round/around (주변에)　through (~를 통해서)　among (~들 사이에)　between (둘 사이에)

behind (~뒤에)　in front of (~앞에)　along (~를 따라)　across (~를 건너서)　up (~위에)　down (~아래에)

opposite (반대에서)　onto (~위로)　off (~로부터 떨어져)　into (~안으로)　out of (~밖으로)　past (~를 지나)

next to/by/beside (~옆에)　against (~에 기대어)　over (~를 넘어서)　from~to (~로부터 ~까지)　towards (~를 향해)

1. in + 비교적 면적이 큰 곳/사방이 막힌 공간 속/국가/도시/대륙/주/지방

바나나 어딘가 안에 들어가 있거나 포함된 느낌을 줄 때, 특히 입체적인 공간 안에 있을 때 많이 써요.

① 장소: in the car(차 안에서)/in line(줄 서서)/in the bag(가방 안에)/in a box(상자 안에)/in the building(건물 안에)
② 구역: in town(도심에서)/in Korea(한국에서)/in Asia(아시아에서)/in the Alps(알프스에서)/in the world(세상에서)
③ 물속: In the water(물속에서)/in the sea(바닷속에서)/in a river(강 속에서)/in a lake(호수 속에서)/in the pool(수영장 속에서)
④ 출판물: in a book(책에서)/in a picture(사진에서)/in the newspaper(신문에서)

2. on + 접촉면이 있는 곳/방향/대중교통/매체

① 접촉면 위: on the roof(지붕 위에)/on the carpet(카펫 위에)/on the table(테이블 위에)/on your face(네 얼굴 위에)/on the wall(벽 위에)
② 몇 층에: on the first floor(1층(위)에)/on the second floor(2층(위)에)/on the fifth floor (5층(위)에)
③ 방향: on the right(오른쪽에)/on the left(왼쪽에)
④ 대중교통: on the bus(버스에)/on the train(기차에)/on a plane(비행기에)
⑤ 매체: on the radio(라디오에)/on TV(티브이에)/on the internet(인터넷에)/on a website(웹사이트에)

짬뽕 선생님, 대중교통인 버스나 기차는 사방이 막혀 있어서 in이 더 잘 어울리는 것 같은데 왜 on을 써요?

바나나 크기가 큰 버스, 기차, 비행기 등의 대중교통은 사람이 '올라타는' 느낌이 강해요. 그래서 in보다는 on이 더 잘 어울리죠. 마찬가지로 자전거, 말, 스케이트보드도 타는 동작을 연상해보면 올라타는 것 같죠? 그래서 on을 쓰는 거랍니다.

반면, 같은 대중교통이라도 크기가 협소하거나 안으로 들어가는 느낌을 주면 in을 써요. 택시, 헬리콥터, 로켓 등이 그래요. 내부가 좁아서 왠지 몸이 안으로 쏙 들어가는 것 같죠?

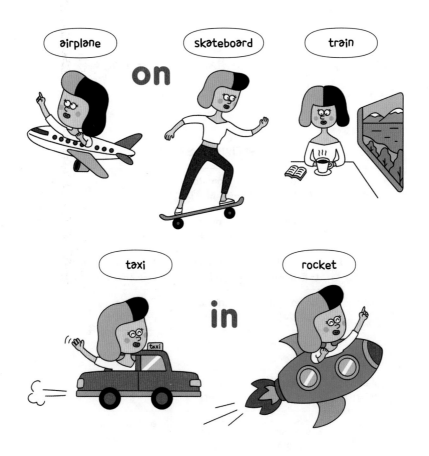

3. at + 점으로 찍을 수 있는 좁은 지절/특정 주소/행동과 관련된 활동 공간

① 꼭대기: at the top of the mountain(산꼭대기) / at the end of the street(거리의 끝)

② 특정 주소: at 4200 E Fletcher Ave, Tampa, FL

③ 행동하는 공간: at the party(파티에서)/at a concert(콘서트에서)/at the cinema(영화관에서)/at school(학교에서)/at university(대학에서)/at home(집에서)/at work(직장에서)/at a cafe(카페에서)/at the bakery(빵집에서)

* 행동과 연관 짓지 않고 어떤 장소 안에 있음을 표현할 때는 in, '쇼핑'이나 '공부' 등 행동과 관련된 장소에 있을 때는 at 을 씁니다.

이 세 가지가 가장 많이 쓰이는 장소 전치사예요. 이 외에 또 다른 장소 전치사는 아래와 같은 것들이 있어요.

[그 외 다양한 장소 전치사]

to (~로)	from (~로부터)	from~to (~로부터~까지)	near (가까이)	under (아래에)
below (아래에)	beneath (바로 아래에)	over (~를 넘어서)	upon (~위에)	above (~위에)
around/round (주변에)	through (~를 통해서)	between (둘 사이에)	among (~들 사이에)	in the middle of (중간에)
behind (~뒤에)	in front of (~앞에)	along (~와 함께)	across (~를 건너서)	up (~위에)
down (~아래에)	opposite (반대에서)	onto (~위로)	off (~로부터 떨어져)	into (~안으로)
out of (~밖으로)	past (~를 지나)	next to (~옆에)	by (~옆에)	beside (~옆에)
against (~에 기대어/ ~에 붙여)	towards (~를 향해)	about (근처에)	* 이 중 near/behind/across와 그 외 outside/inside/before 등은 단독으로 부사로도 쓰여요.	

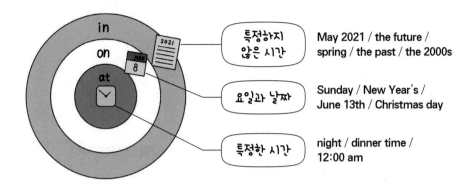

1. in + 연도 / 연대 / 세기 / 계절 / 월 / 아침 / 점심 / 저녁 / 기간

in은 어느 시점을 가리키는 '~때'와 기간을 의미하는 '~ 동안'을 표현하고 비교적 넓은 범위의 시간을 다뤄요.

① 연도 / 연대: in 2021 / in the 90's / in the 20th century

② 계절: in spring / in summer / in fall / in winter

③ 월: in January / in February / in March

④ 아침 / 점심 / 저녁: in the morning / in the afternoon / in the evening

⑤ 기간: in one hour / in one day / in a week / in ages / in years

2. on + 요일 / 특별한 날 / 특정 날짜 / 정시

on은 특정하게 정해진 날짜, 중요하다고 여기는 날과 함께 많이 씁니다.

① 요일: on Monday / on Tuesday / on Wednesday / on Thursday / on Friday / on Saturday / on Sunday

② 주말 / 휴가: on the weekend(주말에) / on Christmas(크리스마스에) / on

New Year's day(새해에)

③ 특정 날짜: on the 10th of March / on March 10 / on the morning of March 10

④ 기념일: on my birthday / on my anniversary

⑤ 정시: on time

3. at + 시간 / 하루의 시간대 / 콕 집어서 말할 수 있는 정확한 시점 / 나이

① 시간: at 5 o'clock(딱 5시에) / at 6(딱 6시에)

② 하루의 시간대: at breakfast(아침 식사 때에) / at sunrise(해돋이에) / at sunset(해질녘에) / at dusk(해 질 녘에) / at dawn(새벽녘에) / at night(밤에)

③ 콕 집어 말하는 정확한 시점: at first(처음에) / at that time(딱 그때에) / at the same time(동시에) / at the end of this year(올해 말에)

④ 나이: at 20(20살에) / at 26(26살에) / at thirty(30살에)

바나나 이렇게 in, on, at 3가지가 일상에서 가장 많이 쓰이는 시간 관련 전치사예요. 많이 쓰이는 만큼 많은 사람들이 헷갈려 하는데요, 'in, on, at' 순서대로 더 큰 범위의 시간을 표현한다고 볼 수 있어요. 이것을 '면 / 선 / 점'으로 비유하기도 합니다. 아래 그림처럼요!

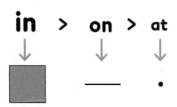

바나나 이 외에 또 다른 시간 전치사에는 아래와 같은 것들이 있어요.

for (~동안)	from (~때부터)	to (~때까지)	until (~까지)	over (~넘어서까지)
before (~전까지)	since (~이래로)	during (~동안)	after (~이후에)	within (~기간 안에)
as of (~부로 / ~일자로)	beyond (~시점을 넘겨서)	toward (~시간대로 가면서)	about (~쯤에)	

—— 관계 관련 전치사

바나나 of는 가장 많이 쓰이는 전치사 중 하나로 다양한 의미를 지니는데, 그중 사물 간의 관계, 소속, 구성, 재료, 내용물 등을 나타내는 데 자주 쓰입니다.

① 소속: the students of this school(이 학교의 학생들)/the lid of the box(그 상자의 뚜껑)
② 관련: a friend of mine(내 친구 한 명)/a leg of the table(테이블 다리)
③ 재료: of wood(나무로 만들어진)/of gold(금으로 만들어진)/of plastic(플라스틱으로 만들어진)
④ 구성: the city of Seoul(서울시)/the city of Miami(마이애미의 도시)

—— 원인과 이유 관련 전치사

① because of(~때문에): because of you(너 때문에)/because of rain(비가 와서)/because of bad weather(날씨가 나빠서)
② due to/owing to(~때문에/~로 기인해서): due to the error(오류가 나서)/due to the age limit(연령 제한 때문에)

③ thanks to(~덕분에): thanks to you(네 덕에)/thanks to my parents(부모 님 덕분에)

④ out of＋감정(~감정으로 자극받아서): out of curiosity(궁금증이 생겨서)/ out of anger (화가 나서)/out of jealousy(질투심에)/out of pity(동정심에)

⑤ with＋감정(~한 감정과 함께): with shame(수치심을 느끼면서)/with pride(자랑스럽게 여기며)/with guilt(죄책감과 함께)

바나나 자, 이 중 문법 시험에 가장 많이 나오는 문제가 전치사 because of와 접 속사 because를 비교하는 거예요. 짬뽕, 전치사는 누구 앞에 온다고 했죠?

짬뽕 명사 앞요!

바나나 맞아요. because는 단독으로 쓰이면 접속사예요. 그래서 항상 because S＋V, 이렇게 바로 명사절이 옵니다. 하지만 because 뒤에 전치사 of가 오면 because of＋명사류를 지켜서 써야 해요.

[전치사 because of]

She walked slowly because of her injury. 그녀는 부상 때문에 천천히 걸었다.
<u>명사</u>

[접속사 because]

I didn't call you because I thought you might be sleeping.
　　　　　　　　　　　　　　　　S　　　V
나는 네가 잘지도 모른다고 생각해서 전화를 하지 않았어.

── 목적 관련 전치사

for(~를 위해): for your safety(네 안전을 위해)/for you(너를 위해)/for pleasure(즐거움을 위해)/for God's sake(신을 위해서라도!)

─── 수단/사용 관련 전치사

1. by + 교통수단/수단/행위

① 교통수단: by taxi(택시를 타고)/by car(차로)/by train(열차를 타고)/by plane(비행기를 타고)

② 계산수단: by check(수표로)/by card(카드로)/by cash(현금으로)

③ 수단: by gas(가스를 통해)/by electricity(전기를 통해)

④ 행위: by showing(보여줌으로써)/by running(달림으로써)/by walking (걸어 다님으로써)

2. with + 도구(~와 함께)

with a pen(펜으로)/with a knife(칼로)/with a book(책으로)

─── 자격 관련 전치사

① as(~로서/~처럼): as clowns(광대처럼)/as ice(얼음처럼)/as snow(눈처럼)/as a teacher(선생님으로서)/as a friend(친구로서)

Her hair was as white as snow. 그녀의 머리는 눈처럼 새하얬다.

He can run as fast as a tiger. 그는 호랑이만큼 빨리 달릴 수 있다.

I will advise you as a friend. 친구로서 조언할게.

② like(~처럼/~같이): like a cat(고양이처럼)/like a kid(어린애같이)

You act like my mother. 넌 우리 엄마처럼 행동해.

양보 전치사

영어에서 양보란 말은 '서로 반대된다'라는 뜻이에요. 한국어의 '자리를 양보하다'라는 의미의 '양보'가 아니라, '양'쪽이 '반대'된다는 의미로, 기대하지 않은 결과가 나오거나, 일반적이지 않은 인과관계를 '양보'라고 해요.

① despite (~에도 불구하고)

Despite her efforts, she couldn't get a job. 노력에도 불구하고, 그녀는 일을 구할 수 없었다.

② in spite of (~에도 불구하고)

In spite of the language barrier, Arty and Banana fell in love.

언어의 장벽에도 불구하고 아티와 바나나는 사랑에 빠졌다.

예외 전치사

① except (~를 제외하고)

He said hi to everyone except me. 그는 나를 제외하고 모두에게 인사했다.

② but (~를 제외하고)

I want nobody but you. 난 너를 제외하고 아무도 필요 없어.

짬뽕 우와… 전치사는 제가 생각한 것보다 훨씬 다양하네요. 😮

바나나 여기서 다룬 것들은 중·고등학교 때 영어 공부를 하면서 한 번쯤 본 것들이에요. 이 정도만 알아도 기본 수준의 독해나 스피킹을 하는 데 어려움이 없을 거예요. 다양한 예시를 보면서 문장의 흐름을 익혀나가다 보면 전치사의 쓰임에 익숙해질 거랍니다! 🙂

짬뽕   네! 오늘도 공부한 내용을 열심히 복습할게요!

바나나   그럼 **내일 또 바나나요!** 🍌

오늘 배운 내용

▶ 전치사의 뜻   ▶ 전치사의 역할   ▶ 전명구의 형태   ▶ 전치사의 종류

전치사의 뜻

① 전치사 + 명사류 = '전명구' 〈 명사를 꾸미는 역할 → 형용사구
　　　　　　　　　　　　　　부사처럼 주로 시간, 장소, 원인, 수단으로 쓰이는 역할
　　　　　　　　　　　　　　→ 부사구

② 동사 + 전치사 = '동사구'

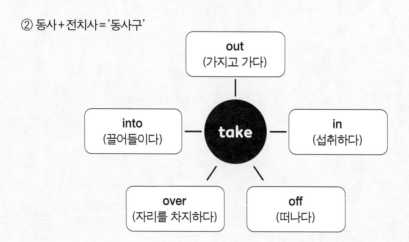

전치사의 역할

① '전명구'는 문장에서 형용사 혹은 부사의 역할을 한다.

② '동사구'는 하나의 동사가 전치사를 만남으로써 다양한 의미를 가질 수 있게 한다.

전치사의 종류

시간과 장소에서 가장 많이 쓰이는 전치사 in / on / at

[시간·장소 전치사]

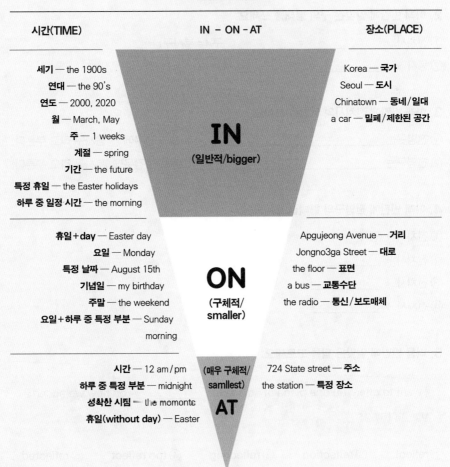

시간(TIME) — IN – ON – AT — **장소(PLACE)**

세기 — the 1900s
연대 — the 90's
연도 — 2000, 2020
월 — March, May
주 — 1 weeks
계절 — spring
기간 — the future
특정 휴일 — the Easter holidays
하루 중 일정 시간 — the morning

IN (일반적/bigger)

Korea — 국가
Seoul — 도시
Chinatown — 동네/일대
a car — 밀폐/제한된 공간

휴일+day — Easter day
요일 — Monday
특정 날짜 — August 15th
기념일 — my birthday
주말 — the weekend
요일+하루 중 특정 부분 — Sunday morning

ON (구체적/smaller)

Apgujeong Avenue — 거리
Jongno3ga Street — 대로
the floor — 표면
a bus — 교통수단
the radio — 통신/보도매체

시간 — 12 am/pm
하루 중 특정 부분 — midnight
정확한 시점 — the momemts
휴일(without day) — Easter

(매우 구체적/samllest)

AT

724 State street — 주소
the station — 특정 장소

오늘의
바나나 퀴즈

1. 전치사의 뜻을 쓰세요.

_____

_____

2. 아래 빈칸에 알맞은 구의 형태를 쓰세요.

① 전치사 + _____ = _____구 (＝부사구)

② 동사 + _____ = _____구

3. 아래 빈칸에 전치사의 역할을 쓰세요.

① 전명구는 _____로 쓰인 경우에 '형용사구'라고 부른다.

② 전명구는 _____으로 쓰인 경우에 '부사구'라고 부른다.

4. 아래 빈칸에 전명구의 형태를 쓰세요.

① 전치사 + 명사

② 전치사 + _____

③ 전치사 + _____

④ 전치사 + _____

5. 다음 빈칸에 알맞은 답을 고르세요.

I want to offer you one piece of advice for _____ on how we spend
our mornings.

① reflect   ② reflection   ③ reflecting   ④ too reflect   ⑤ reflected

6. 다음 빈칸에 알맞은 답을 고르세요.

> Here are some of the most common morning routines I've found _____ successful people.

① about   ② for   ③ to   ④ among   ⑤ between

7. 다음 빈칸에 알맞은 답을 고르세요.

> Even though the assistant manager, James, wanted to transfer him to another branch, the HR director didn't agree with _____.

① he   ② his   ③ him   ④ himself

8. 빈칸에 들어갈 적절한 전치사를 쓰세요.

① I've improved my English skills _____ studying abroad.

② How long have you been waiting _____ the bus?

③ I have lived and worked in China _____ 2000.

④ I have learned English _____ 10 years.

⑤ The first thing I did _____ the morning was to brush my teeth.

⑥ I had lunch with Arty _____ the afternoon.

⑦ He works _____ night and sleeps during the day.

9. 빈칸에 공통으로 들어갈 수 있는 전치사를 쓰세요.

- You look so beautiful _____ that dress!
- I will call you back _____ a minute!
- _____ my opinion, you did a great job!

10. 빈칸에 공통으로 들어갈 수 있는 전치사를 쓰세요.

- Why are you frowning _____ me?
- He threw a stone _____ me.
- He keeps staring _____ you.

＊ 정답은 P.504를 참고하세요.

오늘의 명언 about '실패'!

- It's how you deal with failure that determines how you achieve success. 성공의 여부는 실패에 어떻게 대처하는지에 달려 있다. — David Feherty

- Most great people have achieved their greatest success just one step beyond their greatest failure.
  최악의 실패에서 한 발짝 더 나아가면, 가장 큰 성공이 기다린다. — Napoleon Hill

- Ever tried. Ever failed. No matter. Try again. Fail again. Fail better.
  시도하고 실패해봤는가? 어떻게 되었든지 다시 시도하고 실패하라. 대신 좀 더 발전적으로 실패하라.
  — Samuel Beckett

  * deal(대처하다/다루다) / failure(실패) / determine(결정하다) / achieve(달성하다)

 바나나쌤의 한마디!

오늘은 실패에 관한 명언들을 모아봤어요. 누군가가 제게 성공의 비법을 묻는다면 실패라고 말할 거예요. 우리는 살면서 수많은 실패를 경험할 수밖에 없고, 그 실패에 잘 대처하고 그 경험을 발전시키는 것이 성공의 발판이 되기도 하잖아요? 실패할 때마다 이런 명언을 되새기며 동기부여의 도구로 삼는 것도 좋은 방법입니다.

DAY 10

영어 문장을 이루는 조연급 문법요소, 접속새!

오늘 배울 내용

- 감탄사

- 접속사의 뜻 & 역할

- 등위접속사

- 등위상관접속사

- 종속접속사

DAY 8~10 수업과
오늘 수업에 관련된 영상은
← 여기!

바나나　짬뽀옹! 드디어 8품사의 마지막! 접속사를 배우는 날이에요! 감탄사는 내용이 워낙 간단하니까 짧고 굵게 정리만 하고 넘어갈게요!

🍌 감탄사

바나나　감탄사는 말 그대로 '감탄'하면서 저절로 튀어나오는 말이라는 뜻이에요. 감탄사의 종류에는 '놀람／느낌／부름／대답' 정도가 있어요.

[다양한 감탄사]					
놀람	Oh my God! (세상에!)	Jesus! (신이시여!)	Oh shit! (아이씨!)	Wow! (오!)	What the… (힐…)
느낌	Oh shit! (으악!)	Holy moley! (세상에!)	Holy shit! (아이씨!)		
부름	Hey! (야!)	Yo! (어이!)	Man! (어이!)		
대답	What? (응?)	Huh? (어?)			

짬뽕   쌤! 위의 감탄사마다 음성 지원이 되는 것 같아요! 😬 모두 미드에서 많이 접해서 익숙한 것들이네요?

바나나   그렇죠? 이렇게 단어를 짤막하게 내뱉는 것들이 주로 감탄사에 속한다고 보면 돼요.

짬뽕   오! 그럼 오늘 수업은 여기까지?

바나나   You wish! 짬뽕, 꿈 깨세요! 😊 그럼 본격적으로 접속사 수업을 시작해볼까나?

 접속사의 뜻 & 역할

바나나   너와! 나의! 연결 고리! What's up! 두기두기둠둠!! ♪♬

짬뽕   아니, 바나나쌤! 오늘 왜 이렇게 힙한 거예요?

바나나 네? 저 지금 접속사 설명 중인데요? '너와! 나의! 연결! 고리!' 이 말 하나면 접속사 설명은 이미 끝이에요. 왜냐하면 접속사는 단어나 문장들을 이어주는 연결 고리, 즉 접착제 같은 역할을 하거든요. 접속사는 한자로 '이을 접(接), 이을 속(續)'을 써서 '~를 이어주다'라는 뜻이에요. 뜻을 보니 접속사의 역할이 더 명확해지죠? 접속사로 연결할 수 있는 것들은 '단어+단어, 구+구, 절+절' 등이 있어요.

짬뽕 구구! 절절! 오늘은 랩처럼 라임이 맞는 표현이 많네요. ☺ 그럼 접속사도 종류가 많은가요?

바나나 접속사는 크게 두 종류로 나눠요. 우선 표로 정리해서 보여줄게요.

[접속사의 종류]

등위접속사

두 성분을 대등하게 연결하는 접속사(★ = ☆) ★주절 ☆종속절	
일반 등위접속사	and / or / but / nor / so / for / yet
상관접속사	both A and B / either A or B / neither A nor B / not only A but (also) B

종속접속사

주절과 종속절을 연결하는 접속사(★ > ☆)		
	문장에서 명사절에 쓰이며, 명사절이 S, C, O 동격 역할을 함	
명사절 접속사	that	S가 V하다는 사실 / 생각 / 정보
	whether / if	S가 V인지 아닌지 의문 / 불확실한 정보
	wh- 의문사	where / when / why / how / who / what / whom / whose / which
	의문사 -ever	whoever / whomever / whatever / whichever

		시간/이유/양보/대조/조건 등의 추가적인 의미를 나타냄
부사절 접속사	시간접속사	when / whenever / as / while / until / once / before / after 등
	장소접속사	where / wherever
	원인접속사	because / since / as / for / now that
	양보접속사	though / although / even though / whether
	대조접속사	while / whereas
	조건접속사	if / even if / unless / in case
형용사절 접속사	관계대명사, 관계부사를 말하며, 형용사절이 앞에 있는 명사를 꾸밈	
	관계대명사	that / which / who / whose / what
	관계부사	when / where / how / why / that

짬뽕 악! 선생님… 장난하시는 거죠? 접속사 개수, 실화인가요? 절대 하루 공부 분량이 아닌 것 같은데요, 아아…. 😵

바나나 개념만 잘 이해하고 나면 내용은 그렇게 어렵지 않답니다! 😊 위의 표는 접속사가 무엇인지 한눈에 볼 수 있는 커다란 틀이라고 생각하면 되는데요, 우선 표에서 색칠한 부분, 등위접속사부터 공부할 거예요. 그럼 짬뽕, 짬뽕이 학교에서 배운 접속사에는 뭐가 있나요?

짬뽕 음… and, or, but(등위접속사)이랑 when, where, why(부사절접속사) 같은 걸 배웠어요.

바나나 잘 기억하고 있네요. 그런데 학교에서는 보통 접속사의 범위를 줄여서 그 정도만 다뤄요. 그래서 등위접속사와 부사절 접속사가 접속사의 전부라고 생각하는 경우가 많죠. 하지만 위의 표에서 보다시피 그것들은 접속사의 일부에 불과해요. 여러분이 따로 배우는 관계대명사, 관계부사, 명사절 등도 실제로는 접속사에 뿌리를 두고 있어요. 그래서 접속사의 기본을 이해하고 나머지를 공부하면 훨씬 쉽게 익힐 수 있을 거예요.

짬뽕 　관계사나 명사절, 부사절 같은 건 엄청 중요하다고 알고 있는데, 그럼 문법에서 접속사가 무척이나 중요한 거겠네요?

바나나 　맞아요. 그런데 사람들이 접속사를 쓰게 된 이유가 뭘까요? 짬뽕은 지금까지 저와 함께 배운 영어의 언어적 특징이 뭐라고 생각해요?

짬뽕 　영어는 순서가 중요하다고 했고, 반복을 싫어하고, 수학적이고, 논리적이고… 음…?

바나나 　오, 정확하게 다 알고 있어요! 접속사가 등장한 이유도 바로 그거예요. 문장에서 반복되는 걸 생략하고 논리적으로 잘 어울리도록 저마다의 관계 요소를 이어주는 역할이 필요했어요.

I love 떡볶이.　I love 순대.
　S　V　　O　　S　V　　O

바나나 　위의 두 문장은 틀린 곳이 없어요. 하지만 간단한 문장 두 개가 똑같이 반복되죠? 영어권 사람들은 이런 경우를 문장이 'repetitive(단조롭고 반복되는)'하다고 말해요. 마치 아기가 처음 말을 배울 때처럼 같은 문장 구조가 반복되어 I love를 두 번이나 말하잖아요. 이럴 때 중간에 접속사를 써서 중복된 부분을 생략할 수 있어요. "I love 떡볶이 and 순대", 이렇게요! 그런데 접속사 and는 문장에서 왜 저 위치에 놓였을까요?

짬뽕 　I love라는 S+V가 반복되고 떡볶이, 순대 둘 다 목적어 자리에 오니까… 아! 반복되는 S+V는 한 번만 쓰고 2개인 목적어 사이에 and를 넣는 거 아닌가요?

바나나 　Exactly! 떡볶이와 순대가 모두 목적어 자리에서 같은 역할을 하죠? 이

렇게 서로 역할이 대등한 구성요소를 연결해주는 것이 '등위접속사'예요. 😊

🍌 등위접속사

―― **등위접속사의 뜻**

> ▶ **등위접속사: 서로 역할이 대등한 구성요소를 연결해주는 접속사**
> → and / or / but / nor / so / for / yet

바나나　우리가 같음을 나타내는 '＝'을 '등호'라고 부르듯이, 등위(等位)접속사의 '등'도 '동등하다, 대등하다'라는 뜻을 지녀요. 즉 '높고 낮음이 없이 동등한 위치에 있다'라는 뜻입니다. 그럼 아래 두 문장을 한 문장으로 만들어볼까요?

I am a doctor. I am smart.

짬뽕　I am a doctor and smart… 어라? 좀 전과 똑같은 방법으로 문장을 만들었는데 뭔가 틀린 것 같아요. and 앞의 단어 a doctor는 명사인데 뒤의 smart는 형용사니까… 이렇게 하면 안 되는 거죠?

바나나　Nope! 짬뽕이 고친 문장은 맞는 문장이에요. 흔히 등위접속사를 쓸 때 명사는 명사끼리, 형용사는 형용사끼리 같은 품사만 연결할 수 있다고 착각하기 쉬워요. 하지만 연결하는 품사에 상관없이 문장에 알맞은 요소를 써주면 문제없답니다. 그럼 두 문장을 하나로 만드는 연습을 해볼게요.

She looked upset. She looked back at me. 그녀는 화가 나 보였다. 그녀는 나를 돌아보았다.
→ **She looked upset and back at me.** 그녀는 화가 난 채로 나를 돌아보았다.

앞 문장에서는 자동사 look의 짝으로 보어(형용사) upset이 쓰였고, 뒤 문장에서는 동사구 look at의 짝으로 목적어(대명사) me가 왔어요.

짬뽕 엇, 이렇게도 쓸 수 있는 거예요? 하나는 형용사이고 하나는 대명사인데 어떻게 이 둘이 대등하다고 볼 수 있죠?

바나나 우선 She looked가 공통으로 쓰였으니 접속사로 연결할 수 있다는 건 이해했죠? 그런데 짬뽕의 질문을 보니까 대등하다는 의미를 '품사가 같다'로 받아들이는 것 같아요.

짬뽕 왠지 형용사와 대명사를 연결해서 써준 게 이상해 보여요. ☹

바나나 upset은 보어로, me는 목적어로 둘 다 문장에서 전지현, 김태희급의 주연으로 쓰였어요. 그래서 이 둘은 품사가 달라도 대등하다고 보는 거예요. Okay? 그런데 심지어 주연급과 조연급이 연결되어 쓰여도 상관없어요. 아래 문장처럼요!

She was in the room, **but still** mad. 그녀는 방에 있었지만 여전히 화가 난 상태였어.

짬뽕 아하! 그러니까 공통으로 쓰는 부분만 있으면 뒤에 오는 요소가 다른 품사이더라도 전혀 상관하지 않고 연결할 수 있다는 거군요!

바나나 바로 그거예요! 😆 그럼 이제 등위접속사의 종류를 살펴볼 텐데요, 여러 종류 중에 가장 많이 쓰이는 것은 and / or / but이에요. 그 외에 nor / so / for / yet 등도 등위접속사에 속합니다.

── 등위접속사의 종류

1. and: 그리고

바나나 and(그리고)는 접속사 중에서 최고로 인기 많은 친구예요. '단어-단어/구-구/절-절'처럼 뭐든 연결할 수 있어 쓰임이 가장 많죠. 그럼 and가 영어의 요소를 어떻게 이어줄까요?

바나나 **Mom, Arty and I are going to get married soon.**

엄마, 아티랑 저 곧 결혼할 생각이에요. (단어-단어)

엄마 **What? You are still so young and have a lot of things to accomplish!**

뭐라고? 너는 아직 너무 어리고 하고 싶은 게 너무 많잖아! (구-구)

바나나 **We've been thinking about it a lot and I think he is the right guy.**

우리도 오래 생각해봤는데 아티라면 인생을 걸어도 좋을 것 같아요. (절-절)

엄마 **Oh dear! I am so happy for you! Then go (and) get him!**

오, 딸! 그렇다니 정말 행복한 소식이네. 그럼 어서 가서 아티를 데리고 와. (and 생략)

아티 **Hi, Mrs. Park!** 어머님, 안녕하세요.

엄마 **Congratulations, Arty! Come on, come (and) hug me!**

축하한다, 아티! 어서 와, 한번 안아보자! (and 생략)

Take good care of my daughter and I'll always be there for you.

내 딸을 잘 챙겨줘야 해. 그러면 나는 항상 너희들을 응원할 거야. (명령문과 and)

짬뽕 앗, 선생님, 진짜 결혼하는 건 아니죠?

바나나 음, 아직은? 식장 들어가기 전엔 모르는 거니까요, 하하하! ☺

짬뽕 아~놔, 쌤! 😆 아, 그런데 and의 생략이라고 써놓은 건 뭐예요?

바나나 저건 아주 예외적인 경우인데, 동사가 2개 이상 올 때 접속사 and를 생략하고 쓸 수 있다는 거예요. 대표적인 동사가 예문에 쓰인 go, come 등이에요. 원래는 "Go and wash your hands!(가서 손 씻어)"인 표현을 "Go wash your hands!"처럼 쓰는 거죠.

짬뽕   and에 대해 이렇게까지 배우는 건 처음이에요. 깊게 배우니까 더 재밌어요!

바나나   이 밖에도 and가 '단어-단어/구-구/절-절'을 연결해주는 다양한 예시를 보면서 공부하면 이해가 훨씬 빠를 거예요. 😃

▶ and를 공부할 때 주의 사항

예문에서 주어를 and로 연결한 문장이 나왔다면 주어가 단수인지 복수인지 묻는 문법 문제가 많이 등장해요.

Arty and Banana are so adorable together. 아티와 바나나는 정말 사랑스러워.

이 문장에서는 '아티와 바나나'를 개별적인 두 사람으로 인식해서 복수로 취급했고, 동사도 복수형 are를 써주었죠?

Arty and Banana is a great channel. 아티와 바나나는 훌륭한 채널이야.

하지만 이 문장에서는 '아티와 바나나'를 하나의 브랜드 이름으로 인식해서 단수 취급했고, 동사도 단수형 is를 써줬어요.

▶ and가 명령문과 함께 쓰이면?

'~해라. 그러면 ~할게'로 해석합니다.

Be well, and I will see you soon. 잘 지내. 그럼 또 보자.
Call me later, and I will see if I can join you.
나중에 전화해. 그럼 나도 같이 살 수 있는지 일러줄게.

2. or: 혹은/또는

바나나 or는 '이것 아니면 저것'으로 해석하고 문장에서 쓰임이 매우 다양해요.
or의 사용법에 집중해서 아래의 대화를 살펴볼게요.

손님   **What is the most popular menu item here?** 여기서 가장 잘나가는 메뉴가 뭐예요?

점원   **Man or woman, everyone loves a Big Mac.** 남자든 여자든 빅맥을 아주 좋아하죠.

    (* 양보적 의미 → 어느 쪽이든 상관없음)

손님   **All right, two Big Macs, please. Can you make it quickly, or else I will be late for work.** 좋아요, 그럼 빅맥 2개 부탁해요. 빨리 부탁드릴게요. 아니면 회사에 늦을 것 같아서요.(* or가 명령문과 쓰이면 '그러지 않으면 ~할 것이다'로 해석)

점원   **Here or to go?** 드시고 가세요, 혹은 포장하세요?(* 선택적 의미 → 두 가지 중에 하나를 선택)

손님   **To go please.** 포장요.

짬뽕   or의 쓰임이 모두 비슷해 보이지만 조금씩 다른 의미가 있네요.

바나나 특히 명령문과 함께 쓰는 or는 조금 전투적인(?) 의미가 있어서 엄마가 아이들에게 "빨리 챙겨!", "양치해!" 등을 말할 때 자주 쓰여요. ☺

Clean your room, or else! 방 청소해라. 그러지 않으면 확!
Wake up now, or else! 일어나 이제. 그러지 않으면 콱!

짬뽕 앗! 엄마 목소리로 음성 지원이 되는데요?  or else만으로 이렇게 표현할 수 있다니 신기해요! 자주 써먹을 것 같아요.

3. but: 그러나

바나나 but은 상반된 내용을 연결하는 등위접속사로 and만큼이나 자주 쓰여요.

바나나 **Baby, have you thought about where to go for my father's birthday?**

자기야, 아빠 생일에 어디 갈지 생각해봤어?

아티 **Yes, but I am not sure if you are going to like my idea.** 응, 그런데 자기가 내

아이디어를 좋아할지 모르겠어.(* '그런데'로 해석)

바나나 **Try me!** 한번 들어나 보자!

아티 **Okay, why don't we go to Disneyland? It will not only be fun, but**

also very meaningful! 좋아, 우리 디즈니랜드에 가자! 재미있을 뿐만 아니라 의미 있을 거야!

(* 등위상관접속사 not only A but also B → A뿐만 아니라 B도)

바나나 **Are you serious? My father is 60 years old.** 장난해? 우리 아빠 연세가 60세야.

아티 **Listen, baby, your father may be quite old but he's very energetic.**

띰낀민 돌이삐, 자기야, 아버님이 나이가 꽤 있으셔도 정정하시잖아.(* '하지만'으로 해석하며 앞의 내용과 반

대되는 이야기를 할 때 씀)

Sometimes, old people don't have fun in boring libraries, but have

lots of fun in amusement parks! You never know! 그리고 가끔 나이 드신 분들도 도서관 같은 지루한 곳이 아닌 놀이동산에서 재미를 찾는다고! 모르는 일이잖아!(* not A but B → A가 아니라 B)

바나나 　In my opinion, all but you and I would dislike that idea. 내 생각에 자기랑 나를 제외하고 모두가 그 아이디어를 좋아하지 않을 것 같아.(* 전치사 '~를 제외하고')

짬뽕 　하하, 아티 좀 누가 말려줘요! 😃 but이 이렇게 다양하게 쓰이는지 몰랐어요. 특히 전치사로 쓰이는 건 처음 봐서 어색하네요.

바나나 　전치사 but은 우리가 아는 유명한 노래 가사에도 나와요. '원더걸스'의 노래 〈Nobody〉에서 가장 유명한 후렴구죠?

"♬ I want nobody nobody but you! ♬"

난 너 말고는 아무도 원하지 않아!

짬뽕 　아하! 이 노래 내용을 항상 기억해야겠어요.

바나나 　그럼 나머지 접속사도 간단하게 보고 갈게요. 😃

4. nor: ~도 또한 아니다

바나나 　문장에서 A nor B 형태로 쓰이고 'A, B 둘 다 ~이 아니다'라고 해석해요.

not A nor B = never A nor B = neither A nor B

Neither Arty nor Banana can speak Spanish. 아티랑 바나나는 둘 다 스페인어를 못 해.
I have neither time nor money for that. 나는 그럴 시간도 없고 돈도 없어.
I haven't been to North Korea, nor do I want to.

나는 북한에 가본 적도 없고 가보고 싶지도 않아.(＊ nor 뒤에 문장이 오면 주어와 동사 자리가 도치!)

I will never expect someone to love me, nor will I want someone to expect me to love them. 나는 누구도 날 사랑할 거라고 기대하지 않고, 다른 사람이 내가 그들을 사랑하기를 기대하는 것도 원하지 않아.(＊ nor 뒤에 문장이 오면 주어와 동사 자리가 도치!)

5. so: 그래서

바나나　so는 한국인이 정말 많이 쓰는 단어죠? 앞에 나온 내용에 의해서 일어난 결과를 나타내는 접속사예요. so라고 쓰기도 하고 so that이라고 쓰기도 합니다.

Arty is busy now, so he can't talk with you. 지금은 아티가 바빠서 대화할 수 없어요.
We were very tired, so that we stayed at home. 우리는 너무 피곤해서 그냥 집에 있었어.

6. for: 왜냐하면

바나나　접속사로 쓰이는 for는 because와 마찬가지로 이유를 설명하는 역할을 해요. 물론 둘이 똑같이 쓰이는 건 아니겠죠?

	because	for
해석	~ 때문에	왜냐하면
분류	종속접속사 → 종속절	등위접속사 → 등위절
역할	단순한 인과관계를 나타내는 원인	주장 / 사실의 부연 설명으로 단락의 중요한 문장이 될 수 있음
위치	because절은 주절 앞으로 갈 수 있음	for절은 앞으로 갈 수 없음

이렇게 because와 for는 여러 차이가 있는데, 특히 for의 위치를 기억해주세요. 접속사 for는 문장의 맨 앞으로는 갈 수 없어요.

$$S + V, \text{ for } S + V \text{ (O)}$$
$$\text{For } S + V, S + V \text{ (X)}$$

I will help you this time for you helped me last time.

이번엔 내가 도와줄게. 왜냐하면 지난 번엔 네가 나를 도와줬으니까.

He was upset with me for I lied to him. 그는 나에게 화가 났어. 왜냐하면 내가 거짓말을 했거든.

짬뽕　이제껏 for를 전치사로만 알고 있었는데 접속사로도 쓴다니! 그런데 접속사로 자주 사용하나요?

바나나　자주 사용하지는 않지만 중급 실력의 독해를 하다 보면 종종 나온답니다!

7. yet: ～이지만

바나나　but과 가장 많이 닮은 등위접속사 yet은 부사로 더 자주 쓰이고, 접속사로는 but만큼 자주 쓰이지는 않아요.

He is very strict, yet kind. 그는 매우 엄격하지만, 친절해요.
I don't agree with her, yet I will do as she asked.
그녀의 말에 동의하지는 않지만, 그녀가 부탁한 대로 할 거예요.

바나나　자, 여기까지 두 문장을 대등하게 연결하는 등위접속사를 알아봤어요.

짬뽕　솔직히 엄청 간단할 거라고 생각했는데 역시 깊게 들어가니 배울 게 너무 많네요. 😣

🍌 등위상관접속사

바나나 그럼 이제는 같은 카테고리에서 조금 더 나아가서 등위상관접속사를 알아볼게요. 등위상관 접속사는 '등위접속사+α' 형태라고 볼 수 있어요. 등위접속사가 조금 더 길어져서 'A와 B라는 두 대상을 연결해준다'라고 생각해도 좋아요. 종류는 다음과 같이 다양합니다.

> ▶ 등위상관접속사: '등위접속사+α'로 두 대상을 연결해주는 접속사
> → both A and B/either A or B/neither A nor B/not only A but (also) B

짬뽕 오! 아까 but과 nor를 배우면서 살짝 본 적이 있는 형태네요.

바나나 그렇죠? 등위접속사에서 크게 벗어나지 않는 형태라서 쉽게 이해하고 넘어갈 수 있을 거예요.

1. both A and B: A, B 둘 다
바나나 A와 B를 한 번에 묶어 쓰는 표현으로 항상 '복수' 취급한다는 점을 꼭 기억해주세요.

Both **you** and **I** are creative. 너와 나는 둘 다 창의적이야.
Arty and **Banana** both have laptops. 아티와 바나나는 둘 다 노트북을 가지고 있어.

짬뽕 선생님, 두 번째 문장에서는 both가 뒤에 왔는데, 이렇게 써도 되는 거예요?

바나나 물론이죠. both A and B＝A and B both 둘 다 가능해요. 짬뽕, 이 문장을 해석해볼래요?

I don't like both reading and writing.

짬뽕 '읽기와 쓰기 둘 다 좋아하지 않는다' 아닌가요?

바나나 대부분이 그렇게 해석하는데, 정확히 해석하면 '읽기와 쓰기 둘 다 좋아하는 것은 아니다'라고 해야 해요. 둘 다 싫어하는 게 아니라, 둘 다 좋아하는 건 아니라는 거죠. 얼핏 보면 비슷한 해석 같지만, 의미가 좀 다르죠?

짬뽕 으… 너무 헷갈려요. ☹

바나나 잘못 해석하면 내용을 완전히 잘못 이해할 수 있으니까 이 부분은 꼭 기억하고 넘어가도록 해요. 이런 both A and B의 부정문을 '부분 부정'이라고 불러요. 둘 다 부정하는 게 아니라, 부분적으로 부정한다는 거죠.

2. either A or B: 둘 중에 하나

바나나 이 접속사는 간단하게 말하면 A or B와 똑같이 쓰여요. 선택의 의미를 좀 더 명확하게 드러내기 위해 부사 either를 앞에 써준 거예요.

I'll either call or text you. 내가 전화하거나 문자 보낼게.
Either Arty goes, or I go! 아티가 가거나 내가 갈게.

3. neither A nor B: A, B 둘 다 아니다

바나나 마찬가지로 A nor B와 거의 똑같이 쓰이고, 앞에 부사 neither만 왔다고 생각하면 돼요.

I know neither his first name nor his last name. 나는 그의 이름도 성도 몰라.

Banana is neither in Korea nor in France. 바나나는 한국에도 프랑스에도 없어.

4. not only A but (also) B: A뿐만 아니라 B도

바나나   좀 전에 but을 공부할 때 예문에서 살짝 봤죠? not only A but (also) B 에서 also는 항상 생략 가능한 부분이에요.

She is not only intelligent but also very humorous. 그녀는 지적일 뿐만 아니라 재치 있어.

Not only do you have a lot of confidence, you also have a great leadership skills. 당신은 자신감이 넘칠 뿐만 아니라 굉장한 리더십을 가지고 있어요.

짬뽕   선생님, 두 번째 문장은 의문문이 아닌데 왜 'do you have~'처럼 주어 와 동사 자리가 도치되어 있나요?

바나나   아까 nor를 배울 때도 이런 도치가 나왔죠. not only가 문장 앞에 와서 '절-절'을 연결할 때는 항상 앞에 있는 문장을 도치시켜야 해요. 종종 시험에 나 오는 부분이니 기억해주세요. 그리고 not only A but (also) B 구조는 자주 쓰 이기도 하지만 다양한 모양으로 변주해서 쓰여요.

*not only A but (also) B
= not just A but also B
= not only A but B as well
= not simply A but also B

짬뽕   등위접속사는 그냥 and / or / but이라고 간단하게 생각했는데 지금이라 도 배워서 정말 다행이에요! 😀

바나나   그럼 이제 종속접속사로 넘어가보죠!

 **종속접속사**

[접속사의 종류]

등위접속사

두 성분을 대등하게 연결하는 접속사(★ = ☆)	★ 주절 ☆ 종속절
일반 등위접속사	and / or / but / nor / so / for / yet
상관접속사	both A and B / either A or B / neither A nor B / not only A but (also) B

종속접속사

주절과 종속절을 연결하는 접속사(★ > ☆)		
명사절 접속사	**문장에서 명사절에 쓰이며, 명사절이 S, C, O 동격 역할을 함**	
	that	S가 V하다는 사실 / 생각 / 정보
	whether / if	S가 V인지 아닌지 의문 / 불확실한 정보
	wh- 의문사	where / when / why / how / who / what / whom / whose / which
	의문사 -ever	whoever / whomever / whatever / whichever
부사절 접속사	**시간/이유/양보/대조/조건 등의 추가적인 의미를 나타냄**	
	시간접속사	when / whenever / as / while / until / once / before / after 등
	장소접속사	where / wherever
	원인접속사	because / since / as / for / now that
	양보접속사	though / although / even though / whether
	대조접속사	while / whereas
	조건접속사	if / even if / unless / in case
형용사절 접속사	**관계대명사, 관계부사를 말하며, 형용사절이 앞에 있는 명사를 꾸밈**	
	관계대명사	that / which / who / whose / what
	관계부사	when / where / how / why / that

바나나 　종속접속사(명사절/부사절/형용사절(관계대명사 & 관계부사))는 말 그대로 '하나의 절이 다른 절에 종속되어 있다'라는 뜻이에요. 예를 들어,

① I was listening to the music, but ② my boyfriend was playing a video game. 나는 음악을 듣고 있었지만, 내 남자친구는 컴퓨터 게임을 하고 있었다.

위의 문장은 but이라는 등위접속사가 ①과 ②의 문장을 동등하게 연결해주고 있어요. 하지만 등위접속사 대신 종속접속사가 쓰이면, 접속사가 쓰인 절이 접속사 없이 쓰인 문장에 종속되는 관계를 나타냅니다.

짬뽕 　'종속된다'는 '어디에 딸려 오다/붙어 있다'라는 의미 아닌가요?

바나나 　Exactly! 종속되는 문장은 주절(접속사가 없는 절)을 꾸미거나 보충하기 위해서 온답니다. 그럼 먼저 종속접속사를 사용해서 명사절/부사절/형용사절이 쓰이는 방법을 간단하게 설명해볼게요.

── 명사절 종속접속사

바나나 　'접속사 S+V' 형태가 품사로 보면 명사로 쓰이며, 문장에서 주어/보어/목적어/전명구/동격 자리에 옵니다.

▶ 명사절 접속사(접속사 S+V)
= 문장에서 명사절에 쓰이며, 명사절이 S/C/O/동격 역할을 함

that	S가 V하다는 사실/생각/정보
whether/if	S가 V인지 아닌지 의문/불확실한 정보
wh- 의문사	where/when/why/how/who/what/whom/whose/which
의문사 -ever	whoever/whomever/whatever/whichever

짬뽕   접속사 S + V 전체가 일반 명사처럼 쓰인다고요?

바나나   Right! 예를 들어볼게요.

I believe that you can pass the test. **나는 네가 그 테스트를 통과할 수 있다고 믿어!**
S   V   O

이 문장에서 that S + V, 즉 '너는 그 테스트를 통과할 수 있다'가 believe라는 타동사의 목적어로 쓰인 게 보이나요?

짬뽕   엇, 그러네요! 그럼 어떨 때 이런 명사절을 쓸 수 있나요?

1. that 명사절

바나나   'S가 V하다는 사실 / 정보 / 생각' 등을 명사 자리에 쓰고 싶을 때는 that을 이용해 쓸 수 있어요.

It is obvious (that) he is lying about something. 그가 뭔가 거짓말하고 있는 것이 분명하다.
                          S 역할
* 명사절이 주어 자리에 쓰이면 to 부정사와 마찬가지로, 항상 가주어-진주어로 처리합니다.

The truth is (that) people don't really care about what other people do.
                          C 역할
진실은 사람들이 다른 사람들이 뭘 하든 별 관심이 없다는 것이다.

I mean (that) I don't want to be in your way. 내 말은 너를 방해하고 싶지 않다는 거야.
                  O 역할

짬뽕   그러고 보니까 형식을 공부하면서 이미 배운 적이 있는 형태들이네요!

바나나   맞아요! 😊 특히 that은 매우 흔하게 쓰이는 데다 심지어 생략도 많이 한답니다. 그럼 다른 명사절 접속사도 후딱 한번 배워볼까요?

2. whether/if 명사절

명사절 whether /if는 '~인지 아닌지'라고 해석해요.

짬뽕   어라? if는 '만약에 ~라면'이라고 해석하지 않나요?

바나나   그건 if가 부사절에 쓰일 때의 해석법이에요. if나 whether가 명사절에 쓰이면 '~인지 아닌지'라고 해석해야 합니다.

〔 if 명사절 〕　~인지 아닌지　　←→　〔 if 부사절 〕 만약 ~라면
〔 whether 명사절 〕　~인지 아닌지　←→　〔 whether 부사절 〕 ~이든 아니든

짬뽕   그럼 쌤, whether나 if는 의미나 사용법이 똑같나요?

바나나   의미는 똑같지만 쓰임에는 차이가 있어요. whether는 주어/목적어/보어/동격 역할에 모두 쓰이지만, if는 주로 목적어에 쓰이고, 주어에 쓸 때는 100% 가주어-진주어로 표시해줘야 해요.

Whether you like me or not doesn't matter. 네가 날 좋아하든 말든 상관없어.
　　　　　S 역할
 = It **doesn't matter** whether you like me or not.

 = It **doesn't matter** if you like me or not.

The important thing is whether he was honest or not.
　　　　　　　　　　　　　　　C 역할
중요한 것은 그가 솔직했는지 아니었는지야.

I can't decide whether I need to go to college or not.
　　　　　　　　　　　　　O 역할
대학을 가야 할지 말아야 할지 모르겠어.

Please let me know if you are available at that time. 그때 시간이 괜찮은지 아닌지 알려줘.
　　　　　　　　　　　　　O 역할
Answer to the question whether you were telling me the truth!
　　　　　　　　　　　　　　동격 역할
네가 사실을 말한 건지 아닌지 질문에 대답해!

짬뽕   오! 예시를 보니 명확하게 이해됐어요! 😃

3. 그 외 명사절 접속사

〔 wh-의문사 〕 when(때)/where(장소)/why(이유)/how(방법)/who(사람)/
what(것)/which(것) 등

〔 의문사-ever(복합관계사) 〕 whoever(~하는 누구든)/whatever(~하는 무엇이
든)/whichever(~하는 무엇이든) 등

바나나   어때요? 이 접속사들은 짬뽕도 많이 본 것들이죠?

짬뽕   네! 뜻은 다 알고 있어요.

바나나   좋아요. 짬뽕이 알고 있는 이 접속사들이 명사절로 쓰이는 예시만 보여
주고 넘어갈게요.

I know when you came home last night. 나는 어젯밤 네가 언제 집에 왔는지 알고 있어.
S V   O

Just imagine where you want to be. 네가 어디에 있고 싶은지 상상해봐.
       V   O

It's unknown where he got the information. 그가 어디서 정보를 얻었는지 알려지지 않았다.
S V   S
(가주어)   (진주어)

I am who I am. 나는 나야.
S V   C

Whoever comes first **wins**. 누구든지 먼저 오는 사람이 이긴다.
     S   V

I will give you whatever you want. 네가 원하는 건 무엇이든 줄게.
S   V   IO   DO

—— 부사절 종속접속사

바나나 부사절 종속 접속사는 시간/장소/원인/양보/대조/조건의 뜻을 나타내며, 주절의 의미를 보조하고 추가하는 역할을 해요.

▶ **부사절 접속사(접속사 S + V)**
    = **시간 / 이유 / 양보 / 대조 / 조건 등의 추가적인 의미 표현**

시간접속사	when / whenever / as / while / until / once / before / after 등
장소접속사	where / wherever
원인접속사	because / since / as / for / now that
양보접속사	though / although / even though / whether
대조접속사	while / whereas
조건접속사	if / even if / unless / in case

짬뽕 앗, when이나 where 같은 건 방금 명사절 접속사로 배운 것 아닌가요?

바나나 방금은 when / where가 '명사절'에 쓰일 때를 알아봤으니 이젠 부사절에 쓰일 때도 봐야겠죠? 명사절과 부사절의 차이는 명사와 부사의 차이와 같아요.

짬뽕 명사는 문장에 꼭 필요한 주요 문장요소이고, 부사는 넣거나 빼도 상관 없다는 그 차이를 말씀하시는 거죠?

바나나 Exactly! 바로 그거예요! 😊 예시를 보며 정리해볼게요.

You are bored all the time, when it's time to quit your job.
S   V   C   부사   부사절
일을 그만둘 때가 되면, 늘상 지루한 법이다.

I'm gonna leave before you change your mind. 네가 마음을 바꾸기 전에 나는 떠날 거야.
S   V   부사절

바나나 아까 배운 명사절 문장들과 비교할 때 차이가 느껴지나요?

짬뽕   부사절은 주절과 의미상 연결되어 있긴 하지만, 문법상 지워도 문제가 없네요!

바나나 정확히 봤어요! 😊 아래는 다양한 부사절 접속사의 예문이에요. 여기서 나온 조건접속사(if / in case)는 나중에 DAY 26 가정법에서 자세히 다룰 거예요.

I used to eat out often, because I didn't have time to cook.

나는 요리할 시간이 없어서 외식을 자주 했다.

We talk on the phone the whole time, since we are living in two different countries. 우리는 서로 다른 나라에 살고 있기 때문에 항상 전화로 대화한다.

They are still together, although they fight all the time.

그들은 여전히 사귀고 있다. 비록 매일 싸우지만.

Even though **I don't really have the time,** I still offer to help.

비록 시간이 없지만, 나는 늘 도움을 주려고 한다.

My husband went shopping for groceries, while I was taking care of our child. 내가 아이를 돌보고 있는 동안 남편은 장을 보러 갔다.

Bad men live that they may eat and drink, whereas good men eat and drink that they may live. 악인은 먹고 마시기 위해 사는 반면, 선인은 살기 위해 먹고 마신다.

If **you freeze water,** it turns into ice. 물을 얼리면, 얼음이 된다.

I didn't send my kids to school in case it snows and gets freezing cold.

눈이 내려 너무 추워질 경우를 대비해 아이들을 학교에 보내지 않았다.

—— 형용사절 접속사

바나나   앞에 오는 명사(선행사)를 꾸미는 형용사절 역할을 해요.

> ▶ **형용사절 접속사(접속사 S + V)**
> **= 일명 관계대명사 / 관계부사로 형용사절이 앞에 있는 명사를 수식**
>
> **관계대명사**   that / which / who / whom / whose / what
> **관계부사**   when / where / how / why / that

바나나   형용사절 접속사는 DAY 23 관계대명사, DAY 24 관계부사에서 깊게 공부할 예정이니 자, 오늘은 여기까지 공부하도록 해요!

짬뽕   와! 듣던 중 반가운 말이에요!! 휴~, 오늘 배운 내용도 다 외우려면 만만치 않을 것 같아요. 😖

바나나   맞아요. 생각보다 분량이 방대하죠? 복습노트로 내용을 머릿속에 착착 정리하고, 오늘의 퀴즈도 꼼꼼하게 풀어보세요. 아 참! 다음 페이지에 다양한 종속접속사의 종류와 뜻을 착착 정리해 놓았으니 그것도 꼭 같이 공부해주세요. 다음 시간에는 1형식 문장을 아주 자세하게 배울 텐데요, DAY 2 영어 문장의 5형식(p.062) 내용을 다시 한번 꼼꼼히 보고 오면 수업에 큰 도움이 될 거예요. 그럼 다음 시간에 또 바나나요! 🍌

[다양한 종속접속사 정리]

after (~이후에)	although (비록 ~이지만)	as (~때 / ~때문에 / ~동안)	as if (마치 ~인 것처럼)
as long as (~하는 한)	as much as (~만큼 / ~정도 / ~못지않게)	as soon as (~하자마자)	as though (마치 ~인 것처럼)
because (~ 때문에)	before (~전에)	even (심지어)	even if (비록 ~라도 / 설사 ~ 라고 할지라도)
even though (비록 ~이지만)	if (만약 ~인지 아닌지)	if only (~이면 좋을 텐데)	in order that (~하기 위해 / ~할 수 있도록)
just as (막 ~하려 할 때)	lest (~하지 않도록)	now (이제 ~이니까)	now that (~이므로 / ~이기 때문에)
once (~하자마자 / ~할 때)	provided (만약 ~라면)	provided that (만약 ~라면)	since (때문에 / ~이래로)
so that (~할 수 있도록)	supposing (만약 ~라면)	than (~하자마자 / ~보다)	that * 특별히 해석하지 않는다
though (비록 ~이지만)	till (~할 때까지)	unless (~하지 않는 한)	until (~할 때까지)
when (~때)	whenever (~할 때는 언제든지)	where (곳)	whereas (반면에)
wherever (어디에나, 어디든지)	whether (~인지 아닌지)	which * 특별히 해석하지 않는다	while (~동안)
who * 특별히 해석하지 않는다	whoever (누구든지)	why (이유)	

오늘 배운 내용

▶ 감탄사　　　▶ 접속사의 뜻　　　▶ 접속사의 역할　　　▶ 접속사의 종류

▶ 등위접속사　　▶ 등위상관접속사　　▶ 종속접속사

감탄사

말 그대로 '감탄'하면서 저절로 튀어나오는 말로 '놀람/느낌/부름/대답'을 표현한다.

놀람	Oh my God! (세상에!)	Jesus! (신이시여!)	Oh shit! (아이씨!)	Wow! (오!)	What the… (헐…)
느낌	Oh shit! (으악!)	Holy moley! (세상에!)	Holy shit! (아이씨!)		
부름	Hey! (야!)	Yo! (어이!)	Man! (어이!)		
대답	What? (응?)	Huh? (어?)			

접속사의 뜻

단어나 문장들을 이어주는 접착제 같은 역할로 '단어-단어/구-구/절-절'을 연결해준다.

접속사의 역할

불필요한 요소의 반복을 줄여서 말을 짧고 간결하게 전달할 수 있다. 동시에 연결된 요소들의 상관관계를 더 명확하게 해 논리적인 흐름을 잡아준다.

접속사의 종류

등위접속사

두 성분을 대등하게 연결하는 접속사(★ = ☆)　　　　★ 주절　☆ 종속절

일반 등위접속사	and / or / but / nor / so / for / yet
상관접속사	both A and B / either A or B / neither A nor B / not only A but (also) B

종속접속사

주절과 종속절을 연결하는 접속사(★ > ☆)

	문장에서 명사절에 쓰이며, 명사절이 S, C, O 동격 역할을 함	
명사절 접속사	that	S가 V하다는 사실 / 생각 / 정보
	whether / if	S가 V인지 아닌지 의문 / 불확실한 정보
	wh- 의문사	where / when / why / how / who / what / whom / whose / which
	의문사 -ever	whoever / whomever / whatever / whichever
	시간/이유/양보/대조/조건 등의 추가적인 의미를 나타냄	
부사절 접속사	시간접속사	when / whenever / as / while / until / once / before / after 등
	장소접속사	where / wherever
	원인접속사	because / since / as / for / now that
	양보접속사	though / although / even though / whether
	대조접속사	while / whereas
	조건접속사	if / even if / unless / in case
형용사절 접속사	**관계대명사, 관계부사를 말하며, 형용사절이 앞에 있는 명사를 꾸밈**	
	관계대명사	that / which / who / whose / what
	관계부사	when / where / how / why / that

등위접속사

서로 역할이 대등한 구성요소를 연결하는 접속사로 and / or / but 그리고 nor / so / for / yet
등이 있다.

등위상관접속사

'등위접속사+α' 형태로 등위접속사가 좀 더 길어져서 A와 B라는 두 대상을 연결해준다고
생각해도 좋다. both A and B / either A or B / neither A nor B / not only A but (also) B
등이 있다.

종속접속사

주절과 종속절을 연결하는 역할을 한다.

① 명사절 접속사: '접속사 S+V'가 통째로 명사가 되어 문장에서 S / C / O / 동격의 역할을
한다.

▶ **명사절 접속사(접속사 S + V)**
   = 문장에서 명사절에 쓰이며, 명사절이 S / C / O / 동격 역할을 함

that	S가 V하다는 사실 / 생각 / 정보
whether/if	S가 V인지 아닌지 의문 / 불확실한 정보
wh- 의문사	where / when / why / how / who / what / whom / whose / which
의문사 -ever	whoever / whomever / whatever / whichever

---

② 부사절 접속사: '접속사 S+V'가 부사처럼 쓰이며 주절의 의미를 보충 설명한다. 문법상 생략해도 상관없다.

> ▶ 부사절 접속사(접속사 S+V)
> = 시간 / 이유 / 양보 / 대조 / 조건 등의 추가적인 의미 표현
>
> | 시간접속사 | when / whenever / as / while / until / once / before / after 등 |
> | 장소접속사 | where / wherever |
> | 원인접속사 | because / since / as / for / now that |
> | 양보접속사 | though / although / even though / whether |
> | 대조접속사 | while / whereas |
> | 조건접속사 | if / even if / unless / in case |

③ 형용사절 접속사: '접속사 S+V'가 앞에 오는 명사(선행사)를 꾸미는 형용사절 역할을 한다.

> ▶ 형용사절 접속사(접속사 S+V)
> = 일명 관계대명사 / 관계부사로 형용사절이 앞에 있는 명사를 수식
>
> | 관계대명사 | that / which / who / whom / whose / what |
> | 관계부사 | when / where / how / why / that |

오늘의
바나나 퀴즈
Exercise

1. 접속사의 역할을 설명하는 말로 빈칸을 채우세요.

① 접속사는 너와 나의 _____.

② 접속사가 연결할 수 있는 것에는 _____ +_____, _____ +_____, _____ +_____가 있다.

2. 접속사의 형태를 설명하는 단어로 빈칸을 채우세요.

① 등위접속사는 두 성분을 _____ 하게 연결하는 접속사를 말한다.

그 종류에는 _____ 등이 있다.(3개 이상)

② 종속접속사는 _____과 _____을 연결하는 접속사를 말한다. 그 종류는 크게
세 가지로 나뉘어 명사절 접속사, 부사절 접속사, 형용사절 접속사가 있다.

a. 명사절 접속사는 문장에서 _____/_____/_____, _____, _____등의
역할을 할 수 있다.

b. 부사절 접속사의 종류에는 시간, 장소, _____, _____, _____, _____
접속사 등이 있다.

c. 형용사절 접속사는 앞에 있는 명사를 수식하며, 그 종류에는 _____, _____가
있다.

3. 다음 빈칸을 채우세요.

특징		종류	뜻
등위접속사	대등한 내용과 형태를 연결	①	그리고
		②	또는
		③	그러나
상관접속사	2개의 단어 혹은 구를 연결	not ④ A ⑤ B = B as well as A	A뿐만 아니라 B도
		⑥ A and B	A, B 둘 다
		⑦ A or B	A 또는 B
		⑧ A nor B	A, B 둘 다 아닌
		not A ⑨ B	A가 아니라 B

4. 괄호 안에 알맞은 단어를 고르세요.

① I want to go to the party, (and / or / but) I am so exhausted.

② Money is one form of power (and / or / but) I have the power.

③ (Either / Neither) he or she has to cook tonight.

④ Arty was (either / neither) going to school nor doing his assignments.

⑤ (While / When) I finished my meal, my mom gave me a brownie for dessert.

⑥ They arrived (since / as) we were leaving.

⑦ I moved on (when / as) time goes by.

⑧ Arty has been living in Korea (since / until) we moved back to Korea in 2018.

5. 서로 뜻이 같은 단어를 연결해주세요.

for •	• and not
and •	• because
nor •	• but
but •	• therefore
or •	• either
yet •	• in addition to
so •	• however

＊정답은 p.505을 참고하세요.

8품사 완전 정복!

- **명사(N):** 이름을 가진 모든 대상

  Renee(사람), pen(사물), love(개념), water(물질), fighting / to love(행위)

  → S / C / O / 전명구 / 동격

- **대명사:** 사람 / 사물 / 장소의 이름을 대신하여 가리키는 낱말

  I / you / she / he 등(인칭대명사) → S / C / O / 전명구

- **동사(V):** 행동이나 상태를 나타냄

  be동사, 상태동사, 동작동사 → V 자리

- **형용사:** 명사를 수식

  ① 명사의 앞이나 뒤에서 수식: **pretty** girl / something **cheap**

  ② 보어 자리에서 주어 자리에 있는 명사를 수식하거나(SC) 목적어 자리에 있는 명사 수식

  (OC)

- **부사:** 명사 빼고 다 수식(부가정보: 시간 / 장소 / 방법)

  ① 문장 전체 → **Firstly**, S + V   ② 동사 → I love you **a lot**.

  ③ 다른 부사 → I love you **very** much.   ④ 형용사 → She is **so** hot.

● **전치사:** 전명구 or 동사구로 쓰임

(부가정보: 시간 / 장소 / 방법, 부사적 성격이 강하며 명사도 수식)

in, on, of, for, over, under, from, to, against, in front of, toward

① 부사적 → He paid me **at the end.**

② 형용사적 → the legs **of the table**

③ 동사구 → look after / look for

● **감탄사:** '감탄'하면서 저절로 튀어나오는 말(놀람 / 느낌 / 부름 / 대답)

Oh my God!(세상에!), Jesus!(신이시여!), Oh shit!(아이씨!), Ouch!(아야!) 등

● **접속사:** 두 문장을 연결해 하나의 문장으로 만들어주는 역할

등위접속사, 종속접속사

＊ 해석 강의 링크는 바로 여기! →

DAY 11

시제,
그림 한 장으로
싹 정리!

오늘 배울 내용

- 12시제
- 현재진행시제
- 과거진행시제
- 현재완료진행시제
- 과거완료진행시제
- 미래진행시제
- 미래완료진행시제

- 현재시제
- 과거시제
- 현재완료시제
- 과거완료시제
- 미래시제
- 미래완료시제

DAY 11~15 수업과
관련된 영상은
← 여기!

짬뽕　선생님! 오늘은 수업 제목이 제 맘에 쏙 들어요! 정말 그림 한 장만으로 시제가 싹! 정리되나요?

바나나　Of course! ☺ 머릿속에서 정리되지 않던 시제의 개념을 그림 한 장으로 싸~악 다 정리해줄 거예요. 보통 시제라고 하면 현재완료, 과거완료 등의 어려운 표현들만 배우고 실제로 써먹는 방법은 잘 모를 거예요. 어학연수를 다녀왔거나 외국살이를 꽤 오래 한 친구들마저도 speaking 할 때는 무조건 현재형이나 과거형만 쓰는 게 현실이죠. 그것조차 틀리게 쓰는 경우가 많고요.

자, 그럼 다음 페이지의 그림을 봐주세요.

 **12시제**

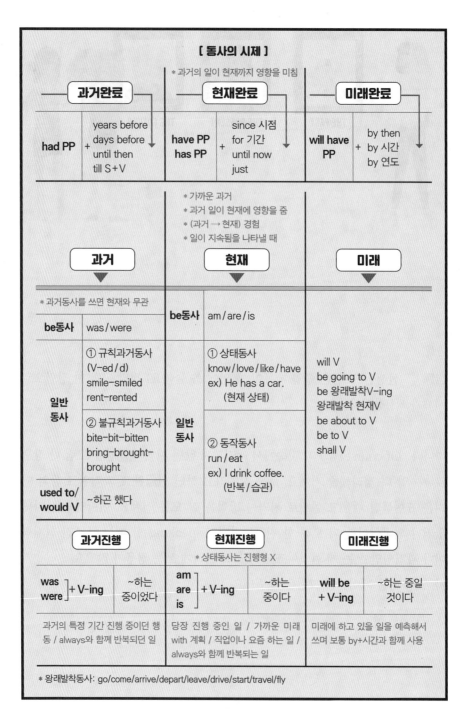

[동사의 시제]

* 과거의 일이 현재까지 영향을 미침

과거완료	현재완료	미래완료
had PP + years before / days before / until then / till S+V	have PP / has PP + since 시점 / for 기간 / until now / just	will have PP + by then / by 시간 / by 연도

* 가까운 과거
* 과거 일이 현재에 영향을 줌
* (과거 → 현재) 경험
* 일이 지속됨을 나타낼 때

과거 ▼	현재 ▼	미래 ▼
* 과거동사를 쓰면 현재와 무관	be동사 am/are/is	
be동사 was/were		will V
일반동사 ① 규칙과거동사 (V-ed/d) smile-smiled rent-rented	**일반동사** ① 상태동사 know/love/like/have ex) He has a car. (현재 상태)	be going to V be 왕래발착V-ing 왕래발착 현재V be about to V
② 불규칙과거동사 bite-bit-bitten bring-brought-brought	② 동작동사 run/eat ex) I drink coffee. (반복/습관)	be to V shall V
used to/ would V ~하곤 했다		

과거진행	현재진행	미래진행
	* 상태동사는 진행형 X	
was / were] + V-ing ~하는 중이었다	am / are / is + V-ing ~하는 중이다	will be + V-ing ~하는 중일 것이다
과거의 특정 기간 진행 중이던 행동 / always와 함께 반복되던 일	당장 진행 중인 일 / 가까운 미래 with 계획 / 직업이나 요즘 하는 일 / always와 함께 반복되는 일	미래에 하고 있을 일을 예측해서 쓰며 보통 by+시간과 함께 사용

* 왕래발착동사: go/come/arrive/depart/leave/drive/start/travel/fly

바나나　앞의 그림에서 나온 시제를 모두 정리하면 총 12개의 시제가 있어요.

[12시제의 모든 것]

	과거	현재	미래
단순시제	I did it.	I do it.	I will do it.
진행시제	I was doing it.	I am doing it.	I will be doing it.
완료시제	I had done it.	I have done it.	I will have done it.
완료진행시제	I had been doing it.	I have been doing it.	I will have been doing it.

짬뽕　우와! 동사는 모양도 다양한 데다 어떤 건 엄청 길기까지 하네요. 🆒

바나나　이 중에서 한국인이 가~장 어려워하면서 제대로 못 쓰는 시제가 뭘까요?

짬뽕　음… 아무래도 완료시제가 아닐까요?

바나나　물론 그것도 어려워하지만, 그것보다 '현재시제'를 가장 헷갈려 해요.

짬뽕　어? 현재시제가 제일 쉬운 거 아니에요?

바나나　그럼 짬뽕이 생각한 대로 현재시제가 제일 쉬운지 테스트해볼까요? 아래에 있는 문장을 봐주세요.

A　What aro you doing? 뭐 해?

B　I eat breakfast and drink coffee. 나는 아침을 먹고 커피를 마셔.

A　What? Okay… but… what are you DOING? 응? 그래… 그런데… 너 지금 뭐 하냐고?

지금 A와 B가 의사소통에 문제를 겪고 있는 게 보이죠? 그런데 뭐가 문제일까요?

짬뽕   A가 좀 바보 같아요. 아침 먹고 커피 마신다는데 왜 뭐 하냐고 되묻죠?

바나나   하하! 실은 말을 잘못한 사람은 A가 아니라 B예요. B가 현재형으로 답한 "I eat breakfast. I drink coffee."는 '나는 평소에 아침을 먹고 평소에 커피를 마신다'라는 뜻이거든요. 지금이 아니라 보통의 일상을 의미하는 거죠. 그럼 이 대화를 정확히 해석해볼게요.

A **What are you doing?** 뭐 해?
B **I eat breakfast and drink coffee.** 나는 평소에 아침을 먹고 평소에 커피를 마셔.
A **What? Okay... but... what are you DOING?**
　　응? 그래… (네가 평소에 그렇게 하는 건 알겠는데) 너 지금은 뭐 하냐고?

짬뽕   헉, 뭔가 뒤통수 맞은 느낌인데요?

바나나   네, 현재형 시제가 이렇게나 중요합니다. 그럼에도 불구하고 대부분 현재시제를 대충 공부하기 때문에 이런 실수가 빈번하게 일어나요. 자, 그럼 본격적인 시제 공부에 앞서 시제의 핵심을 세 개의 시점으로 짚어볼게요.

시제 정리표 중간에 위치한 초록색 선을 가지고 왔어요. 이 선은 시간의 흐름을 뜻하고, 그 위에 과거, 현재, 미래 세 시점이 존재해요. 시제의 기본 골격인 세 시점을 이해해야 나머지 시제들도 이해하기 쉬워요. 이 중 현재시제를 먼저 배워볼게요.

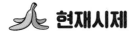 **현재시제**

be동사	am / are / is
일반 동사	① 상태동사 know / love / like / have ex) He has a car. (현재 상태)
	② 동작동사 run / eat ex) I drink coffee. (반복 / 습관)

현재 ▼

1. 현재의 상태

바나나 일반적으로 생각하는 '현재동사'의 쓰임으로 현재의 '상태'를 나타내기 때문에 상태동사를 써요. 대표적인 상태동사인 be동사와 일반 상태동사의 예시를 볼게요.

〔 be동사 〕

I am a student. 나는 학생이다.

I am tired. 나는 피곤하다.

I am in my room. 나는 내 방에 있다.

→ **나의 현재 직업은 학생이고, 피곤한 상태이고, 내 방에 있다는 것. 이렇게 주어의 현재 상태를 표현하는 역할을 해요.**

〔 일반 상태동사 〕

I love chocolate. 나는 초콜릿을 좋아해.

I have a car. 나는 차를 가지고 있어.

I know your name. 나는 너의 이름을 알아.

→ **나는 현재 초콜릿을 좋아하고 차도 있고 너의 이름도 알고 있다는 뜻이죠.**

2. 평소 일상적으로 하는 일/반복적으로 하는 일(습관/경향/직업)

바나나 방금 상태동사를 현재시제로 쓰면 주어의 현재 상태를 표현한다고 했죠? 하지만 동작동사를 현재형으로 쓰면 전혀 다른 표현이 돼요. 동작동사의 현재형은 주어가 '일상적/반복적으로 하는 일', 즉 '습관/경향/직업'을 나타냅니다.

〔 습관 〕 I eat breakfast. 나는 평소에 아침 식사를 한다.

〔 경향 〕 Babies cry all the time. 아기들은 항상 운다.

〔 직업 〕 I teach English. 나는 영어를 가르친다.(직업이 영어 선생님이다)

이러한 특징 때문에 '직업이 어떻게 되세요?'라고 물을 때는 "What's your job?(당신의 직업은 무엇입니까?)"보다는 "What do you do for a living?(어떤 일을 하시나요?)"라고 묻는 게 훨씬 자연스럽죠. ☺

3. 시간에 관계없이 항상 사실인 일(진리/과학적 사실/속담)

바나나 시간을 관통해서 항상 사실인 것을 '진리'라고 하고, 이런 진리나 과학적인 사실은 항상 현재형으로 써요. 속담 또한 언제나 현재형으로 씁니다.

〔 진리 〕

지구는 둥글다. The earth is round.

지구는 태양의 주위를 돈다. The earth moves around the sun.

물은 섭씨 100도에서 끓는다. Water boils at 100℃.

〔 속담 〕

세 살 버릇 여든까지 간다. Old habits die hard.

자라 보고 놀란 가슴 솥뚜껑 보고 놀란다. Once bit, twice shy.

4. 이미 예정된 일(미래 대신)

바나나 짬뽕, "내 EBS 강의가 일요일 오전 8시에 방영될 거야."를 영어로 하면?

짬뽕 My EBS class will be on Sunday at 8 am?

바나나 보통 '~될 거야'라는 부분 때문에 미래형인 will을 써야 할 것 같지만, 방송 예정 시간을 알릴 때는 "My EBS lecture comes on Sunday at 8 am."이라고 써요. 미래형이 아닌 comes라는 현재시제로 표현한 게 보이죠? 이미 특정한 시간으로 예정된 스케줄은 현재시제로 미래를 나타낼 수 있기 때문이에요.

This program airs every Sunday. 이 프로그램은 일요일마다 방영된다.

마찬가지로 왕래발착동사도 현재형으로 미래를 대신해서 쓸 수 있어요.

짬뽕 왕래발착동사가 뭔가요?

바나나 한자로 '갈 왕(往), 올 래(來), 떠날 발(發), 다다를 착(着)', 즉 가고, 오고, 떠나고, 도착한다는 뜻을 가진 동사를 말해요. go, come, start, depart, leave, arrive 등이죠. 이 동사들도 스케줄이 정해져 있는 경우에는 현재시제로 미래를 대신할 수 있습니다.

짬뽕 선생님, 그런데 스케줄이 정해져 있다는 게 어떤 의미예요?

바나나 예를 들어 비행기표를 예약했을 때, 기차를 타기로 했을 때 등 시간이 정해진 경우를 말해요.

The performance starts at 7 o'clock. 그 공연은 7시 정각에 시작될 거야.(시간이 정해진 공연)
The bus leaves at 8:30 in the morning. 버스는 아침 8:30에 떠납니다.(스케줄이 정해진 버스)

짬뽕 그럼 이럴 때 현재시제 대신 will을 쓰면 틀린 거예요?

바나나 그렇지는 않아요. 물론 will을 쓸 수도 있죠. 하지만 방송, 공연, 대중교통처럼 정해진 스케줄을 말할 땐 미래형보다는 현재형을 쓰는 게 더 자연스러워요.

5. 소설, 신문, 방송 등에서 사건을 묘사할 때 현장감을 표현

바나나 소설을 읽다 보면 '그가 문을 열고 들어온다. 심장이 뛴다'처럼 현재형으로 쓴 문장을 볼 수 있어요. 대개 현장감과 긴장감을 높이기 위해 현재형을 쓰는데 영어도 마찬가지예요.

〔소설〕 He opens the window and feels the wind. So fresh.
그가 창문을 열고 바람을 느낀다. 상쾌하다.

〔사건〕 She throws the noodle in the pot and stirs it with chopsticks.
그녀가 면을 냄비에 넣고 젓가락으로 함께 휘젓습니다.

〔중계〕 He kicks off his back leg and stretches his front one to support the throw. 뒷다리를 차올리고 앞다리는 뻗습니다! 던지는 힘을 받쳐주기 위해서죠!

이 밖에도 현재시제가 시간의 부사절과 조건의 부사절에서 예외적으로 쓰이는 경우도 있답니다.

짬뽕 배우고 나니 제가 현재시제에 대해 아무것도 몰랐다는 걸 알게 됐어요. 그런데 동작동사는 현재시제를 쓰면 습관이나 반복되는 일을 나타낸다고 하셨잖아요. 예를 들어 "I eat breakfast."를 '나는 평소에 밥을 먹는다'로 해석하는 것처럼요. 그럼 '지금 당장 밥을 먹는다'라고 말할 땐 뭐라고 해야 해요?

바나나 짬뽕의 질문처럼 '지금 당장 하고 있는 동작/행위'를 표현하기 위해 만들어진 것이 지금 배울 현재진행형이에요.

 **현재진행시제**

현재	
be동사	am / are / is
일반 동사	① 상태동사 know / love / like / have ex) He has a car. (현재 상태)
	② 동작동사 run / eat ex) I drink coffee. (반복 / 습관)

현재진행
* 상태동사는 진행형 X

am are + V-ing is	~하는 중이다

당장 진행 중인 일 / 가까운 미래 with 계획 / 직업이나
요즘 하는 일 / always와 함께 반복되는 일

바나나   "I drink coffee."는 동작동사를 현재형으로 썼기 때문에 '나는 평소에
커피를 마신다'가 되는데요, 이 문장을 당장 '현재에 진행되는 것'으로 표현하려
면 어떻게 써야 할까요?

▶ 현재진행시제: V → be V-ing

이렇게 'be동사＋동사-ing' 형태로 바꿔주면 돼요. 그래서 "I am drinking
coffee.(나는 커피를 마시는 중이다)"가 되죠. 우리는 이걸 '현재진행형'이라 부
릅니다. 해석할 때는 '~하는 중이다'가 되어 지금 당장 하고 있는 행위와 동작
을 표현해요. 이때 주어에 따라 be동사도 am / are / is 등으로 적절하게 바꿔야
겠죠?

그럼 아까 엉망으로 진행된 A와 B의 대화를 현재진행형을 써서 적절하게 고쳐 볼까요?

A **What are you doing?** 뭐 해?

B **I am eating breakfast and drinking coffee.** 아침 먹으며 커피 마시고 있어.

A **Oh yeah? Do you want to hang out?** 그래? 만나서 놀래?

나는 달리기를 하는 중이다. → I am running.

나는 공부하는 중이다. → I am studying.

나는 요리하는 중이다. → I am cooking.

어떤 동작이든 '지금 당장' 하고 있는 거라면 현재진행형으로 쓰면 된답니다!

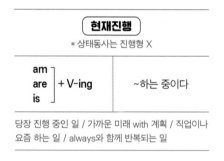

짬뽕　선생님, 그런데 빨간 글씨로 '상태동사는 진행형 X'라고 강조해놓으셨는데 'I am loving you.(나는 너를 사랑하는 중이야)', 이렇게 쓸 수도 있지 않나요? 노래 가사에서 들어봤거든요. "loving you~ I am loving you~(※ 여행 스케치의 〈기분 좋은 상상〉)" ♬

바나나　Awww! 그 노래 너무 좋죠! 그런데 이 가사는 문법적으로는 틀린 말이에요. 우리가 "I love you."를 뭐라고 해석하죠?

짬뽕   나는 너를 사랑해.

바나나   그 말 안에는 '나는 너를 사랑해'처럼 현재의 의미도 들어 있지만 '지금 너를 사랑하는 중이야'처럼 진행의 의미도 들어 있지 않나요?

짬뽕   앗, 그러네요! 😮

바나나   '동작'은 비교적 '순간적인' 개념이에요. 우리가 밥을 먹거나 달리는 행위는 길어봐야 30분 안에 끝나죠? 그래서 지금 당장 하고 있는 건지(동작동사의 현재진행형) 평소에 일반적으로 하는 일인지(동작동사의 현재형) 구분해줘야 해요.
반면에 love(사랑하다), know(알고 있다) 등의 '상태'는 비교적 넓은 범위의 시간을 나타내요. 지금 당장 내가 너를 사랑하는데 30분 안에 그 마음이 바뀌는 일은 잘 없잖아요? 그래서 love라는 상태동사에는 '현재＋진행' 시제가 모두 내포되어 있어요. 그래서 상태동사는 따로 진행형을 만들어 쓰지 않아요.

짬뽕   엇! 그런데 맥도날드 광고에서는 "I am loving it!"이라고 썼는데요?

바나나   이건 의도적으로 잘못된 문법을 쓴 경우예요. 문법적으로는 틀렸지만 슬로건의 의미를 좀 더 강조할 수 있거든요. 😊 이렇게 쓰면서 '좋아한다'보다는 '즐기고 있다/음미하고 있다'의 뉘앙스를 부각해요. 또 다른 예로 think는 '생각하다'라는 뜻의 상태동사로 현재진행형으로 쓰지 않는 게 원칙이에요. 하지만 '생각하는 상황'을 강조하는 의미로 "I am thinking."이라고 쓰고 '골똘히 생각을 짜내다'라는 의미로 쓰기도 한답니다. 이렇게 동사의 의미를 강조하기 위해서 상태동사를 현재진행형으로 쓰는 예외적인 경우도 있다고 기억해주세요!

You are cute. 너는 귀엽다. → **You are being cute.** 까불고 있어.(장난조)

그럼 현재진행형을 총정리해볼게요! 현재 진행형은 1) 지금 당장 일어나고 있는 행위 2) 습관적으로 자주 일어나는 행위 3) 가까운 미래를 표현해요.

1. 지금 당장 일어나고 있는 행위

It's raining **outside.** 밖에 비가 오네요.

He is washing **the dishes.** 그는 설거지하는 중이야.

2. 습관적으로 자주 일어나는 행위

You are always eating **snacks before dinner.** 너 항상 식전에 간식을 먹더라.

She is always making **the same grammar mistakes.** 그녀는 항상 똑같은 문법 실수를 하더라.

* 직업/전공 등을 현재진행형으로 표현하기도 함

I am studying **in visual design.** 나는 시각 디자인을 공부하고 있어.

I am writing **a book.** 요즘에 책을 집필하고 있어요.(지금 당장이 아니라 요즘에 주로 하는 일)

3. 가까운 미래(주로 왕래발착 동사와 자주 쓰임)

I am moving **to Seoul soon!** 저 곧 서울로 이사할 거예요!

I am coming! 곧 도착해!

바나나 자, 이렇게 현재와 현재진행형을 이해했으니 이어서 배울 과거시제와 과거진행시제는 더 쉽게 이해할 수 있을 거예요! 😃

 **과거시제**

	과거 ▼
* 과거동사를 쓰면 현재와 무관	
be동사	was / were
일반 동사	① 규칙과거동사 (V-ed / d) smile-smiled rent-rented
	② 불규칙과거동사 bite-bit-bitten bring-brought-brought
used to/ would V	~하곤 했다

바나나 동사의 과거형은 단순해요. 1) 일회성으로 과거에 있었던 일 혹은 2) 역사적인 사실을 항상 과거형으로 쓰고, 주로 과거에 '~했다'라고 해석합니다.

1. 과거에 있었던 일

바나나 함께 오는 부사로는 before / last night / yesterday / ago 등이 있어요.

I had lunch before. 나는 전에 점심을 먹었다.

I finished my homework last night. 나는 어젯밤에 숙제를 끝냈다.

I met her yesterday. 나는 어제 그녀를 만났다.

2. 역사적인 사실

King Sejong the Great created Hangul. 세종대왕이 한글을 창제했다.

On August 15 in 1945, Korea was liberated. 1945년 8월 15일, 한국은 독립했다.

바나나　과거시제는 아주 간단해요. 동사의 과거형에는 V-ed로 나타내는 규칙 과거동사, 모양이 마음대로 변화하는 불규칙과거동사가 있어요. 이 부분만 잘 암기하면 과거형은 그리 어렵지 않습니다.

▶ 과거시제: V-ed/d or 불규칙과거동사

짬뽕　오! 과거동사는 벌써 끝인가요?

바나나　이것만 보고 가면 조금 아쉽겠죠? 😊 추가로 습관성이 있는 과거동사 used to /would V(~하곤 했다)만 더 알아볼게요.
"I went to church.(나는 교회에 갔다)"라고 말하면 일회성으로 단 한 번만 교회에 갔다는 의미예요. 그런데 "나는 예전에 교회에 다니곤 했어."라고 말하고 싶다면? 그때 쓸 수 있는 게 바로 used to와 would V입니다.

〔 used to V: 꽤 규칙적으로 했던 일 〕　　〔 would V: 비교적 불규칙적으로 했던 일 〕
I used to go to church.　　　　　　　I would go to church.
나는 교회에 가곤 했어.(주말마다)　　　　나는 교회에 가곤 했어.(규칙성 없이 가끔)

짬뽕　후후, 쌤! 과거시제는 공부할 분량이 적어서 너무 좋아요! 😄 원래 어렵다고 생각했는데 아니었군요!

바나나　아뇨, 맞아요! 😊 과거시제를 어렵게 생각하는 데는 이유가 있어요. '모양이 마음대로 변화하는 불규칙과거동사' 때문이죠. 변화형에는 다양한 패턴이 있어요. 내용이 워낙 길어서 www.artyandbanana.com에 정리해 두었답니다!

짬뽕　헉, 쌤! 방금 홈페이지 확인했는데 과거동사 쉽단 말 취소요 ㅜㅜ

바나나　구조 자체는 간단하지만 예외적인 모양을 외워야 하는게 관건이죠! 늘 말하지만, 단어는 영작과 독해를 통해서 익히는 게 가장 좋은거 알죠? 이번에는 과거동사보다 더 심플한 과거진행형을 볼게요!

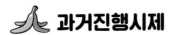 과거진행시제

과거
▼

	* 과거동사를 쓰면 현재와 무관
be동사	was / were
일반 동사	① 규칙과거동사 (V-ed / d) smile-smiled rent-rented ② 불규칙과거동사 bite-bit-bitten bring-brought-brought
used to/ would V	~하곤 했다

과거진행

was were ⎤+ V-ing	~하는 중이었다

과거의 특정 기간 진행 중이었던 행동 / always와 함께 반복되었던 일

바나나　현재진행형이 '현재에 진행 중인 일'을 나타내듯이 과거진행형은 '과거의 한 시점에 진행 중이었던 일'을 나타냅니다.

▶ 과거진행시제: was/were V-ing

아티 **Baby, I called you 3 times this morning. Why didn't you answer?**
자기야, 아침에 세 번이나 전화했는데 왜 전화를 안 받았어?

바나나 **Oh, sorry, hon. I was working out.** 아, 미안, 자기야. 그때 운동 중이었어.

여기서 핵심은 아티가 전화한 그 시간에 바나나가 운동을 하는 '중'이었다는 거예요. 특정 시점에 일어난 특정한 동작에 한해서 과거진행형을 쓸 수 있거든요. 😳

짬뽕 오! 과거형, 과거진행형은 진짜 쉽네요! 공부할 것도 없겠는데요?

바나나 그럼 간단한 문제 하나만 내볼게요. "I lived in France for a year."를 해석해볼래요?

짬뽕 나는 프랑스에서 1년 동안 살았어.

바나나 그럼 이 문장에서 '나'는 지금 프랑스에 살고 있나요, 안 살고 있나요?

짬뽕 그거야 모르죠. 그 말은 안 했으니까요.

바나나 영어에서는 이 문장만 보고도 이 사람이 아직 프랑스에 사는지 여부를 알 수 있어요.

짬뽕 어떻게요?

바나나 왜냐하면 '현재완료시제'가 따로 있기 때문이죠!

현재완료시제

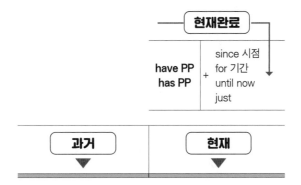

바나나 자, 위의 그림을 보면 제가 긴 선 위에 과거와 현재를 점처럼 콕 표시해 놓았어요. 그리고 현재완료는 과거부터 쭉 이어져 현재에서 멈추는 선으로 표현했죠? 지금부터 그 이유를 설명할게요.

좀 전에 제시한 문장 '나는 프랑스에서 1년간 살았어', 이 말은 한국어로 두 가지 뜻으로 해석할 수 있어요.

① 나는 예전에 프랑스에서 1년간 산 적이 있어.(지금은 프랑스에 살지 않음)

② 나는 지금까지 프랑스에서 1년간 살았어.(과거부터 지금까지 프랑스에 삼)

바나나 재미있죠? 정황어인 한국어에서는 이 문장을 상황에 따라 둘 중 하나의 의미로 알아서 해석해야 합니다. 하지만 '논리어'인 영어에서는 이런 이중적인 해석을 싫어하죠? 그래서 정확하게 2가지 방법으로 표현해줘야 합니다.

① **나는 예전에 프랑스에서 1년간 산 적이 있어.(지금은 프랑스에 살지 않음)**
   → I lived in France for a year (before). → **과거형으로 표현**
② **나는 지금까지 프랑스에서 1년간 살았어.(과거부터 지금까지 프랑스에 삼)**
   → I've lived in France for a year. → **현재완료로 표현**

짬뽕 '과거 vs 현재완료', 이 2개가 헷갈리는데 그 차이 좀 자세히 알려주세요!

바나나 Sure! 과거시제는 과거에 있었던 일을 나타내는데, 그 일은 과거에 끝난 일이에요. 그래서 "I lived in France for a year."라는 문장은 '과거에' 프랑스에서 살았던 이야기를 하는 것이고 현재 상황은 프랑스에 사는 것과 관련이 없음을 암시하죠.

반면, 현재완료는 과거에 시작된 일이 현재까지 영향을 미치는 경우예요. "과거부터 시작된 일이 현재 시점까지 이어져서 '현재' 시점에 완료된다." 그래서 이름도 '현재완료'랍니다. 그렇기 때문에 "I've lived in France for a year."는 과거 한 시점에 프랑스에서 살기 시작했고, 그 일이 현재에도 계속 영향을 미쳐 지속되는 것을 뜻해요. 해석하면 '과거부터 지금까지 프랑스에서 1년간 살아왔어'가 되겠죠? 즉 문장 속 나는 당연히 아직도 프랑스에 있는 것이죠. ☺

[과거시제 vs 현재완료시제]

과거시제		현재완료시제
둘 다 일의 발생 시점은 과거!	공통점	둘 다 일의 발생 시점은 과거!
• 과거에 일어난 일을 나타내고 과거에 국한되어 현재와 무관 • 1회성 행위 • 과거부사와 함께 사용	차이점	• 과거에 발생한 일이 현재까지 영향을 미침 • 과거부터 현재까지의 경험 • 과거부사와 함께 사용할 수 없음
* 과거를 나타내는 부사(일의 발생 시점) ago(~전에) / last night(어젯밤에) / last year(작년에) / yesterday(어제) / in(지난 연도) / when(지난 시기)	함께 쓰는 부사	* 현재를 나타내는 부사(현재 시점) since(~이래로) / today(오늘) / so far (지금까지) / for+기간(~동안) / over+ 기간(~넘는 기간 동안)

바나나　그러면 현재완료의 모양과 용법, 쓰임 등을 심도 있게 배워볼게요.

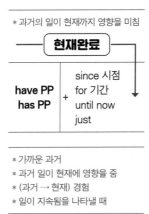

* 과거의 일이 현재까지 영향을 미침

현재완료

have PP
has PP
+
since 시점
for 기간
until now
just

* 가까운 과거
* 과거 일이 현재에 영향을 줌
* (과거 → 현재) 경험
* 일이 지속됨을 나타낼 때

▶**현재완료시제: 단수주어+has PP**
복수주어+have PP

1. 결과적 용법

바나나　과거에 일어난 일의 '결과'가 현재에도 영향을 미칠 때 사용해요. 해석은 과거형과 똑같이 '~했다'지만, 과거와 현재를 이어준다는 점에서 조금 더 많은 정보를 담고 있죠.

I've lost my cell phone. 나는 휴대폰을 잃어버렸어.(그리고 지금도 못 찾았어)

I've lost three kilograms. 나는 3kg을 감량했어.(그리고 아직도 그 몸무게를 유지 중이야)

You've become my best friend. 너는 나의 가장 친한 친구가 되었어.(그리고 지금도 여전히 네가 내 제일 친한 친구야)

2. 경험적 용법

바나나　과거부터 지금까지 한 번이라도 겪은 적 있는 특정 '경험'을 이야기할 때 쓰입니다. '~해본 적 있다'로 해석해요.

A Have you been to Europe? 너 유럽 여행 가본 적 있어?(질문할 때도 'Have S PP~?' 형태 유지)

B I only have been to France twice. 프랑스만 두 번 가봤어.

A Have you seen that movie? 그 영화 본 적 있어?

B No, I haven't! Is it good? 아니, 아직, 그거 재밌대?

A Have you met Ted? 테드를 만난 적 있나요?

B Yes, I have. Hi Ted! 네, 만나봤죠. 테드, 안녕?

3. 완료적 용법

바나나　현재와 매우 가까운 과거에 '완료'된 일을 표현할 때 써요. '방금 막 ~했다'로 해석하고 부사 'just / yet / already' 등과 함께 자주 쓰입니다.

I've just finished **reading a book.** 막 책 한 권을 다 읽었어요.

I have already paid off **all my loan.** 이미 빚을 모두 갚았어요.(비교적 최근까지 빚을 다 갚았다는 뜻)

4. 계속적 용법

바나나　과거에 일어난 일이 현재까지 지속되고 있는 경우에 씁니다. 해석은 '지금까지~해왔다'로 since(~이래로), for(~동안)와 자주 쓰여요.

I've studied **English since I was 17.** 열일곱 살 이후로 지금까지 영어공부를 해왔어.

We've been **together for five years now.** 우리는 지금까지 5년간 함께해왔다.(5년간 만났다는 뜻)

짬뽕　현재완료는 개념이 한 가닥도 안 잡혔는데, 이제 좀 정리가 되는 기분이에요. 😎

바나나　그럼 퀴즈 하나 풀어볼까요?

짬뽕　좋아요!

🍌 현재완료진행시제

바나나　짬뽕은 영어 공부를 얼마나 했어요? How long have you studied English? 이 질문에 대한 답을 영어로 해볼까요?

짬뽕　Well, I have studied English for 11 days with Banana teacher! 저는 지금까지 11일 동안 바나나 선생님과 영어 공부를 해왔어요!

바나나　오, 다 좋은데… 뭔가 하나 빠진 기분?

짬뽕 헉! 정답일 줄 알았는데 틀렸나요? ☹️

바나나 아니, 맞긴 맞는데, 더 정확하게 표현할 수 있거든요 ! 짬뽕, 지금 이 순간! 뭐하고 있나요?

짬뽕 네? 쌤이랑 영어 공부하고 있죠!

바나나 그럼 11일 동안 공부를 해왔을 뿐만 아니라 바로 지금도 공부하고 있는 거네요? 그렇다면 여기에 진행형까지 넣어줄 수 있어요.

> **과거부터 지금까지 영어를 공부해왔어요. → 현재완료 have PP**
> **+ 거기에 바로 지금! 영어를 공부하고 있죠. → 진행형 be V-ing**
> **→ 이 둘을 더하면 현재완료진행형이 탄생!**

영어는 논리적인 언어라서 이렇게 수학 공식처럼 딱 더해주기만 하면 돼요.

> **현재완료 have PP**
> **+ 진행형   be V-ing**
> _____
> **▶ 현재완료진행시제: have been V-ing**

짬뽕 완전 재밌어요! 그럼 해석도 '지금까지 ~하는 중이다'가 되겠네요? 그럼 아까 제가 한 대답을 바꿔보면 "I have been studying English for 11 days with Banana teacher!"

바나나 와아아아! 😲😲 짬뽕, 영재다, 영재! 이렇게 현재완료를 이해했으면 과거완료도 쉽게 이해하고 넘어갈 수 있을 거예요.

 # 과거완료시제

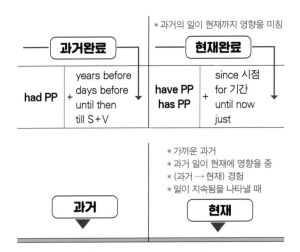

바나나 과거에 시작된 일이 현재에 끝나는 걸 '현재완료'라고 했죠? 그럼 짬뽕, 과거완료는 언제 끝나는 일일까요?

짬뽕 '과거완료'니까 과거에 완료되는 게 아닐까요? ☺

바나나 맞아요. ☺ 이름에서 드러나죠? 과거완료는 과거에 끝난(완료된) 이야기를 하기 때문에 '현재'와는 관련이 없습니다. 아래 그림을 보면서 설명할게요.

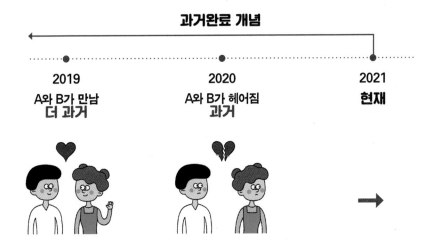

A와 B가 2019년에 처음 만나 사귀기 시작했고 2020년에 헤어졌습니다. 2021년인 현재 날짜에서 보면 2019년도, 2020년도 과거죠? 이렇게 2021년 현재 시점에서 두 과거 시점, 즉 2019년과 2020년에 대해 이야기한다고 생각해봐요. 둘 다 과거에 일어난 일이지만, 비교적 최근인 2020년은 과거형 V-ed'로, 더 과거인 2019년은 과거완료인 had PP로 표시해줍니다. 그래야 두 과거 시점에서 무엇이 먼저 일어난 일인지 구분할 수 있으니까요.

A and B had started their relationship in 2019 but they broke up in 2020.

A와 B는 2019년에 사귀기 시작했지만 2020년에 헤어졌어.

▶과거완료시제: had PP

바나나 과거완료시제와 함께 자주 쓰는 부사에는 years before / days before / until then / till 등이 있어요. 그럼 과거완료의 다양한 용법을 알아볼까요?

과거완료 개념

더 과거부터 과거까지의 일들

2019	2020	2021
A와 B가 만남	A와 B가 헤어짐	**현재**
더 과거	**과거**	

1. 결과적 용법

바나나 더 과거에 있었던 일의 결과가 과거 시점까지 영향을 줄 때 써요.

When he came to see me, he had dyed his hair.

그가 나를 만나러 왔을 때, 그는 머리를 염색한 상태였다.

I had lost my cell phone when he called me.

그가 내게 전화했을 때 나는 이미 전화기를 잃어버린 상태였다.

2. 경험적 용법

바나나 더 과거에 일어난 일의 '결과'가 가까운 과거까지 영향을 끼칠 때 써요.

I had never had a girlfriend until 40.

40살이 될 때까지 나는 한 번도 여자친구를 사귀어본 적이 없었다.

I was the only one who had had kangaroo meat.

그 당시 캥거루 고기를 먹어본 적 있는 사람은 나밖에 없었다.

3. 완료적 용법

바나나 과거와 매우 가까운 과거에 '완료'된 일을 표현할 때 써요.

When I wanted to get back with him, he had already moved on.

내가 그와 다시 만나고 싶어 했을 때, 그는 이미 마음을 정리한 상태였다.

Public transport had stopped running so I took a taxi.

대중교통이 다 끊겨서 나는 택시를 타야 했다.

4. 계속적 용법

바나나 더 과거에 일어난 일이 특정 과거 시점까지 지속되었을 때 써요.

They had been together for 5 years. (그때끼지) 그들은 5년가 사귄 상태였다.

She hadn't seen him after they broke up. 서로 헤어진 뒤에 그녀는 그를 본 적이 없는 상태였다.

5. 대과거

바나나 한 문장에서 과거보다 더 과거에 일어난 일을 나타내고 싶을 때 써요.

The car had been his proudest possession before he got a new one.
그가 새로운 차를 사기 전까지 그 차는 그가 가진 가장 자랑스러운 재산이었다.

I got back home after he had left. 내가 집에 돌아왔을 때 그는 이미 떠난 상태였다.

짬뽕 으아아! 어렵긴 하지만 현재완료랑 비슷한 점이 많네요! 여러 번 봐야 할 것 같아요. 😞

바나나 Awesome! 그럼 이번엔 과거완료진행을 살펴보죠!

과거완료진행시제

과거완료 had PP
+ 진행형　　　　be V-ing
▶ 과거완료진행시제: had been V-ing

바나나 과거완료진행은 '그때까지 ~하는 중이었다', '그때까지 ~해오고 있었다'라고 해석해요.

The company had been making plans for new products.
당시 회사는 새로운 제품을 계획하는 중이었습니다.

We had been getting along so well. 그때 우리는 매우 사이좋게 지내는 중이었어요.

바나나 자, 이제 대망의 미래형만 남았어요!

짬뽕　　미래형이야 동사 앞에 will만 붙이면 되는데 어려울 게 있나요?

바나나　will만 붙이면 된다니! 우리 섬세한 미래시제를 너무 가볍게 본 거 아닙니까? 😠 지금부터 깊고 섬세한 미래시제의 세계로 안내할게요~!

 미래시제

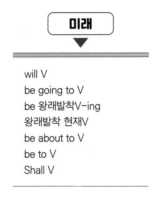

바나나　미래시제는 미래의 계획, 예견, 소망을 이야기할 때 쓰여요. 가장 많이 쓰는 건 will +V 형태와 be going to +V 형태인데, 여기서 will과 be going to 는 둘 다 조동사라고 생각하면 돼요. 모두 '~할 것이다'라는 의미를 갖는답니다.

> ▶ 미래시제: will V
> 　　　　　be going to V

짬뽕　　그럼 will과 be going to는 똑같은 의미인가요?

바나나　아주 똑같으면 둘을 나눠서 쓸 필요가 없겠죠? 그 차이를 간단하게 살펴볼게요.

── **be going to**

바나나   be going to V는 이미 시작되었거나 확실한 계획이 있는 미래를 뜻해요. 짬뽕, "나 잠깐 화장실 다녀올게."를 영어로 어떻게 말하죠?

짬뽕   "I will go to the bathroom."요?

바나나   사실 이런 경우에는 will을 쓰지 않고 항상 be going to를 써요. be going to 안의 동사 go가 보이나요? '~에 간다'라는 뜻이죠? 이 '간다'를 '착수하다'의 의미로 생각해보세요. 이미 계획에 착수했거나, 일이 진행된 때는 will이 아닌 be going to를 씁니다.
화장실에 가는 것도 마찬가지예요. 보통 누군가와 함께 있다가 화장실을 갈 때면 자리에서 일어나거나 휴대폰을 집어 들면서 "나 화장실 간다!"라고 말하죠? 그럼 이미 화장실을 가는 행위의 준비 동작이 시작된 거예요. 그래서 이때 will을 쓰면 문장이 굉장히 어색해집니다. 지금 당장 하게 될 일이나 진행된 일이라면 be going to를 쓰는 게 일반적이에요.
또 다른 예를 하나 들어볼게요. "I am going to go to Harvard University."를 어떻게 해석할 수 있을까요?

짬뽕   음… 하버드 대학에 갈 거야! 제가 어릴 때 부모님한테 했던 말이네요. 비록 오르지 못할 나무였지만요. 😟

바나나   짬뽕이 해석한 것처럼 한국어로 '하버드 대학에 갈 거야!'는 특별한 계획이나 가능성이 없어도 쓸 수 있는 말이에요. 그런데 이걸 영어로 말할 땐 조심해야 해요. 실력이 없는 상태에서 영어로 이렇게 말하면 허언증이 있다고 오해받을 수도 있거든요. 문장에 be going to를 쓰면 '이미 계획된 일'이라고 생각해서 보통은 '이미 이 대학에 합격한 상태이고, 입학 날짜를 기다리고 있구나!'라고 받아들이기 때문이죠.

짬뽕   그럼 "I will go to Harvard University."는 어때요?

바나나   be going to를 쓰는 것보다는 훨씬 나아요. 왜냐하면 will이라는 조동
사에는 '의지'가 들어 있거든요. '하버드에 가고 말 거야!' 같은 뉘앙스가 더 내포
되어 있다고 생각하면 돼요. 하지만 이 경우에도 이미 학교에 갈 계획이 있거나
준비하는 중이라고 오해할 수 있어요.

짬뽕   아이고… 😬 그럼 어떻게 말해야 '나 나중에 하버드 갈래~'처럼 계획
은 없고 소망만 담긴, 실없는 내용(?)을 전달할 수 있을까요? 😊

바나나   "I am trying to go to Harvard University!(나는 하버드에 가려고 노
력할 거야!)"
이와 같은 문장이면 오해 없이 열정을 표현할 수 있답니다!

1. be going to 사용법

① 지금 막 하려고 하는 일

   I am going to see **him now.** 나 지금 그를 보러 갈 거야.

② 작정하고 하는 일

   I am going to eat **a lot tonight!** 오늘 엄청 먹을 거야!

③ 미래에 하기로 예정된 일

   I am going to meet **John tonight.** 나 오늘 밤에 존을 만나기로 했어.

④ 확정된 상태 or 근거가 있는 미래의 일

   I am going to be **'the Photographer of the Year'.** 내가 '올해의 사진작가'가 될 거야.

   (상을 받을 거란 연락을 미리 받은 경우 or 그만큼 자신할 수 있는 경우)

2. be going to 부정형 = be not going to V

I am not going to change **my mind.** 난 생각을 바꾸지 않을 거야.

She is not going to come back. 그녀는 돌아오지 않을 거야.

3. be going to 줄임말 = be gonna V

I'm gonna give **you a lesson.** 내가 너한테 한마디 좀 할게.(잔소리하겠다는 뜻)

He's gonna be **with his wife.** 그는 그의 와이프와 함께 있을 거야.

짬뽕   선생님, be going to V를 줄여서 be gonna V, 이렇게 쓰면 좀 더 원어 민스러운 표현인가요?

바나나   대화할 때 적당히 쓰면 좋죠. 특히 스피킹할 때는 be going to보다 be gonna를 쓰는 게 더 자연스러워요. 하지만 gonna는 편하게 줄여 쓰는 슬랭(속어)이기 때문에 학교에서 에세이(리포트/과제/논문)를 쓰거나 학문적인 글을 쓸 때는 쓰지 않는 게 좋습니다.

—— will

바나나   조금 거리감이 있는 미래, 100%는 아니지만 계획하고 있는 미래를 뜻해요.

이번에는 will에 대해서 자세히 배워봐요. be going to가 근거와 함께 확신에 찬 미래를 표현한다면 will은 조금 더 희망이 담긴 표현이에요. 100% 확실하지 않아도 본인이 하고자 하는 의지를 담아서 이야기할 때 자주 쓰이죠. 혹시 willpower라는 단어를 들어봤나요? '의지력'이란 뜻인데요, 영어 단어 will에 '의지'라는 의미가 있다는 걸 기억하면 좀 더 쉽게 이해할 수 있겠죠?

1. will 사용법

① 조금 거리감이 있는 미래에 일어날 일

I will call **you later.** 나중에 전화할게.

② 미래의 일에 대한 의지나 결심을 표현할 때

If you should be in trouble, I will be there for you.

만약에 네가 어려운 상황에 처하면 내가 너를 도우러 갈 거야.

③ 자연 현상/시간의 흐름에 의해 당연히 일어날 미래의 일

It will rain **tomorrow.** 내일은 비가 올 거야.

I will be **30 soon.** 나는 곧 서른이 될 거야.

④ 미래에 대한 막연한 추측

He will be **there, right?** 그가 거기 있겠지?

── 이 밖에 미래를 표현하는 방법

1. 앞에서 배운 왕래발착동사로 미래를 표현 (p.347 참고)

① (현재진행형) be＋왕래발착동사-ing

I am starting my own company. 곧 내 사업을 시작할 거야.

② 왕래발착 현재동사

He arrives at 10 am. 그는 10시에 도착할 거야.

2. be to 미래 용법

바나나 be to V로 미래를 나타내는 용법은 스피킹보다 라이팅에서 더 자주 쓰입니다. 한국어로는 '~할 예정입니다' 정도로 해석할 수 있어요. 나중에 to부정사를 배울 때 더 자세하게 배울 텐데요, 여기서는 be to V 미래 용법의 예시만 살짝 보고 갈게요.

Arty and Banana are to attend the Christmas party.

아티와 바나나가 크리스마스 파티에 참석할 예정입니다.

Wendy and Steve are to be married on October 10th.

웬디와 스티브가 10월 10일에 결혼할 예정입니다.

3. be about to V

be about to V는 '지금 막 ~하려고 하다'로 해석합니다.

I am about to go get some water. 나는 지금 막 물을 가지러 가려고 해.

She is about to cry. 그녀는 울기 일보 직전이다.

 ## 미래진행시제

미래진행	
will be V-ing	~하는 중일 것이다

미래에 하고 있을 일을 예측해서 쓰며 보통 by+시간과 함께 사용

▶미래진행시제: will be V-ing

바나나 현재진행형이나 과거진행형이 자주 쓰이는 데 비해 미래진행형은 자주 쓰는 시제는 아니에요. 미래의 특정 시점에 하고 있을 일을 예측해서 쓰는 시제이기 때문이죠. 어떻게 쓰이는지 예시를 볼게요.

Arty **Honey, let's go camping this weekend!** 자기야, 이번 주말에 캠핑 가자!

Banana **Sorry, darling, I will be studying for my final exam this weekend.**

미안, 자기야, 나 이번 주말엔 시험 때문에 공부하고 있는 중일 거 같아.

 ## 미래완료시제

▶미래완료시제: will have PP

바나나 자, 미래진행형보다 더 보기 힘든 '미래완료형'이에요.
미래완료 will have PP는 과거/현재/미래에 일어난 일이 미래의 어느 시점에 완료된 상태일 것을 예상해서 쓰는 시제예요. '~쯤이면 ~한 상태일 것이다'로 해석합니다.

I will have finished my final exam by then. 그때쯤이면 기말고사가 끝날 거야.

After one year, you will have forgotten all of your French.

1년 뒤면 너는 프랑스어를 다 까먹을 거야.

At the end of the trip, you will have become a new person.

이 여행이 끝날 때쯤 당신은 새로운 사람이 되어 있을 거예요.

By the time you get up, we will have gone. 네가 일어날 때쯤이면 우린 이미 가고 없을 거야.

미래에 완료될 일을 예측해서 쓰는 미래완료는 by the time /by then /until 등의 시간 부사와 함께 씁니다. 자, 이제 미래완료진행형을 보고 오늘 수업을 마무리할게요. 😛

 ## 미래완료진행시제

미래완료 will have PP
+ 진행형   be V-ing

▶ 미래완료진행시제: will have been V-ing

바나나 미래의 어떤 시점까지 지속되는 일이 심지어 그때도 진행 중일 경우를 예측할 때 쓰는 시제로 '~해오는 중일 것이다'라고 해석합니다. 솔직히 거의 볼 일이 없는 시제이지만, 그래도 한 번은 보고 넘어가면 좋겠죠?

I will have been living on the street for 10 years next month.
다음 달이면 노숙 생활을 한 지도 10년이 다 되겠네요.

짬뽕 엇, 쌤, 이제 끄… 끝, 끝인가요? 😫 😫

바나나 정말 수고 많았어요! 공부 분량이 생각보다 많았죠?

짬뽕 네… 처음엔 시제가 그림 한 장이라고 하시더니!! 😖

바나나 😊 이제 다 배웠으니 처음에 나온 그림 한 장만 가슴에 품어주세요. 복습할 땐 다시 꺼내서 공부하고 다시 가슴에 품고, 이렇게 공부하시면 되겠습니다. 😊
그리고 완료형 중에서도 특히 현재완료시제는 매우 자주 쓰이니까 꼭 기억해주세요. 과거완료도 종종 쓰이지만 미래완료 그리고 완료진행형들은 그렇게 자주 볼 일은 없어요. 그러니 기초 실력인 분들은 이 부분 때문에 부담 갖지 않았으면 해요. 다시 한번 말하지만 실제로 많이 쓰는 것은 '현재 / 과거 / 미래 / 현재진행 / 과거진행 / 현재완료' 등이에요. 이것만큼은 정확하게 알고 쓰는 게 훨씬 중요하답니다! 이 내용 유념해서 복습하고, 내일은 좀 더 쉽고 재밌는 조동사 공부로 가볍게 **또 바나나요!** 🍌

★ 더 많은 12시제 예문과 과거동사 불규칙표를 다운받으시려면
www.artyandbanana.com에 방문해주세요.

오늘 배운 내용

12시제	▶ 현재시제	▶ 현재진행시제	▶ 과거시제
	▶ 과거진행시제	▶ 현재완료시제	▶ 현재완료진행시제
	▶ 과거완료시제	▶ 과거완료진행시제	▶ 미래시제
	▶ 미래진행시제	▶ 미래완료시제	▶ 미래완료진행시제

12시제

	과거	현재	미래
단순시제	I did it.	I do it.	I will do it.
진행시제	I was doing it.	I am doing it.	I will be doing it.
완료시제	I had done it.	I have done it.	I will have done it.
완료진행시제	I had been doing it.	I have been doing it.	I will have been doing it.

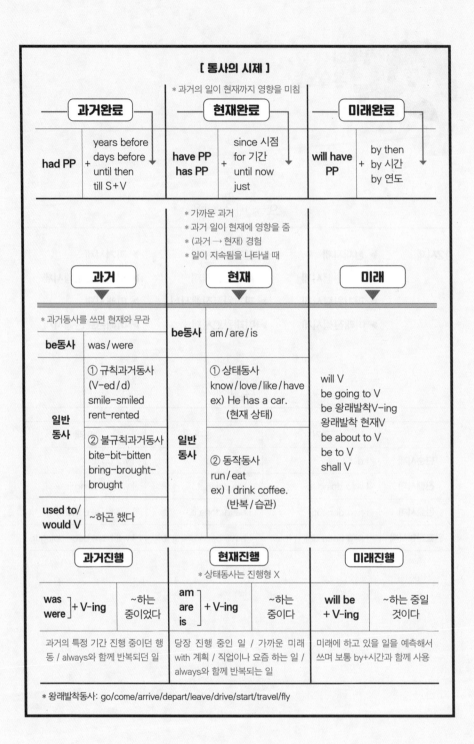

[동사의 시제]

* 과거의 일이 현재까지 영향을 미침

과거완료		현재완료		미래완료	
had PP	+	years before days before until then till S+V	have PP has PP	+	since 시점 for 기간 until now just	will have PP	+	by then by 시간 by 연도

* 가까운 과거
* 과거 일이 현재에 영향을 줌
* (과거 → 현재) 경험
* 일이 지속됨을 나타낼 때

과거		현재		미래

		be동사	am / are / is	
* 과거동사를 쓰면 현재와 무관				
be동사	was / were			
일반 동사	① 규칙과거동사 (V-ed / d) smile-smiled rent-rented	일반 동사	① 상태동사 know / love / like / have ex) He has a car. (현재 상태)	will V be going to V be 왕래발착V-ing 왕래발착 현재V be about to V be to V shall V
	② 불규칙과거동사 bite-bit-bitten bring-brought- brought		② 동작동사 run / eat ex) I drink coffee. (반복 / 습관)	
used to/ would V	~하곤 했다			

과거진행		현재진행		미래진행	
		* 상태동사는 진행형 X			
was were + V-ing	~하는 중이었다	am are + V-ing is	~하는 중이다	will be + V-ing	~하는 중일 것이다
과거의 특정 기간 진행 중이던 행 동 / always와 함께 반복되던 일		당장 진행 중인 일 / 가까운 미래 with 계획 / 직업이나 요즘 하는 일 / always와 함께 반복되는 일		미래에 하고 있을 일을 예측해서 쓰며 보통 by+시간과 함께 사용	

* 왕래발착동사: go/come/arrive/depart/leave/drive/start/travel/fly

현재	I drink coffee.
현재진행	I am drinking coffee.
현재완료	I have drunk coffee.
현재완료진행	I have been drinking coffee.
과거	I drank coffee.
과거진행	I was drinking coffee.
과거완료	I had drunk coffee.
과거완료진행	I had been drinking coffee.
미래	I will drink coffee.
미래진행	I will be drinking coffee.
미래완료	I will have drunk coffee.
미래완료진행	I will have been drinking coffee.

* 전부 수동형 가능

현재시제: 동사원형

① 현재의 상태

I am **a writer.** 나는 작가이다.

② 평소 일상적으로 하는 일 / 반복적으로 하는 일(습관 / 경향 / 직업)

I teach **English.** 저는 영어를 가르치는 일을 해요.

③ 시간에 관계없이 항상 사실인 일(진리 / 과학적 사실 / 속담)

Money is important, but it is not the most important thing in life.

돈은 중요하지만 인생에서 가장 중요한 것은 아니다.

The sun rises in the east. 해는 동쪽에서 뜬다.

④ 이미 예정되어 있는 일(미래 대신)

The lecture starts at 9:30 am. 그 수업은 오전 9시 30분에 시작할 거야.

⑤ 소설, 신문, 방송 등에서 사건을 묘사할 때 현장감을 표현

Now, the goalkeeper catches the ball and kicks it away!

이제 골키퍼가 공을 잡고 멀리 찹니다!

현재진행시제: be V-ing

원칙적으로 상태동사는 진행형으로 쓰지 않고 동작동사만 진행형으로 쓴다.

① 지금 당장 일어나고 있는 행위

I am washing the dishes. 나는 설거지하는 중이야.

② 습관적으로 자주 일어나는 행위

I am always forgetting if I have washed my hands or not.

손을 씻었는지 안 씻었는지 맨날 까먹어. (* 직업/전공 등을 현재진행형으로 표현하기도 함)

I am making videos. 저는 영상 제작 일을 하는 사람이에요.

③ 가까운 미래(주로 왕래발착동사와 자주 쓰임)

She is leaving now! 그녀는 이제 떠날 거야!

과거시제: V-ed/d or 불규칙과거동사

① 과거에 있었던 일

I had a big fight with my boyfriend last night. 어젯밤에 남친이랑 크게 싸웠어.

During World War II, Nazis killed a lot of Jewish people.

2차 세계대전 당시 나치는 많은 유대인을 죽였다. (*역사적인 사실)

② I used to V

I used to dance. 예전엔 춤을 (자주) 췄지.

③ I would V

I would go to clubs after work. 예전엔 일이 끝나고 클럽에 (가끔) 갔어.

과거진행시제: was/were V-ing

과거의 특정 시점에 진행 중이던 행동을 말한다.

I was preparing a salad for dinner. 저녁 식사를 위해 샐러드를 준비 중이었어.

[과거시제 vs 현재완료시제]

과거시제		현재완료시제
둘 다 일의 발생 시점은 과거!	공통점	둘 다 일의 발생 시점은 과거!
• 과거에 일어난 일을 나타내고 과거에 국한되어 현재와 무관 • 1회성 행위 • 과거부사와 함께 사용	차이점	• 과거에 발생한 일이 현재까지 영향을 미침 • 과거부터 현재까지의 경험 • 과거부사와 함께 사용할 수 없음
*과거를 나타내는 부사(일의 발생 시점) ago(~전에) / last night(어젯밤에) / last year(작년에) / yesterday(어제) / in(지난 연도) / when(지난 시기)	함께 쓰는 부사	*현재를 나타내는 부사(현재 시점) since(~이래로) / today(오늘) / so far(지금까지) / for+기간(~통안) / over+기간(~넘는 기간 동안)

현재완료시제: have/has PP

① 결과적 용법

I've passed **the job interview.** 면접을 통과했어!(그리고 지금도 통과한 상태야)

② 경험적 용법

I've heard **about him.** 그에 대해서 들어본 적 있어요.

③ 완료적 용법

I've just finished **my homework!** 방금 막 숙제를 다 했어!

④ 계속적 용법

I've been **single forever now.** 싱글인 지 한참 됐어.

현재완료진행시제: have been V-ing

'지금까지 ~하는 중이다'로 해석한다.

I have been working out. 제가 요즘에 계속 운동하는 중이거든요.

과거완료시제: had PP

① 결과적 용법

He had gone **already, when I changed my mind.** 내가 마음을 바꾸었을 때 그는 이미 떠난 뒤였다.

② 경험적 용법

I had never met **her at that time.** 그때까지 그녀를 만난 적이 없었습니다.

③ 완료적 용법

The job interview had finished when I got there. 내가 도착했을 때 면접은 이미 끝난 상태였다.

④ 계속적 용법

We had been married for seven years. (그때) 우리가 결혼한 지 7년이 된 터였다.

⑤ 대과거

It was two years since we had fought. 우리가 싸운 이후 2년이 된 터였다.

과거완료진행시제: had been V-ing

'그때까지 ~하는 중이었다'. '그때까지 ~ 해오고 있었다'로 해석한다.

She had been living in Seoul for 10 years before she got a job in Busan.
부산에서 취업하기 전까지 그녀는 서울에서 10년 동안 살고 있었다.

미래시제: be going to / will V

① be going to + V

I am going to order some food. 저 음식 주문할게요.(바로 당장 행동하는 미래)

I am going to be a doctor. 저는 의사가 될 거예요.(계획이나 근거가 있는 미래)

② will + V

I will clean my house today. 오늘 내 방을 청소할 거야.(지금 당장이라기보다 오늘 하루 중 언젠가)

I will change the world! 나는 세상을 바꿀 거야!(의지로 충만해서 / 먼 미래에)

미래진행시제: will be V-ing

'~하는 중일 것이다'로 해석한다.

She will be having **a meeting.** 그녀는 미팅하는 중일 거야.

미래완료시제: will have PP

'~쯤이면 ~한 상태일 것이다'로 해석한다.

They will have forgotten **us by then.** 그때쯤이면 우리는 다 잊은 상태일 거야.

미래완료진행시제: will have been V-ing

'~해오는 중일 것이다'로 해석한다.

I'll have been studying Spanish for a year by the end of this year.
올해 말이면 내가 스페인어 공부를 1년째 하는 중일 거야.

오늘의
바나나 퀴즈

1. 영어의 12시제를 쓰세요.

_____ - _____ - _____ - _____ -

_____ - _____ - _____ - _____ -

_____ - _____ - _____ - _____

2. 현재 단순시제 "I do it."을 기준으로 동사 do의 12시제 문장을 빈칸에 채우세요.

	과거	현재	미래
단순시제		I do it	
진행시제			
완료시제			
완료진행시제			

3. 아래 '동사의 시제' 표에서 빈칸을 채우세요.

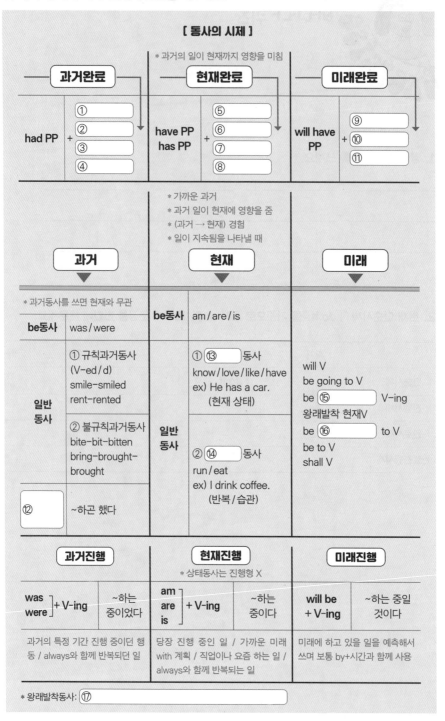

[동사의 시제]

* 과거의 일이 현재까지 영향을 미침

과거완료	현재완료	미래완료
had PP + ① ② ③ ④	have PP has PP + ⑤ ⑥ ⑦ ⑧	will have PP + ⑨ ⑩ ⑪

* 가까운 과거
* 과거 일이 현재에 영향을 줌
* (과거 → 현재) 경험
* 일이 지속됨을 나타낼 때

과거 ▼	현재 ▼	미래

* 과거동사를 쓰면 현재와 무관

		be동사	am / are / is	
be동사	was / were			
일반 동사	① 규칙과거동사 (V-ed / d) smile-smiled rent-rented	일반 동사	① ⑬ [ ] 동사 know / love / like / have ex) He has a car. (현재 상태)	will V be going to V be ⑮ [ ] V-ing 왕래발착 현재V be ⑯ [ ] to V be to V shall V
	② 불규칙과거동사 bite-bit-bitten bring-brought-brought		② ⑭ [ ] 동사 run / eat ex) I drink coffee. (반복 / 습관)	
⑫ [ ]	~하곤 했다			

과거진행	현재진행	미래진행

* 상태동사는 진행형 X

was were] + V-ing	~하는 중이었다	am are is] + V-ing	~하는 중이다	will be + V-ing	~하는 중일 것이다
과거의 특정 기간 진행 중이던 행동 / always와 함께 반복되던 일		당장 진행 중인 일 / 가까운 미래 with 계획 / 직업이나 요즘 하는 일 / always와 함께 반복되는 일		미래에 하고 있을 일을 예측해서 쓰며 보통 by+시간과 함께 사용	

* 왕래발착동사: ⑰ [ ]

4. 다음 예시를 바르게 해석하세요.

① I eat breakfast.

_____

② I am eating breakfast.

_____

③ Babies cry all the time.

_____

④ The babies are crying with hunger.

_____

⑤ I teach English.

_____

⑥ I am teaching English in the second classroom.

_____

⑦ You are cute.

_____

⑧ You are being cute.

_____

5. 다음 문장에서 어법상 틀린 시제를 찾아 바르게 고치세요.

① We have lived in the same apartment in 2019. 우리는 2019년에 같은 아파트에 살았어.

_____

② I used to working for insurance company. 나는 예전에 보험회사에서 일했어.

_____

③ I will call you after I will finish my homework! 숙제를 다 하면 너한테 전화할게!

_____

④ I am loving you so much! 나 너를 너무 사랑해.

_____

⑤ Did you go to Europe? 유럽에 가본 적 있어?

_____

⑥ I studied English since I was 17. 17살 이후로 영어 공부를 해왔어.

_____

⑦ I am soon cry. 나 울기 일보 직전이야.

_____

⑧ It's been a hectic day tomorrow. 내일은 좀 바쁠 거야.

_____

6. 다음 문장에 맞은 현재완료의 용법을 골라 쓰세요.

현재완료에는 (결과 / 경험 / 완료 / 계속적) 용법이 있다.

① I have just arrived home. 나는 막 집에 도착했다. (_____)
② Arty and I have been together for 6 years. 아티와 나는 6년간 함께해왔다. (_____)
③ Have you seen *Parasite*? 영화 〈기생충〉 봤어? (_____)
④ I've lost my passport. 나 여권을 잃어버렸어. (_____)

7. 우리말과 같은 뜻이 되도록 빈칸에 알맞은 말을 채우세요.

① 그때쯤이면 그는 나를 잊었을 거야.
   He _____ me by then. (*forget–forgot–forgotten)

② 나 간다!
   I _____! (leave)

③ 돈은 있다가도 없다.

Money _____. (come and go)

8. 주어진 단어를 사용해 영작하세요.

① 내일 태풍이 오면, 학교에 안 갈 거야. (a typhoon / won't / if / come)

_____

② 만약 내가 너라면, 나는 그 사람과 헤어질 것 같아. (were / break up / would)

_____

③ 사랑을 한 번도 안 해본 것보다는 사랑했다 실연해보는 것이 더 낫다.

(it / at all / lost / loved / than / never / better)

_____

9. 어법상 틀린 시제를 1개 이상 찾아 바르게 고치세요.

Two friends, Jack and John, ①planned to steal money from a bank. They ②select the bank in front of their school, actually the only bank in the village. However, it ③is not easy to take money from the bank, because it ④is guarded by a security guard who ⑤was angry-looking.

① _____ ② _____ ③ _____ ④ _____ ⑤ _____

10. 빈칸에 들어갈 알맞은 시제의 동사를 쓰세요.

① Jane과 Clint는 1년 동안 데이트해오고 있다.

Jane and Clint _____ each other for a year now.

② 누구도 체포되지 않았다.

No arrests have _____.

③ 그는 오랫동안 나를 이용해왔나.

He has _____ advantage of me.

*정답은 p.505~506을 참고하세요.

오늘의 명언 about '성장'!

- **Every dog has his day.** 쥐구멍에도 볕 들 날 있다.

  * one's day(잘나가는 시기)

이 표현, 너무 귀엽지 않아요? 직역하면 '모든 개는 그 자신만의 날을 가지고 있다'이고 한국어 속담 "쥐구멍에도 볕 들 날 있다"와 같은 뜻이에요. 누구에게나 꿈꾸던 순간이 오니 그 순간을 꿈꾸며 인내심을 가지고 꾸준히 정진하라는 의미죠. 제가 영어를 공부하며 자주 상기했던 명언이랍니다!

영어 실력은 하루아침에 쌓이지 않아요. 점진적으로 오르는 게 아니라 계단식으로 성장하죠.

그래서 성장이 눈에 잘 보이지 않기 때문에 공부하는 중간중간 불안하고 두려운 감정이 생기기도 합니다. 하지만 이걸 이겨내고 끈기 있게 공부하다 보면 어느 날 초급에서 중급으로, 중급에서 상급으로 성장한 영어 실력을, 그리고 성장한 자신을 발견할 거예요. 그러니 성공하고 싶다면 꿈에 대해 의심하지 말고 정진하세요. If you want to achieve success, then don't doubt your dreams.

점진적 성장(X)

계단식 성장(O)

DAY 12

동사의 매니저,
조동사

오늘 배울 내용
- 조동사의 뜻
- 조동사의 종류
- 조동사의 역할
- 일반조동사(auxiliary verb)
- 의미조동사(modal verb)

DAY 11~15 수업과
관련된 영상은
← 여기!

짬뽕   스승님… 소녀 어제 수업 이후로 겸손한 마음을 갖기로 했사옵니다….

바나나   😊 어제 수업을 듣고 우리 짬뽕이 많이 쫄았군요! 시제는 영문법에서
가장 어려운 부분 중 하나예요. 다들 어려워하니까 너무 주눅 들지 말아요! 오늘
배울 조동사는 가벼운 마음으로 봐도 괜찮을 거예요. 그럼 시작해볼까요?

🍌 조동사의 뜻

바나나   동사에 한자 '도울 조(助)'를 더해서 만든 '조동사'는 말 그대로 동사를
도와주는 역할을 해요. 저는 이 조동사를 동사의 뒷바라지를 담당하는 매니저라
고 부르는데요, 형태는 항상 '조동사+동사원형'으로 씁니다. 짬뽕, 짬뽕은 조동
사를 생각하면 뭐가 떠올라요?

짬뽕 can, should, may… 이런 거요!

바나나 대개 학생들이 짬뽕처럼 대답해요. 하지만 조동사의 세계는 '쪼~끔' 더 다양하답니다.

일반조동사 auxiliary		조동사	의미조동사 modal	
* 의미 변화 없지만 기능적 문법 보조		조동사 + 동사원형	* 의미 보조/추가	
진행형/수동태	be		can	~할 수 있다 / 가능하다
			could	~할 수 있었다 / ~할 수 있을 것 같다
			cannot have PP	~일 리가 없다
			could have PP	~할 수 있었을 텐데
			may	아마 ~일지도 모른다 / ~가능하다
의문/부정/강조/대동사	do	• 인칭 책임짐 ┐ 동사원형 • 시제 책임짐 ┘ • 부정어를 대신 받음 • 의문문을 만들 때 쓰임 • 의미조동사는 중복 사용 불가	might	~할지도 모른다
			might have PP	~했을지도 모른다
			will	~할 것이다
			shall	~할까요?
			would	~할 예정이었다 / ~라면 할 텐데
			would have PP	~했더라면 ~했을 텐데
			must	반드시 ~해야 한다
			must have PP	~했음에 틀림없다
완료시제	have		have to	~해야 한다
			should	~해야 한다
			should have PP	~했어야 했는데(안 했다)
			had better	~하는 것이 좋을 거다

짬뽕   헉, 쌤! '쪼~끔' 더 다양한 게 아닌데요? 😞

바나나   😣

🍌 조동사의 종류

바나나   조동사는 역할에 따라서 두 종류로 분류해요.

── 의미조동사 = modal verb

바나나   조동사를 떠올릴 때 일반적으로 연상되는 조동사들이 여기에 속해요. 의미를 추가하고 보조하는 역할의 조동사로 can / could / may / might / must / ought to / shall / should / will / would 등이 있어요.

── 일반조동사 = auxiliary verb

바나나   의문문 / 완료시제 / 진행시제 등 문장에서 동사의 모양에 변화를 줄 때 쓰이는 do / have / be가 있어요. 동사에 특별한 의미를 더하진 않고 단지 동사를 보조하는 역할을 하죠.

짬뽕   아, have PP의 have, be V-ing의 be가 조동사였군요! 그런데 do는 왜 이 그룹에 들어가요?

바나나   일반조동사인 do와 의미조동사인 can / should / will을 비교해볼게요. "I have a pen.(나는 펜이 있다)"라는 문장을 기본 의문문으로 바꿀 때는 일반조동사 do를 써요.

I have a pen. 나는 펜이 있다. → **Do I have a pen?** 나에게 펜이 있나?

이때 '평서문 → 의문문'으로 문장이 전환됐지만 의미에는 변화가 없죠? 하지만 의미조동사를 써서 의문문을 만들면 의미에 변화가 생깁니다.

Can I have a pen? 내가 펜을 가질 수 있을까?
Should I have a pen? 내가 펜을 가지고 있어야 하나?
Will I have a pen? 내가 (미래에는) 펜을 가지게 될까?

이것이 의미조동사(modal verb)와 일반조동사(auxiliary verb)의 기본적인 차이예요. 그럼 '조동사가 없는 문장 vs 조동사가 있는 문장'을 보며 조동사가 동사의 뒷바라지를 어떻게 하는지 살펴볼게요.

🍌 조동사의 역할

잡일하고 대타 뛰고 내가 바로 동사의 매니저!

I'm speaking English!
Blah blah blah ~ ~ ~

He speaks English. → He can speak English.
그는 영어로 말한다. → 그는 영어로 말할 수 있다.

1. 형식: 조동사 + 동사원형

바나나　주어인 He는 3인칭 단수형으로 동사 뒤에 -s /es를 붙여줘야 하죠? 그런데 조동사는 항상 동사원형과 함께 쓰기 때문에 -s /es를 붙이지 않아도 돼요. ☺

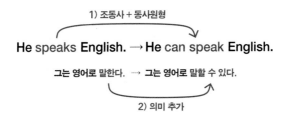

2. 의미 추가

바나나　'그는 영어로 말한다'라는 문장에 조동사 can을 쓰면 '가능'의 의미가 추가되어 '그는 영어로 말할 수 있다'가 돼요. 조동사는 이렇게 문장을 자세하고 다채롭게 표현하는 걸 도와요.

3. 부정문 담당

바나나　이번에는 위의 문장을 부정문으로 만들었어요. not이 조동사 can에 딱 붙어 있죠? cannot 혹은 can't로 쓸 수 있어요.

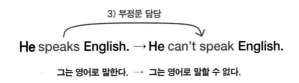

4. 의문문 담당

바나나　영어 문장을 의문문으로 바꿀 때는 주어와 동사의 자리를 바꿔주는 '도치'가 일어나요. be동사를 쓰는 문장은 "I am pretty.(나는 예쁘다) → Am I pretty?(나 예뻐?)"처럼 의문문으로 바꿀 수 있죠. 하지만 일반동사를 쓰는 문장에서는 아래와 같이 조동사를 문장의 가장 앞에 두어 의문문을 만듭니다.

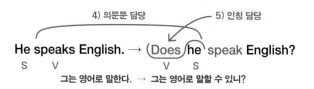

5. 인칭 담당

바나나　"He speaks English."는 주어인 He가 3인칭이기 때문에 동사 뒤에 -s가 붙어요. 그런데 여기에 조동사를 쓰게 되면 동사 대신 조동사가 인칭을 담당하게 됩니다. 그래서 do의 단수형인 does를 써줘야 해요.

6. 시제 담당

바나나　동사 spoke는 speak의 과거형이에요. 과거형 문장에 조동사를 쓰면 동사 대신 조동사가 시제를 담당해요. 그래서 조동사 can 대신 과거형 could가 오고 speak는 원래 모습 그대로 '동사원형'을 유지할 수 있게 되는 거예요.

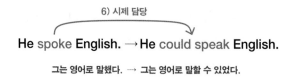

① 인칭을 책임짐
② 시제를 책임짐 ⎫ 동사원형
③ 부정어를 대신 받음
④ 의문문 만들 때 쓰임
⑤ 의미조동사(modal)는 중복 사용 불가능

짬뽕 　우와! 이만하면 동사가 조동사한테 월급을 많이 줘야겠는데요! 😊

바나나 　그러게요. 그런데 아쉽게도 월급은 업계의 비밀이라 알 수가 없네요. 😎 😊 자, 지금부터는 의미조동사(can /may /will /must ~)와 일반조동사 (do /have /be)의 종류와 다양한 해석법을 배워봐요!

일반조동사(auxiliary verb)

바나나 　일반조동사 be /do /have는 문장에 따로 의미를 부여하지 않고 오직 문법적으로 동사를 돕는 역할만 해요. 그래서 일반동사일 때 가지던 뜻 'be(~이 다/존재하다), do(~하다), have(~가지다)'도 조동사로 쓰일 때는 반영되지 않 습니다. 일반조동사들이 문장에서 어떤 형태와 의도로 쓰이는지 알아봐요.

1. be
① 진행형: be V-ing(~하는 중이다) ② 수동태: be +PP(~되다/지다/받다)

2. do

① 일반 평서문을 의문문 혹은 부정문으로 전환하는 데 사용

You study English. → Do you study English? → You don't study English.

② 동사의 의미를 강조하는 '부사'처럼 사용

I love you. 난 너를 사랑해. → I do love you. 난 너를 정말 사랑해!

③ 일반 동사를 대신하는 대동사로 사용

A I like your book!

B You do(= like it)?

3. have

완료시제에 사용 → have PP

🍌 의미조동사(modal verb)

── **능력/허락/가능성의 의미를 가진 조동사들: can-could**

바나나 영어 초급자들에게 가장 사랑받는 조동사 can은 '능력/허락/가능성'을 나타내는 표현이에요. 무언가를 '요청'하거나 질문할 때, 부탁할 때 자주 쓰여 한국인도 아주 잘 알고 있죠.

1. 의미

① 능력: ~할 수 있다

I can speak English. 나는 영어를 할 수 있어.

You can improve your English! 너도 영어 실력을 늘릴 수 있어!

② 허락: ~해도 좋다

Can I go to the bathroom? 화장실 좀 다녀와도 될까요?

Can I change the color? 색깔을 좀 바꿔도 될까요?

③ 가능성: ~할 가능성도 있다

Bad things can happen. 나쁜 일이 일어나기도 하지요.

2. 부정형: can't 혹은 cannot

바나나 　can't와 cannot은 어감이 살짝 다른데, 일상적으로는 can't를 쓰고 심각한 사안을 말하거나 강조할 때는 cannot을 써요.

You can't get in there. 거기에 들어갈 수 없어요.

You cannot get in there. 거기에 절대 들어갈 수 없어요.

3. 주의할 점

바나나 　짬뽕, 영어로 문 좀 닫아달라고 어떻게 말하죠?

짬뽕 　Can you close the door? 이렇게요!

바나나 　좀 더 정중하게 표현할 수 있을까요?

짬뽕   아… 이미 정중하게 표현한 건데요….😊

바나나   can은 '~할 수 있는지'에 대한 '허락'을 받을 때 쓰지만 그다지 공손한 표현은 아니에요. 그래서 부탁을 할 때는 please를 함께 써주는 게 매너랍니다. 😃

Can **you** please close **the door?**
부탁이지만 문 좀 닫아줄 수 있어?

짬뽕   어머, 저는 그것도 모르고 "can you~?" 이렇게만 물어보면 "부탁인데 ~ 해줄 수 있어?"의 뜻을 나타내는 줄 알았어요! 꼭 please를 써야겠네요! 😃

바나나   한국 친구들 대부분이 can에 please의 의미가 포함된 줄 알더라고요. 이 밖에도 조심해서 써야 할 can 구문에는 cannot have PP(~했을 리가 없다)가 있어요. cannot과 현재 완료가 쓰여서, 이미 있었던 일 / 소문에 대해서 '그럴 리가 없어' 하고 추측하는 표현이에요.

*cannot have PP: ~했을 리가 없어
She cannot have done such a thing. 그녀가 그런 일을 했을 리가 없어.

짬뽕   그런데요, 쌤, 여기서 can이랑 not을 안 떼고 쓰나요?

바나나   can과 not은 일반적으로 can't로 줄여서 쓰지만, 줄이지 않을 땐 cannot /

can not으로 붙이거나 떨어뜨려서 쓸 수 있어요. 하지만 붙여서 cannot으로 경우가 훨씬 많아요.

짬뽕 저는 항상 떨어뜨려 써야 하는 줄 알았어요!

(could + 동사원형)

1. 의미

① 과거의 능력(can의 과거형): ~할 수 있었다

I could play the drums when I was a high school student.

고등학생 때는 드럼을 칠 수 있었어요.

② 추측을 담아 가능성을 이야기할 때: 할 수 있을 것 같다

I could finish my book soon if you help me. 당신이 도와준다면 책을 곧 끝낼 수 있을 것 같아요.

Sorry, I couldn't go to the party tonight. 미안해, 오늘 파티에 갈 수 없을 것 같아.

③ 정중하게 부탁할 때: ~해도 괜찮을까요?

Could you please come earlier and help me? 조금 일찍 와서 저를 도와줄 수 있나요?

Could you drive me home please? 집까지 좀 데려다줄 수 있을까요?

2. 부정형: couldn't 혹은 could not

I couldn't care less. 난 전혀 관심 없어.

I could not agree more. 완전 공감해!

3. 주의할 점

바나나 아마 could를 can의 과거형이라고만 알던 분들이 많을 텐데, 실제로 could는 과거형보다 정중한 부탁을 할 때 더 많이 쓰여요. 위의 예문 중에 "Sorry, I couldn't go to the party tonight.(미안해, 오늘 파티에 갈 수 없을 것 같아)"를 보면 could가 심지어 미래에 관한 이야기를 할 때도 쓰이죠.

짬뽕 대박! 진짜네요. could를 과거조동사라고만 생각했는데, 현재뿐만 아니라 미래에도 쓰일 수 있다니 반전이에요!

바나나 그래서 조동사는 세심하게 배울 필요가 있답니다. ☺ 아래는 could가 have PP 완료형과 만났을 때의 해석법이에요.

*could have PP: ~할 수도 있었을 텐데

I could've been your girlfriend. 내가 너의 여자친구일 수도 있었을 텐데.

*couldn't have PP: ~했을 리가 없다 / ~할 수가 없었다

We couldn't have won the game without him.

그가 없었다면 우리는 게임에서 이길 수가 없었을 거야.(이겼다는 의미)

I couldn't have said it better myself.

난 그거보다 더 멋지게 말할 수 없었을 거야.(당신이 완벽하게 말했다는 의미)

짬뽕 '조동사＋완료형'은 해석이 좀 특이하네요?

바나나 맞아요. 보통 '긍정 조동사＋have PP'는 '~해야 했는데 / ~일 수 있었는데 / ~했을지도 모르는데' 하고 후회하는 의미가 포함되어 있어요. 반대로, '부정 조동사＋have PP'는 '~일 리 없어 / ~했을 리 없어'처럼 현실을 부정하는 추측인 경우가 많죠.

짬뽕　음… 뭔가 미련스러운 표현(?) 같은데요.

바나나　하하! 그러고 보니 또 그렇게 보이네요!

── 허락/추측의 의미를 가진 조동사들: may-might

[may + 동사원형]

바나나　may는 can보다 조금 더 조심스럽게 부탁할 때 쓰는 표현이에요. 자주 쓰는 부사 maybe(아마도)처럼 조동사 may에도 '아마 ~일 거야' 하는 추측의 의미가 있다는 점을 기억하세요.

1. 의미

① 허락: ~해도 될까요?

May I help you? 제가 좀 도와드릴까요?

May I see your ID? 신분증을 확인할 수 있을까요?

② 추측: 아마 ~일지도 모른다

He may be at home. 그는 아마 집에 있을지 몰라.

As you may know, I am pregnant. 아마 아실지 모르겠지만, 제가 임신 중이라서요.

③ 기원문: ~하기를!

May God be with you! 신이 당신과 함께하기를!

May your days be merry and bright! 당신의 매일이 즐겁고 행복하기를!

2. 부정형: may not

You may not take **photos inside the museum.** 박물관 내에서는 사진 촬영을 하지 말아주세요.

I may not **always** be **right, but I'm never wrong.** 내가 항상 옳지 않을 수는 있지만, 난 절대 틀리지 않아.

3. 주의할 점

바나나 may가 다른 부사와 함께 조동사구를 만들면 의미가 조금 달라지니 따로 잘 외워주세요.

① may well: ~하는 것이 당연하다 / ~라고 생각하는 것도 무리가 아니다

You may well say **so.** 너는 당연히 그렇게 말할 수 있겠지.

They may well not cooperate **with us.** 그들이 우리에게 협조적이지 않은 것도 당연해. (* not의 위치를 기억!)

② may as well: ~하는 것이 더 낫다

You may as well give **it to me.** 그걸 나한테 주는 게 좋을 거야.

I may as well go **to bed now.** 이제 자러 가는 게 좋을 것 같아.

짬뽕 제가 may를 너무 쉽게 생각했네요…. 용법이 이렇게 다양할 줄이야… ☹

바나나 그런데 실제로는 추측을 표현할 때 may 대신 과거형 might를 훨씬 자주 써요.

〔 might + 동사원형 〕

1. 의미: (약한 추측) ~할지도 모른다

It might be true. 그건 사실일지도 몰라.

She might be right. 그녀가 맞을지도 모르지.

I might be out of town! 난 시내에 없을지도 모르겠어.

2. 부정형: might not

Writing a poem might not be the best way to ask her out.

시를 쓰는 것이 그녀에게 데이트 신청을 하는 최선의 방법이 아닐지도 몰라.

This might not be the most appropriate job for you.

이것은 너에게 가장 적합한 직업이 아닐지도 모른다.

3. 주의할 점

바나나 may보다 약한 추측을 나타내며 조심스러운 느낌을 줘요. 그래서 돌려 말하기를 좋아하는 영어권 사람들은 may보다 might를 더 즐겨 쓰죠.
제가 아까 '조동사＋현재완료'를 쓰면 후회나 추측을 나타낸다고 했죠? might 또한 추측하는 표현으로 여기에 have PP를 같이 쓰면 돌려~돌려~ 말하는 게 돼요.

짬뽕 그럼 무척이나 조심스러운 표현이네요?

바나나 상황에 따라 그렇다고 볼 수 있죠. 🙂

*might have PP: ~했을지도 모른다

He might have had an accident. 그가 사고를 당했는지도 모르죠.

—— 미래/제안의 의미를 가진 조동사들: will/shall/would

〔 will + 동사원형 〕

바나나 DAY 11 시제 파트에서 미래형시제 will을 자세히 배웠으니 생략할게요. p.370을 참고하세요!

〔 shall + 동사원형 〕

바나나 will의 대체어로 자주 언급되는 shall은 발음이 어렵다는 이유로 사용이 점점 줄다가 최근에는 거의 쓰지 않는 추세예요. 현대 영어에서 shall은 정중한 제안에 한정되어 쓰입니다.

1. 의미: (정중한 제안) ~할까요?
Shall we dance? 우리 춤출까요?
Let's eat, shall we? 자 먹읍시다, 드시죠!

〔 would + 동사원형 〕

바나나 would는 조동사 중에서도 속을 알 수가 없는 가장 어려운 친구예요. 해석 방식도 다양해서 헷갈리기 쉽죠. 하지만 매우 자주 쓰이는 표현이니 꼭 알고 넘어가야 한답니다.

짬뽕 would는 그냥 will의 과거형 아닌가요?

바나나 will의 과거형으로보다는 공손하게 '제안'하거나 '원하는 것을 말할 때' 훨~씬 더 많이 써요!

1. 의미

① 과거에 본 미래(will의 과거형): ~할 예정이었다

She said she would come back **before dark.** 그녀는 날이 어둡기 전에 돌아올 거라고 약속했다.

② 공손한 제안

Would **you** like to **have something to eat?** 먹을 것 좀 드릴까요?

Would **you** mind **if I join you?** 실례가 안 된다면 제가 같이 해도 될까요?

③ 공손한 기호 표시

I would like to **have some Chinese food.** 저는 중국음식을 먹고 싶어요.

I would love **to spend time with you!** 당신과 시간을 함께 보내고 싶어요!

④ 특정 상황을 가정하고 의견을 표현할 때: (~라면) ~할 / ~일 것 같다

I would do **the same.** 나도 그렇게 할 것 같은데.

I would never say **that.** 나라면 절대 그렇게 말하지 않을 것 같은데.

I would say **'no'.** 나라면 싫다고 할래요.

2. 부정형: would not 혹은 wouldn't

You **wouldn't tell on me, would you?** 나에 대해 고자질하지 않을 거지, 그렇지?

Having a child **would not be a good idea for us.** 아이를 갖는 일은 우리에게 좋지 않을 것 같다.

3. 주의할 점

바나나 짬뽕, rather가 무슨 뜻인 줄 알아요?

짬뽕 '오히려'라는 뜻 아닌가요?

바나나 That's right! '오히려/차라리'라는 의미예요. would와 rather를 함께 쓰면 '차라리 ~하겠다'라는 뜻인데, 극단적이고 드라마틱한 말을 할 때 자주 쓰여요. 😊

*would rather A than B: B할 바에야 차라리 A하겠다

I would rather **kill myself**. 난 차라리 죽는 게 나을 것 같아.
I would rather **walk** than **take a bus**. 버스를 탈 바에야 차라리 걸어갈래.
I would rather **be deceived** than **deceive others**. 남에게 거짓말을 하느니 차라리 속는 게 나아.

바나나 자, 그럼 이제….

짬뽕 선생님! 지금 'would have PP' 말씀하시려고 했죠? 제가 뜻을 말해봐도 될까요?

바나나 오, 얼마든지요!

짬뽕 조동사＋완료형은 과거와 관련된 이야기에 대해서 '추측/후회'의 의미가 많으니까… '~했을 텐데' 아닐까요?

바나나 캬! 이제 우리 짬뽕은 배운 걸 뛰어넘어 스스로 깨달음을 얻는 경지에 이르렀네요! 맞아요! 'would have PP'는 '~했더라면 ~했을 텐데'라는 뜻이에요.

*would have PP: ～했더라면 ～했을 텐데

If she wanted to be a teacher, she would have made an excellent teacher.

그녀가 원했더라면 멋진 선생님이 될 수 있었을 텐데.

짬뽕   그런데요, 쌤! could / would / might와 같은 과거조동사들은 왜 겸손한 표현으로 해석되는 거예요?

바나나   방금 배운 could / would / might 세 가지 조동사에는 공통점이 있었는데, 혹시 알아챘나요?

짬뽕   음… 모두 추측을 표현한다는 점요?

바나나   That's right! 우리는 뭔가 확실하지 않은 상황에서 '추측'을 하죠? 질문하거나 부탁할 때 could / would / might를 쓰면 추측의 의미를 부여해서 '네가 들어줄지 확실하진 않지만…' 하는 뉘앙스를 풍겨요. 그래서 좀 더 조심스럽고 정중한 표현이 되죠. 그럼 아래 예문에서 현재형조동사와 과거형조동사를 비교해볼게요.

〔 현재형조동사 vs 과거형조동사 〕

① 현재형 can, may, will 조동사로 부탁 / 질문
바나나   상대가 부탁을 들어줄 것이라는 확신이 느껴지는 표현이에요.

Can you help me? 나 좀 도와줄래?
May I have a phone call? 전화 한 통만 해도 될까?
Will you do me a favor? 부탁 좀 들어줄래?

② 과거형 could, might, would 조동사로 부탁 / 질문

바나나 '네가 들어줄지 확실하진 않지만…'이라는 추측의 표현으로, 상대방이 거절하더라도 이해하겠다는 배려가 느껴져 더 공손한 느낌을 줍니다.

Could you help me? 혹시 나를 좀 도와줄 수 있을까?

I was wondering if you might help me. 혹시라도 네가 나를 도와줄 수 있을지 궁금해.

Would you do me a favor? 혹시 부탁 좀 들어줄 수 있을까?

짬뽕 이렇게 설명을 듣고 나니 조동사에 따라 뉘앙스가 어떻게 다른지 알 것 같아요! 😮

의무/금지의 의미를 가진 조동사들: must/have to/should/had better

조동사 의무/추측의 강도
must > have to > should had better

(must + 동사원형)

바나나 조동사 중에서 가장 강력한 '의무/추측'을 표현해요.

짬뽕 아! must have item의 must가 이 must인가요?

바나나 That's right! '꼭 가져야만 하는 것'이란 뜻이죠. 보통 a must-have라

고 쓰고, 조동사를 명사화해 만들어진 유행어랍니다! ☺

1. 의미

① 강력한 의무: 반드시 ~해야 한다

The youth in Korea must serve **in the military.** 한국의 젊은이들은 군대에 가야만 한다.

You must help **each other.** 너희는 반드시 서로를 도와야 한다.

② 강력한 추측: ~임에 틀림없다

He must be **sick because he never skips his workout.**

정말 아픈가 봐. 그는 절대 운동을 거르는 일이 없거든.

You must be **joking.** 너 농담하는 거지.(진심일 리가 없다는 의미)

2. 부정형: must not

You must not lose **this medal.** 이 메달을 절대 잃어버리면 안 돼.

Beggars must not be **choosers.** 아쉬운 사람이 이것저것 바라서는 안 된다.

3. 주의할 점

바나나 must는 매우 강력한 느낌을 주기 때문에 조심해서 써야 해요.

짬뽕 선생님, 저는 지금까지 must가 '~해야 한다'인 줄만 알고, 외국인들에게 길을 알려주거나 방법을 일러줄 때 must를 자주 썼어요. 제가 실수한 걸까요? ☹

바나나 모르면 실수할 수 있죠! 영어는 아주 섬세한 언어라서 직설적인 표현을 되도록 피한답니다. 그래서 무례하거나 권위적으로 들릴 수 있는 must 대신 should를 선호하죠. 많은 사람들이 조언할 때 짬뽕처럼 must를 쓰며 실수하는데요, 이때 명령하는 느낌을 줄 수 있으니 조심해야 해요.

짬뽕   그러면 must have PP는 뭐라고 해석해요? 지금까지 배운 '조동사 +have PP'와는 조금 다를 것 같아요!

바나나   Exactly! 후회나 추측을 나타내는 다른 '조동사+have PP'와 달리, 'must have PP'는 '확신'을 가지고 '~했음에 틀림이 없어!'라는 의미를 전달해요.

*must have PP: 했음에 틀림없다

It must have hurt. 그거 진짜 아팠겠네요.

She must have lied **to you.** 그녀가 당신에게 거짓말을 했음이 분명해요!

[**have to + 동사원형**]

1. 의미: (강력한 의무) ~해야 한다

You have to brush **your teeth morning and night.** 아침저녁으로 양치질을 해야 한다.

2. 부정형: don't have to

have to를 부정형으로 쓸 때는 뜻이 아예 달라져서 '해서는 안 된다'가 아니라 '~할 필요는 없다'가 됩니다.

You don't have to do **this if you don't want to.** 네가 원하지 않으면 꼭 안 해도 돼.

짬뽕   와… 이건 안 배웠으면 '~해서는 안 된다'로 해석했을 거예요! 그러면 have to로는 '~해서는 안 된다'라는 말을 못 만드나요?

3. 주의할 점

바나나   좋은 질문이에요! don't have to는 '~할 필요가 없다'라는 뜻이기 때문에 '~해서는 안 된다'라는 표현은 must not으로 씁니다.

짬뽕   아하! 그럼 must를 have to 대용으로 쓰는 거니까… 이 두 표현이 비슷한 건가 보죠?

바나나   Exactly! have to는 must만큼이나 강력한 표현이므로 아주 중요한 사안이 아닐 때는 have to보다 should를 쓰는 게 좋아요.

〔 should + 동사원형 〕

바나나   should는 의무조동사에서 가장 유연한 표현으로 일상에서 자주 쓰입니다.

1. 의미

① 의무: ~해야 한다

Young people should be **educated.** 젊은이들은 교육을 받아야 한다.

You shouldn't lie. 거짓말을 해서는 안 된다.

② 강력한 제안: 꼭 ~해라

You should go **to see a doctor.** 너 병원에 꼭 가봐.

He should be **a singer!** 그는 꼭 가수가 되어야 해.

③ 부정형: should not 혹은 shouldn't

You shouldn't change **your mind after adopting a dog.**

강아지를 입양한 뒤에 마음을 바꿔서는 안 된다.

You shouldn't ask **those kind of questions.** 그런 질문은 삼가주세요.

3. 주의할 점

짬뽕   선생님! must have PP가 '~였음에 틀림이 없다'니까 should have PP
도 비슷한 의미인가요?

바나나   아쉽게도 전혀 다른 의미예요! should have PP는 사실 다른 조동사
+have PP보다 더 중요해요. 뜻이 특이한 데다 문법 문제에 자주 나오거든요!

*should have PP: ~를 해야 했는데(하지 않았다는 의미)
You should have seen his face! It was hilarious.

네가 걔 얼굴을 봤어야 했는데! 얼마나 웃겼다고.(그런데 못 봐서 아쉽다)

*shouldn't have PP: ~를 하지 말아야 했는데(했다는 의미)
I am so sorry. I shouldn't have said that. 미안해. 내가 그렇게 말하는 게 아니었는데….

바나나   이렇게 should와 현재완료가 만나면 '후회'를 나타내는 표현이 된답니다.

[had better + 동사원형]

바나나   한국어로 '~하는 게 낫다'로 해석해요. 짬뽕, 이 표현의 해석이 어떻게
느껴지나요?

짬뽕   음… 뭔가 부드럽게 제안/조언하는 느낌이 들어요!

바나나   하지만! 실제로 영어에서는 조언이라기보다는 경고에 더 가까운 표현
이에요. "~해라. 큰코다치기 전에!" 같은 뉘앙스가 살짝 느껴지거든요.

짬뽕   헉! 한국어 뜻은 그런 느낌이 전혀 아닌데요! 😵

1. 의미: (충고/경고) ~하는 것이 더 낫다

You'd better hurry up. 서두르는 게 좋을 거다.

You'd better trust **me**. 날 믿는 편이 더 나을 거다.

2. 부정형: had better not(~하지 않는 것이 더 낫다)

You had better not be **doing it**. 그거 안 하는 게 좋을 거야.

There had better not be **anything missing**. 빠진 것이 없는 게 좋을 거다.

3. 주의할 점

had better는 '~하는 게 더 좋을 거야'라는 한국어 해석 때문에 돌려서 말하는 부드러운 표현으로 오해받는 경우가 많아요. 하지만 조동사 had better는 '충고'보다는 '경고'에 사용되어 '너 이렇게 하지 않으면 큰일 날지 몰라!'의 의미를 강하게 표현합니다. 그래서 must나 have to보다 조심해서 사용해야 하는 표현이에요.

짬뽕　와~! 조동사가 종류도 많지만, 제가 알던 의미는 아주 협소한 것이었네요! 저는 can은 '~할 수 있다', should는 '~해야 한다', 이게 전부인 줄 알았거든요. 😬

바나나　맞아요. 알고 보니 조동사는 의미도 쓰임도 정말 다양하죠? 그중에서도 '조동사+have PP'는 의미가 달라지는 경우가 많으니 꼭 유념해서 공부해주세요. 그래야 독해할 때 실수하지 않을 거예요. 😊

짬뽕　I will review them over and over again! 그럼 쌤 **내일 또 바나나요!**

짬뽕의 복습노트

오늘 배운 내용

▶ 조동사의 뜻   ▶ 조동사의 종류   ▶ 조동사의 역할

▶ 일반조동사(auxiliary verb)   ▶ 의미조동사(modal verb)

조동사의 뜻

① 형태: 조동사＋동사원형

② 뜻: 동사에 '도울 조(助)'를 더해서 만든 것이 '조동사'

③ 역할: 동사를 뒷바라지하는 매니저

조동사의 종류

① 일반조동사(auxiliary verb)

　기능적으로 동사를 보조해주는 조동사 → do / have / be

② 의미조동사(modal verb)

　의미를 추가하고 보조해주는 조동사 → can / could / may / might / must / ought to /

shall / should / will / would

조동사의 역할

① 인칭을 책임진다   ② 시제를 책임진다

③ 부정어를 대신 받는다   ④ 의문문을 만들 때 쓰인다

일반조동사(auxiliary)와 의미조동사(modal)

일반조동사 auxiliary		← 조동사 →	의미조동사 modal	
* 의미 변화 없지만 기능적 문법 보조		조동사 + 동사원형	* 의미 보조/추가	
진행형/ 수동태	be	• 인칭 책임짐 ⎫ 동사 원형 • 시제 책임짐 ⎭ • 부정어를 대신 받음 • 의문문을 만들 때 쓰임 • 의미조동사는 중복 사용 불가	can	~할 수 있다/가능하다
			could	~할 수 있었다/ ~할 수 있을 것 같다
			cannot have PP	~일 리가 없다
			could have PP	~할 수 있었을 텐데
			may	아마 ~일지도 모른다/ ~가능하다
의문/ 부정/ 강조/ 대동사	do		might	~할지도 모른다
			might have PP	~했을지도 모른다
			will	~할 것이다
			shall	~할까요?
			would	~할 예정이었다/ ~라면 할 텐데
			would have PP	~했더라면 ~했을 텐데
완료 시제	have		must	반드시 ~해야 한다
			must have PP	~했음에 틀림없다
			have to	~해야 한다
			should	~해야 한다
			should have PP	~했어야 했는데(안 했다)
			had better	~하는 것이 좋을 거다

오늘의
바나나 퀴즈

1. 조동사와 관련하여 아래의 빈칸을 채우세요.

① 형태: 조동사 + _____

② 뜻: 동사에 '_____ 조(助)'를 더해서 만든 '조동사'

③ 역할: 동사를 뒷바라지하는 _____

2. 조동사의 종류와 관련된 영단어를 쓰세요.

① 일반조동사(auxiliary verb): 기능적으로 동사를 보조해주는 조동사

_____

② 의미조동사(modal verb): 의미를 추가하고 보조해주는 조동사

_____

3. 아래 조동사의 역할에 관해 빈칸을 채우세요.

① _____을 책임진다.

② _____를 책임진다.

③ _____를 대신 받는다.

④ _____을 만들 때 쓰인다.

4. 다음 빈칸을 채우세요.

일반조동사 auxiliary		조동사	의미조동사 modal	
* 의미 변화지만 기능적 문법 보조		조동사 + 동사원형	* 의미 보조/추가	
진행형/ 수동태	be		can	~할 수 있다/가능하다
			could	~할 수 있었다/ ~할 수 있을 것 같다
			cannot have PP	⑥
			could have PP	⑦
			may	아마 ~일지도 모른다/ ~가능하다

의문/
부정/
강조/
대동사
	do	• ① 책임짐 ┐
		           ├ 동사
		• ② 책임짐 ┘ 원형
		
		• ③ 를 대신 받음
		
		• ④ 문을 만들 때
		   쓰임
		
		• ⑤ 조동사는
		   중복 사용 불가
			might	~할지도 모른다

			might have PP	⑧
			will	~할 것이다
			shall	~할까요?
			would	~할 예정이었다/ ~라면 할 텐데
			would have PP	⑨
완료 시제	have		must	반드시 ~해야 한다
			must have PP	⑩
			have to	~해야 한다
			should	~해야 한다
			should have PP	⑪
			had better	⑫

5. 괄호 안에 알맞은 것을 고르세요.

① You should (respect / respects) your father. 너는 아버지를 공경해야 한다.

② I (will / would) go to church with my mom when I was younger.
어릴 때 엄마와 교회에 다니곤 했어요.

③ We (don't / can't) take credit cards in this shop. 우리 가게는 신용카드를 받지 않습니다.

④ You (had better / should) pay my money back. 내 돈을 갚는 게 신상에 좋을 거야.

⑤ He will (can / be able to) go back to his country. 그는 자기 나라에 돌아갈 수 있을 거야.

⑥ (Can / May) you give me a second chance? 기회를 한 번 더 주실 수 있을까요?

⑦ I wanted to call you but I (can't / couldn't) find your phone number.
너에게 전화하고 싶었는데, 전화번호를 찾을 수 없었어.

⑧ (Can / May) God be with you! 신의 가호가 있기를!

⑨ Don't forget the umbrella! It (might / must) rain today. 비가 올지도 몰라, 우산 챙겨 가!

⑩ He (should / must) be here by now. 지금쯤이면 도착할 때가 됐는데.

⑪ It (must / has to) be him! 그 사람일 거야.

⑫ He (must have / should have) lied to you. 그가 당신에게 거짓말했음에 틀림없어요!

⑬ I am so sorry. I (must / should) have told you before. 미안해. 너한테 미리 말했어야 했는데.

⑭ I (don't have to / must not) forget his phone number. 그의 전화번호를 잊어서는 안 돼.

⑮ You (don't have to / must not) worry about it. We are almost here.
걱정하지 않아도 돼. 우리 거의 다 왔어.

⑯ You don't (have to / must) buy a gift for me. 나한테 선물 사 줄 필요 없어!

⑰ You (don't have to / must not) smoke in the restaurant.
이 레스토랑에서는 담배를 피울 수 없습니다.

6. will vs would 중 알맞은 것을 고르세요.

① We announced that we (will / would) get married if we didn't fight for the next
6 months. 우리는 6개월간 싸우지 않으면 결혼할 거라고 공표했다.

② I (will / would) have a chocolate ice cream. 난 초콜릿 아이스크림 먹을래!

③ I (will / would) rather walk than take a bus. 버스를 타느니 그냥 걸어가련다.

④ (Will / Would) you like to have a cup of coffee sometime? 언제 커피 한잔할래요?

7. will vs be going to 중 알맞은 것을 고르세요.

① I (will / am going to) marry Arty in 5 months. 아티랑 5개월 뒤에 결혼할 거야!

② I (will / am going to) go to the bathroom. 나 화장실 갔다 올게.

③ I (will / am going to) go to Harvard University. (실력이 되건 말건) 난 하버드대 갈 거야!

8. 두 문장을 해석하고 차이점을 서술하세요.

① You shouldn't call me 'dad' at work. _____

② You should not call me 'dad' at work. _____

_____

_____

③ You can't quit your job right now. _____

④ You can not quit your job right now. _____

_____

_____

9. 빈칸에 들어갈 알맞은 조동사를 연결해주세요.

① I _____ be grounded if I'm late this time!   •   •   should

② I _____ tell the truth and go to jail than help him. •   •   could

③ I _____ not have said that.   •   •   cannot

④ Love and a cough _____ be hid.   •   •   might

⑤ She knows him well, so she _____ be right.   •   •   would rather

✱ 정답은 p.506을 참고하세요.

오늘의 명언 about '긍정'!

- In three words I can sum up everything I've learned about life: it goes on.

  세 단어면 내가 인생에서 배운 모든 것을 축약할 수 있다. 삶은 계속되리라.

  * sum up (요약하다) / go on (계속되다)

제가 아주 좋아하는 명언인데요, 한국어 해석이 영어를 따라가지 못하는 것 같아요. 이 명언 뿐만 아니라 영어로 된 조크나 명언을 한국어로 의역하면 영어로 단번에 이해했을 때의 전율이나 기운, 느낌, 감동을 전달하는 데 한계가 있어서 무척 아쉽습니다.

위 격언의 "It goes on." 또한 의역하면 '삶은 계속된다'예요. 하지만 숨은 의미까지 파악하면 '어떤 일이 있더라도 인생은 계속된다. 그대, 포기하지 말라!' 정도로 이해할 수 있죠. 어때요? 느낌이 확 다르죠? 여기서 쓰인 대명사 it은 문맥에 따라 자유롭고 다양하게 해석할 수 있는, 미묘한 매력을 가진 단어랍니다. 인생을 긍정적으로 바라보는 격언 하나만 더 알아둘게요!

- I never lose. I either win or learn.

  나는 결코 실패한 적이 없다. 이기거나 배우기 때문이다. — Nelson Mandela

DAY 13

준동사:

동사인 듯 동사 아닌 동사 같은 명사, 동명사!

오늘 배울 내용

- 준동사의 뜻

- 동명사의 의미

- 동명사의 형태 & 해석

- 동명사의 역할 & 종류

- 동명사의 준동사적 특징

DAY 11~15 수업과
관련된 영상은
← 여기!

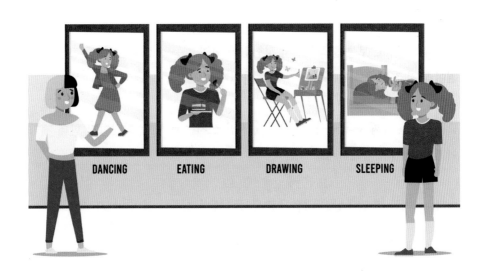

짬뽕   바나나쌤, 안녕하세요! 그런데 동사를 또 공부해요? 동사가 대체 얼마나 대단하기에 동사의 매니저인 조동사와 사촌인 준동사까지 배워야 하는 거예요?

바나나   동사는 동사의 사돈의 팔촌까지 배워야 해도 할 말이 없을 만큼 중요한 요소예요. '영어의 척추' 같은 존재죠. 그래서 동사 하나만 제대로 이해해도 영어 공부의 99%를 끝낸 것과 마찬가지랍니다. 그럼 오늘 수업을 시작해볼까요? 😃

🍌 준동사의 뜻

바나나   오늘 공부의 주제는 동명사예요. 동명사를 알려면 먼저 '준동사'의 개념을 이해해야 하는데요, 준동사의 '준'은 '~에 준하다'라는 뜻으로 일상에서 종종 쓰는 말이죠. 예를 들어 우리가 온라인 동호회나 카페에 가입하면 제일 먼저 뭘 하나요?

짬뽕   등업 신청? 😊

바나나   맞아요. 보통 준회원에서 정회원이 되려고 등업 신청을 하죠? 그럼 정회원이 되기 전의 준회원은 회원인가요, 아닌가요?

짬뽕   음, 글쎄요. 글을 읽을 수는 있지만 쓰지는 못하고, 회원이긴 한데 제약이 많고… 뭔가 애매하네요.

바나나   지금 짬뽕이 말한 내용이 준동사에 대한 정확한 설명이에요.

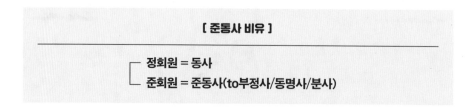

[준동사 비유]

┌─ 정회원 = 동사
└─ 준회원 = 준동사(to부정사/동명사/분사)

준동사는 동사와 생김새가 거의 똑같아요. 동사 앞에 to를 붙이면 to부정사, 동사 뒤에 -ing가 붙으면 동명사, 동사에 -ing 혹은 PP 모양을 입혀주면 분사가 됩니다.

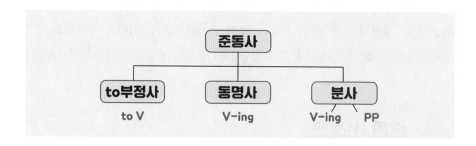

to부정사/동명사/분사는 준동사의 '삼총사'예요. 결국 같은 카테고리에 들어간다는 말이죠.

짬뽕   그럼 준동사는 동사랑 생긴 게 비슷해서 준동사라고 하는 건가요?

바나나   생긴 것뿐만 아니라 동사의 뜻과 특징 등 여러 가지 공통점을 가지고 있어요.

짬뽕   그런데 동사가 아니라고요?

바나나   그런데 동사는 아니고요!

짬뽕   오호, 신기하네요! 😮

바나나   I know, right? 오늘은 준동사 중의 첫 주인공, 동명사부터 시작할게요. 동명사를 배우면 준동사의 전반적인 개념까지 이해하게 될 거랍니다!

🍌 동명사의 의미

바나나   짬뽕, 짬뽕이 제일 좋아하는 게 뭐예요?

짬뽕   food! 음식요. I like food!

바나나   음식? 음식을 먹는 거? 음식을 만드는 거? 음식을 보는 거? 뭘 좋아하는 거예요?

짬뽕   아… 저는 음식 만드는 실력은 형편없지만 음식 먹는 건 정말 좋아해요. 😄 그럼 선생님은 뭘 좋아하세요?

바나나   저는 video! 영상을 좋아해요.

짬뽕   영상 보는 걸 좋아하시는군요!

바나나   하하, 아뇨. 전 영상 찍는 걸 좋아해요! 😄 그런데 짬뽕, 지금 우리의 대화 패턴에 특이한 점이 있는데 눈치챘나요? 질문 후에 또다시 질문하길 반복하고 있어요. 이유가 뭘까요?

짬뽕   음식이나 영상의 범주가 워낙 커서일까요?

바나나   자, '음식'과 '영상'은 둘 다 명사예요. 우리 명사 수업에서 '명사는 정보를 담고 있지 않다'라고 배웠는데 기억하죠? 그래서 답변의 음식, 영상이란 단어만으로는 정보가 부족해요. 즉 답변의 의도를 명확하게 전달할 수 없죠. 그래서 질문에 동사를 추가해서 되물어야 했던 거예요.

짬뽕   아하! 그럼 이제 이렇게 말해야겠어요. 나는 음식 먹는 걸 좋아해요!

바나나   방금 짬뽕이 한 말을 영어로 만들어볼까요?

짬뽕   I like… eat food!

바나나   엇, 그럼 문장에 동사가 like, eat 총 2개인데요? 문장 하나에 동사는 하나밖에 못 쓴다고 했는데!

짬뽕   '나는=I, 좋아한다=like' 음식 먹는 건…? 어? 목적어에 명사를 써야

하는데 '음식 먹는 것'이라는 명사가 없어요. 😫

바나나　맞아요. '음식 먹는 것'이란 명사는 없어요. 그렇다고 매번 새로운 단어를 만들 수도 없잖아요? 그래서 탄생한 것이 바로 준동사예요.
준동사는 동사를 살짝 꾸민 뒤에 역할(품사)이 바뀐 거라고 생각하면 돼요. 동사에 to / -ing를 붙이거나 PP 형태로 생김새를 바꿔주면서 이때 품사 또한 바뀌는 거죠.

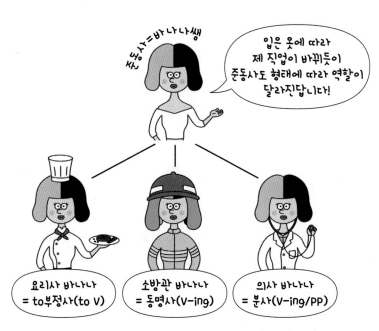

준동사=바나나쌤

입은 옷에 따라 제 직업이 바뀌듯이 준동사도 형태에 따라 역할이 달라진답니다!

요리사 바나나
= to부정사(to V)

소방관 바나나
= 동명사(V-ing)

의사 바나나
= 분사(V-ing/PP)

그중에 동명사는 '동사에 -ing를 붙여 명사화시킨다'라고 해서 동명사란 이름이 된 거랍니다.

짬뽕　아하! 그래서 동명사는 동사인 듯 동사 아닌 명사인 거군요!

바나나　하하! 맞아요. 😊 그럼 짬뽕의 대답을 다시 살펴볼게요. 영어로 '먹다'를 eat, '음식을 먹다'를 eat food라고 하죠? 여기에 -ing를 붙여 동명사로 만들면 이렇게 바뀌어요!

eating food = 음식을 먹는 것

짬뽕   그럼 "I like eating food."라고 하면 되나요?

바나나   그렇죠! 그럼 이것도 동명사로 만들어보세요.

① 잠자는 것: _____   ② 공부하는 것: _____   ③ 전화하는 것: _____

짬뽕   ① sleeping ② studying ③ calling! 오, 이제 이해했어요!

바나나   이렇게 동명사는 명사가 들어가는 모든 곳에 쓸 수 있습니다. S 주어, C 보어, O 목적어, 전명구 자리 모두에 말이죠!

짬뽕   그러면 동사 자리에는 못 쓰나요?

바나나   동명사는 결국 '동사를 닮은 명사'예요. 결코 동사가 아니랍니다! 그래서 동사 자리에는 절대로 못 씁니다. 아시겠죠? 😲

🍌 동명사의 형태 & 해석

> **① 기본: V-ing(~하는 것)**

Making a good decision is important. 좋은 결정을 내리는 것은 중요하다.

> **② 부정: not V-ing(~하지 않는 것)**
> **never V-ing(절대 ~하지 않는 것)**

She got sick by not eating at all after working out.

그녀는 운동 후 아무것도 먹지 않은 탓에 병이 났다.

③ 과거: having PP(~한 것)

She denied having driven drunk. 그녀는 음주 운전을 한 것을 부인했다.

④ 수동: being PP(~되는 것/~지는 것/~받는 것)

I can't stand being called a liar. 나는 거짓말쟁이로 불리는 걸 참을 수 없어.

🍌 동명사의 역할 & 종류

바나나 동명사는 명사가 들어갈 수 있는 모든 곳에 쓸 수 있다고 했는데요, S 주어, C 보어, O 목적어, 전명구 자리에서 어떻게 쓰이는지 예시를 볼게요.

── 동명사의 다양한 역할

1. 주어 S

Dancing with you is so much fun. 너와 춤추는 것은 정말 재미있어.

Finding a job in Japan is a piece of cake. 일본에서 취업하기란 식은 죽 먹기야.

Driving on icy roads is extremely risky. 차를 타고 빙판길을 달리는 건 정말 위험해.

* 영어에서는 주어가 긴 형태를 꺼려서 항상 가주어 it을 앞에 쓰고, 진짜 주어인 동명사를 뒤로 넘겨 가주어-진주어 형식을 만듭니다.

Dancing with you is so much fun. → It is so much fun dancing with you.

Finding a job in Japan is a piece of cake. → It is a piece of cake finding a job in Japan.

Driving on icy roads **is extremely risky.** → It **is extremely risky** driving on icy roads.

2. 보어 C

My hobby is watching Netflix. 내 취미는 넷플릭스를 보는 거야.

His mistake was mixing things helter-skelter. 그의 과오는 물건들을 뒤죽박죽 섞어놓은 것이었어.

The most important thing is solving crucial social issues like racism and sexism. 가장 중요한 사안은 인종차별과 성차별 같은 사회적 문제를 해결하는 거야.

3. 목적어 O

He denied stealing office supplies. 그는 사무용품을 훔친 것을 부인했다.

I don't mind waiting a few more minutes. 나는 몇 분 더 기다려도 상관없어요.

She loves making people happy. 그녀는 사람들을 행복하게 하는 것을 좋아해.

4. 전명구

I finished my speech by making a toast. 나는 건배사를 하며 연설을 마쳤다.

I'm looking forward to hearing from you. 당신의 답장을 기다리고 있겠습니다.

You should be careful in choosing a friend. 친구를 사귈 때 조심해야 한다.

—— **동명사의 다양한 관용 표현**

① by V-ing(~함으로써)

You can download free documents by visiting **our website.**

저희 홈페이지를 방문하면 무료 자료를 다운로드할 수 있습니다.

② without V-ing(~하지 않은 채로)

Don't go out without putting **on a mask.** 마스크를 쓰지 않은 채 외출하지 마세요.

③ on V-ing(~하자마자)

On hearing **the news, I became speechless.** 그 소식을 듣자마자 나는 말문이 막혔다.

④ in V-ing(~하는 데 있어서)

I was having a hard time in learning **a new language.**

새로운 언어를 배우는 데 어려움을 겪고 있었다.

⑤ feel like V-ing(~하고 싶다/~할 것 같다)

I feel like throwing up. 나 토할 거 같아.

⑥ cannot help V-ing(~하는 걸 멈출 수 없어)

I can't help thinking about it. 그걸 생각하는 걸 멈출 수가 없어.

짬뽕   오! 동명사는 내용이 간단한 편이네요. 연습하다 보면 이해될 것 같아요!

바나나   그럼 동명사를 이용해서 문장 만드는 연습을 몇 개만 해볼까요? 여러분도 빈칸에 정답을 적어보세요. ☺

① 나는 더러운 걸 만지는 게 싫어! _____

짬뽕   I don't like touching dirty things!

② 나는 그날 밤 더러운 걸 만진 게 싫어!(그날 밤 더러운 것을 만진 기억이 싫다는 뜻) _____

짬뽕　I didn't like touching dirty things that night… 음… 맞나요?

③ 나는 그가 더러운 걸 만지는 게 싫어! _____

짬뽕　I don't like he… touching…? 흐음…?

④ 나는 더러운 걸 만지지 않는 것이 싫어! _____

짬뽕　I don't like don't touching…?

⑤ 나는 만져지는 것이 싫어! _____

짬뽕　I don't like… 동명사…. 으아! 모르겠어요! 😣

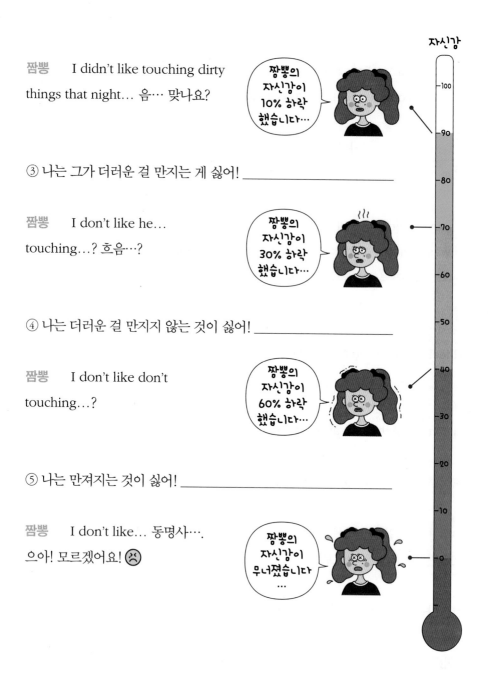

바나나　앗, 짬뽕! 걱정하지 말아요! 아직 준동사에 대한 정보가 완벽하지 않아서 그런 거예요. 그럼 퀴즈의 답을 알아보기 전에 준동사의 나머지 특징을 정복하러 가볼까요?

🍌 동명사의 준동사적 특징

바나나 준동사는 동사에서 출발하기 때문에 동사의 특징을 가져요. 일반 명사와 동명사를 비교하며 차이를 설명할게요.

chocolate(초콜릿) vs eating chocolate(초콜릿을 먹는 것)

1. 동사적(움직임/상태) 의미를 가진다

바나나 준동사의 가장 핵심적인 특징이에요. chocolate(초콜릿) 같은 명사만으로는 단어의 뜻 이 외에 그 어떤 정보도 전달하지 못해요. 하지만 준동사를 사용하면 eating chocolate(초콜릿을 먹는 것)처럼 동작의 의미를 전달할 수 있죠. 마찬가지로 buying chocolate(초콜릿을 사는 것), melting chocolate(초콜릿을 녹이는 것)처럼 동사적 의미를 함께 나타낼 수 있기 때문에 움직임과 상태 등의 '정보'를 전달할 수 있어요.

2. 동사의 짝을 받는다

[동사 ♥ 준동사]		
동사		준동사
1형식 완전자동사		X(짝꿍 없음)/부사/전명구
2형식 불완전자동사	**짝꿍 ♥**	보어
3형식 완전타동사		목적어
4형식 수여동사		간접목적어 + 직접목적어
5형식 불완전타동사		목적어 ǀ 목적격보어

바나나 문장 형식을 공부하면서 각 동사의 바로 뒤에 올 수 있는 다양한 요소를 배웠죠? 동사 뒤에 함께 오는 구조를 '짝꿍'이라고 한다면, 모든 동사에는 어울리는 짝꿍이 있는 거예요. 이렇게 짝꿍을 데려올 수 있는 건 동사의 특권이기도 합니다. 그래서 동사를 준동사로 바꾸더라도 이 특권은 변함없는 것이죠.

be in the room(방에 있다) → being in the room(방에 있는 것)
<u>전명구</u>

become a superstar(슈퍼스타가 되다) → becoming a superstar(슈퍼스타가 되는 것)
<u>보어</u>

make dinner(저녁을 만들다) → making dinner(저녁을 만드는 것)
<u>목적어</u>

teach you English(당신에게 영어를 가르치다) → teaching you English(당신에게 영어를 가르치는 것)
<u>간접목적어 + 직접목적어</u>

make me nervous(나를 불안하게 만들다) → making me nervous(나를 불안하게 만드는 것)
<u>목적어 + 목적격보어</u>

eating은 타동사 eat을 썼기 때문에 짝꿍인 목적어를 데려올 수 있어요. 그래서 eating chocolate(초콜릿을 먹는 것)이라고 쓸 수 있죠. 하지만 일반 명사는 짝꿍을 데려올 수 없어요. 그래서 '먹는 것'을 뜻하는 명사 ingestion(섭취)이 있지만, ingestion chocolate이라고 쓸 수 없습니다.

3. 시제가 있다

바나나 명사는 시제가 없는 품사예요. 예를 들어 명사 ingestion(섭취)만으로는 어제 / 오늘 / 내일의 섭취 같은 시간 개념을 표현할 수 없어요. 마찬가지로 사과 또한 그냥 사과, 컴퓨터는 컴퓨터, 가방은 가방이에요. 이런 명사에 시간을 나타내는 근거는 어디에도 없잖아요?

하지만 동사에는 '~하다', '~했다'처럼 현재와 과거 등을 표현하는 시간 개념이 존재합니다. 위의 예문 eating chocolate(초콜릿을 먹는 것)도 현재시제를 표현하며 '일반적으로 초콜릿을 먹는 행위'를 뜻하죠. 그리고 형태를 조금 변형하면 '초콜릿을 먹은 것'이라는 과거형을 만들 수도 있습니다. 그러면 동명사의 과거형은 어떻게 표현할까요?

짬뽕   ating chocolate?

바나나   준동사는 항상 동사원형과 함께 쓰는 게 원칙이에요. 그래서 eat의 과거형 ate는 동명사로 쓸 수 없어요. 동명사의 과거형은 having PP(~한 것) 형태로 써야 합니다.

짬뽕   그럼 having eaten chocolate!

바나나   바로 그거예요! 😄

4. 부정을 나타낼 수 있다

바나나   명사는 명사 자체만으로 부정을 표현할 수 없어요. ingestion(섭취)을 '안 섭취'라고 쓰진 않죠? 안 사과, 안 컴퓨터, 안 가방, 이런 말도 없고요. ☺ 하지만 동사 '먹다'는 '안 먹다'처럼 부정형으로 표현할 수 있어요. 따라서 동명사 또한 not eating chocolate(초콜릿을 먹지 않는 것)처럼 부정형이 가능합니다.

5. 수동을 나타낼 수 있다

바나나   아직 수동태(be PP)를 배우지 않았으니 간단하게 설명할게요. 동사원형인 eat(먹다)을 be eaten(먹히다) 형태로 바꾸는 것을 '수동태'라고 해요. 준동사에서 동사의 수동형을 표현할 때는 being eaten(먹히는 것)이라고 씁니다.

6. 의미상의 주어를 가진다

바나나   자, 준동사의 마지막 특징은 '의미상의 주어'를 가진다는 점이에요. 아까 '동사는 보어, 목적어 같은 짝꿍이 있다'라고 배웠죠? 하지만 동사의 짝꿍 중에서도 가장 친한 짝꿍은 바로 '주어'랍니다. 동사를 준동사로 바꿔도 '주어-동사'의 끈끈한 우정에는 변함이 없어요. 짬뽕, "I hate eating chocolate."을 해석해볼래요?

짬뽕　나는 초콜릿 먹는 것을 싫어한다!

바나나　여기서 '나'는 누가 초콜릿 먹는 걸 싫어하는 거예요?

짬뽕　당연히 '내'가 먹는 게 싫다는 말이겠죠?

바나나　왜 당연히 '내'가 먹는 게 싫다고 생각하는 거예요?

짬뽕　음… 내가 아니면 누가 먹는 게 싫다는 거겠어요? 😫 누구라는 말이 없으니 당연히 내가 먹는 게 싫다고 생각하는 거 아닐까요?

바나나　Exactly! 짬뽕 말처럼 준동사의 주체가 특별히 밝혀지지 않았다면 보통 문장의 주어와 준동사의 주어가 동일한 것으로 간주해요.
'문장의 주어=동명사의 주어'인 경우 동명사의 의미상의 주어를 밝힐 필요가 없는 거죠. 한국어에서도 굳이 "나는 내가 초콜릿 먹는 것이 싫어"라고 말하지 않잖아요? 그러나 '문장의 주어≠동명사의 주어'일 때는 동명사의 의미상의 주어를 밝혀야 해요. "나는 그가 초콜릿 먹는 것이 싫어", "나는 그녀가 초콜릿 먹는 것이 싫어", 이렇게요!

짬뽕　의미상의 주어라니… 이름이 너무 어려워요….

바나나　말 그대로 진짜 주어가 아니라 '의미상 이게 주어다!'라는 뜻이에요. 준동사 자체가 진짜 동사가 아니라서 주어를 받을 수 없기 때문이죠.

짬뽕　아하! 😮

바나나 "나는 초콜릿 먹는 게 싫어=I hate eating chocolate."이라면 "나는 그가 초콜릿 먹는 게 싫어"는 영어로 뭘까요?

짬뽕 I hate he eating chocolate?

바나나 오! 비슷했지만 정확하게는 "I hate his eating chocolate."이에요. 동명사의 의미상의 주어에는 '소유격'을 쓰는 게 법칙이에요. 다만 문법을 살짝 무시해도 되는 캐주얼한 대화를 나눌 때 종종 '목적격'을 쓰는 추세입니다.

짬뽕 I hate him eating chocolate. 이렇게요?

바나나 That's right! 하지만 문법적으로는 올바른 표현이 아니니 참고해서 쓰세요! 😃 그럼 지금까지 배운 내용을 바탕으로 아까 대답하지 못한 문장들을 다시 한번 살펴볼까요?

① 나는 더러운 걸 만지는 게 싫어!
 → I don't like touching dirty things!(동명사의 짝꿍)
② 나는 그날 밤 더러운 걸 만진 게 싫어!(그날 밤 더러운 것을 만진 기억이 싫다는 뜻)
 → I don't like having touched dirty things that night!(동명사의 과거형 aka 완료동명사)
③ 나는 그가 더러운 걸 만지는 게 싫어!
 → I don't like his touching dirty things!(동명사의 의미상의 주어)
④ 나는 더러운 걸 만지지 않는 것이 싫어!
 → I don't like not touching dirty things!(동명사의 부정)
⑤ 나는 만져지는 것이 싫어!
 → I don't like being touched!(동명사의 수동형)

짬뽕   오, 쌤! 뭔가 신세계가 펼쳐진 것 같은데요? 완전 재밌어요!

바나나 우리 짬뽕, 이제 영어에 제대로 재미가 붙은 것 같은데요? Excellent!
내일 배울 to부정사는 동명사와 아주 밀접하게 관련되니 오늘 공부를 열심히 복
습하면서 내일 수업까지 준비하도록 해요. 수고했고 내일 또 바나나요! 🍌

오늘 배운 내용

▶ 준동사의 뜻   ▶ 동명사의 의미   ▶ 동명사 형태 & 해석

▶ 동명사 역할 & 종류   ▶ 동명사의 준동사적 특징

준동사의 뜻

① 의미: 동사의 모양을 살짝 바꿔 다른 품사(명사 / 형용사 / 부사)로 활용하는 것

② 종류: to부정사, 동명사, 분사

동명사의 의미

동사를 닮은 명사: 동사에 '-ing'를 붙여 명사화한 것

– 동사의 특징을 가지고 있지만 동사 자리에 쓸 수 없다.

– 명사가 들어갈 수 있는 S(주어), C(보어), O(목적이), 전명구이 자리에 쓰인다.

동명사 형태 & 해석

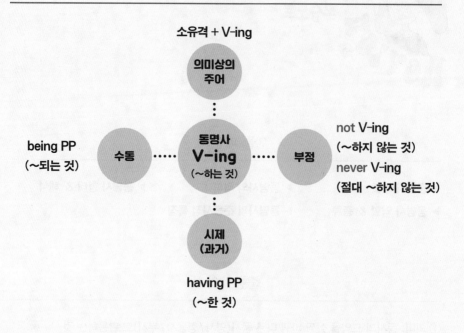

소유격 + V-ing

의미상의
주어

being PP
(~되는 것)

수동

동명사
V-ing
(~하는 것)

부정

not V-ing
(~하지 않는 것)
never V-ing
(절대 ~하지 않는 것)

시제
(과거)

having PP
(~한 것)

동명사의 역할 & 종류

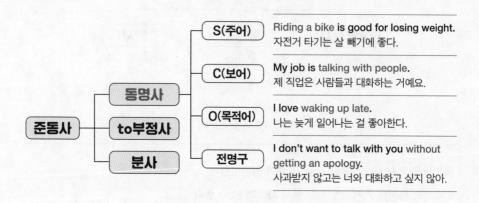

준동사 — 동명사 / to부정사 / 분사

동명사		
S(주어)	Riding a bike **is good for losing weight.** 자전거 타기는 살 빼기에 좋다.
C(보어)	**My job is** talking with people. 제 직업은 사람들과 대화하는 거예요.
O(목적어)	**I love** waking up late. 나는 늦게 일어나는 걸 좋아한다.
전명구	**I don't want to talk with you** without getting an apology. 사과받지 않고는 너와 대화하고 싶지 않아.

동명사의 준동사적 특징

① 동사적 의미 → dancing(춤추는 것), cleaning(청소하는 것)

② 동사의 짝

I love spending time with you. 나는 너와 함께 시간을 보내는 게 좋아.

I can help you by giving you some money. 네게 돈을 주는 것으로 도와줄 수 있어.

③ 시제 → **V-ing**(~하는 것), **having PP**(~했던 것)

④ 부정 → **not V-ing**(~하지 않는 것)

⑤ 수동태 → **being PP**(~되는 것)

⑥ 의미상의 주어 존재 → **소유격**+V-ing

1. 준동사와 관련하여 아래의 빈칸을 채우세요.

① 의미: _____의 모양을 살짝 바꿔 다른 품사(_____ / _____ / _____)로 활용하는 것

② 종류: to_____사, _____사, _____사

2. 다음 빈칸을 채우세요.

3. 아래 동명사의 의미에 관해 빈칸을 채우세요.

① 동사를 닮은 명사: 동사에 _____를 붙여 명사화한 것

② 동사의 특징을 가지고 있지만 _____ 자리에 쓸 수 없다.

③ 명사가 들어갈 수 있는 _____ / _____ / _____ / _____ 자리에 쓰인다.

4. 다음 빈칸을 채우세요.

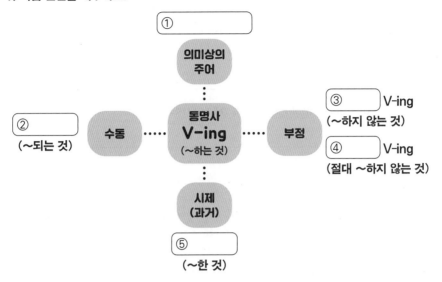

5. 아래 제시한 동명사의 역할을 사용해서 한 문장씩 마음대로 영작하세요.

① 동명사 → 주어(S)

_____

② 동명사 → 보어(C)

_____

③ 동명사 → 목적어(O)

_____

④ 동명사 → 전명구

_____

6. 각 문장에서 어법상 틀린 부분을 찾아 바르게 고치세요.

① Thank you for help me in many ways. 여러모로 저를 도와주셔서 감사합니다.

_____

② Work with you has been so much fun. 당신과 함께 일하는 것은 정말 즐거웠어요!

_____

③ I like spend time with you. 너와 함께 시간을 보내는 게 좋아.

_____

④ I cannot help to laugh! 웃지 않을 수 없어!

_____

⑤ Arty farted without apologize. 아티는 방귀 뀌고 사과도 안 했어.

_____

7. 빈칸에 들어갈 알맞은 말을 고르세요.

(1) A He said "Don't be late for dinner."

B Yeah, my father hates me _____ late for dinner. I could be
grounded if I'm late this time.

① to   ② be   ③ being   ④ for   ⑤ so

(2) A Everyone in my family wants to meet you.

B Really? I am very glad to hear that! My family is really looking
forward _____ you too!

① to see   ② see   ③ seeing   ④ to seeing   ⑤ see for

8. 괄호 안에 알맞은 것을 고르세요.

① Don't forget (to lock/locking) the door! 문 잠그는 거 잊지 마!

② Please remember (to call/calling) me when you get there!
거기 도착하면 전화하는 거 잊지 마!

③ I stopped (to work/working) because it was too late. 너무 늦어서 일하는 걸 멈췄어.

④ I regret (to say/saying) that. 그렇게 말한 걸 후회해.

⑤ It's getting dark! I am worried about (to go/ going) back home.
점점 날이 어두워지는데! 집에 돌아가는 게 걱정돼.

9. 다음 중 동명사가 아닌 것을 고르세요.

① I've learned so much from these books. It was worth <u>buying</u> them!

② I love <u>spending</u> time with you.

③ <u>Walking</u> tall, my ex-boyfriend walked right past me.

④ <u>Choosing</u> similar friends can have a rationale.

⑤ At this point, <u>starting</u> new project can be risky.

10. 오늘 배운 내용을 바탕으로 아래 문장을 영작하세요.

① 영어로 말하는 것은 쉽지 않다.

_____

② 아티가 가장 좋아하는 활동은 안고 뒹구는 것이다.

_____

③ 우리는 미국에 돌아가는 것을 미루었다.

_____

④ 점심 먹고 쇼핑 가자!

_____

⑤ 자러 가기 전에 스마트폰을 사용하는 것은 추천하지 않아요.

_____

* 정답은 p.507을 참고하세요.

오늘의 명언 about '관계'!

- No man is an island. 아무도 혼자인 사람은 없다. — John Donne

직역하면 '누구도 섬은 아니다'지만 의역하면 '누구나 다른 사람의 도움과 동행이 필요하다', 즉 사람은 혼자서 사는 존재가 아니라는 뜻이에요.

가끔은 너무 열심히 공부하거나 무언가에 지나치게 몰두하다 보면 '지금은 모든 걸 끊어내고 이것만 할래!'라고 마음먹는 경우도 생겨요. 그러고는 주변의 인간관계를 정리하고 잠수를 타기도 하죠. 하지만 인생을 크게 보세요. 공부해야 하는 시기에 놀고먹으며 시간을 보내는 것도 큰일이지만, 주변 사람을 잃는 것도 큰 손실이잖아요? 극단적으로 결정하기보다는 항상 주변을 살피면서 성장하길 바랍니다. 소중한 존재를 상기시키는 헬렌 켈러의 명언도 기억해두세요!

- I would rather walk with a friend in the dark, than alone in the light.

  빛 속에 혼자 있느니, 어둠 속에서 친구와 함께하겠다. — Helen Keller

DAY 14

준동사:

노래하고 춤추고 연기하는 만능 엔터테이너, to부정사!

오늘 배울 내용

- to부정사의 뜻

- to부정사의 형태 & 해석

- to부정사 vs 전치사 구분법

- to부정사의 역할 & 종류

- to부정사의 준동사적 특징

DAY 11~15 수업과
관련된 영상은
← 여기!

바나나 ♬ It's gonna be another day with the sunshine~ ♪ 햇살은 나의 창을 밝게 비추고~ ♪♬

짬뽕 바나나쌤, 무슨 노래인데 그렇게 흥겹게 부르시나요? 😃

바나나 어머, 짬뽕, 이 노래 몰라요? 가수 장나라의 〈Sweet Dream〉! 제가 어릴 때 진짜 자주 듣던 노래인데…. 😞

짬뽕 에이~ 쌤! 장나라는 가수가 아니라 배우예요. 출연하는 드라마마다 연기력이 장난 아니라고요!

바나나 짬뽕이 어려서 모르는군요? 장나라는 원래 가수로 유명했다고요! 노래면 노래, 연기면 연기, 거기에 예능감도 좋아서 가수, 배우, 예능인까지 다 하잖아요. 아, 우리는 그런 사람을 이렇게 부르죠.

짬뽕   만능 엔터테이너!

바나나   Exactly! 모든 역할에 능하단 뜻이죠. 오늘 배울 to부정사가 영어에서 '장나라' 같은 만능 엔터테이너랍니다! 😊

to부정사의 뜻

노래하고 춤추고 연기하는 만능 엔터테이너!

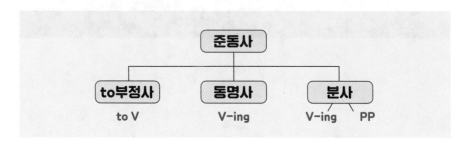

바나나   짬뽕, 어제 배운 준동사의 넘버 1 동명사는 품사가 뭐였죠?

짬뽕   동명사는 명사죠!

바나나   그럼 오늘 배울 준동사의 넘버 2 to부정사는 품사가 뭘까요?

짬뽕   글쎄요… 동명사는 이름에 명사라는 단어가 있어서 눈치채기 쉬웠는데 to부정사는 이름으로 추측하기 어렵네요. ☹️

바나나   그렇죠? 그럼 먼저 to부정사의 이름을 분석해볼게요. 영어 문법에서 '부정'은 한자로 '아닐 부(不), 정할 정(定)'을 써서 '정할 수가 없다'라는 뜻으로 쓰여요. 그래서 to부정사도 '품사를 정할 수 없다'라는 뜻을 가지고 있어요.

짬뽕   그런데 왜 품사를 정할 수가 없어요? 어제 배운 동명사만 해도 '명사'로 딱 정해져 있잖아요.

바나나   맞아요! 하지만 to부정사는 '명사', '형용사', '부사'까지 세 가지 역할을 할 수 있답니다.

짬뽕   헉! 역할을 세 가지나요? 그래서 영어계의 만능 엔터테이너 장나라라고 한 거군요?

바나나   맞아요. ☺ 역할이 3개라고 해서 'to명사형용사부사'라거나 'to장나라'라고 부를 수도 없잖아요? 결국 '품사를 딱 하나로 정할 수가 없다'라는 의미에서 to부정사라고 부르게 된 거랍니다.

[준동사의 품사]

▶ 동명사 = 명사
▶ to부정사 = 명사 or 형용사 or 부사

짬뽕   쓰임이 다양한 to부정사는 '준동사계의 장나라다!' 입력했어요! 😀

바나나   빙고! 동명사가 연기파 배우라면 to부정사는 연기, 노래, 예능까지 모두 잘하는 만능 엔터테이너니까요!

짬뽕   그럼 쓰임도 그만큼 많아서 더 중요하겠네요?

바나나   For sure! 그럼 본격적으로 to부정사 공부를 시작할까요?

🍌 to부정사의 형태 & 해석

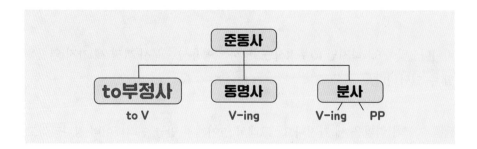

1. 기본: to V(명사/형용사/부사 역할)

① 명사(~하는 것)

To be a singer **is my dream.** 가수가 되는 것은 나의 꿈이야.

② 형용사(~하는/~할)

I downloaded the movies to watch. 볼 영화들을 다운로드했어.

③ 부사(~하기 위해서/~해서/~하다니/그 결과 ~하다/그러나 그 결과 ~하고
말았다 등)

I climbed the mountain to see the view. 경치를 보려고 산에 올랐다.

2. 부정: not to V / never to V(~하지 않는 것/~하지 않는/~하지 않기 위해서)

The most important thing is never to give up. 가장 중요한 건 결코 포기하지 않는 거야.

We decided not to go out. 우리는 나가지 않기로 결정했다.

3. 과거: to have PP(~한 것/~한)

I feel very honored to have seen this beautiful performance.

이렇게 아름다운 공연을 본 걸 **영광으로 생각해요**.

4. 진행: to be V-ing(~하는 중인 것/~하는 중인)

She seems to be talking **with somebody.** 그녀는 누구와 대화 중인 것처럼 보인다.

5. 수동: to be PP(~되는 것/~되는/~되기 위해서)

He is a man to be trusted. 그는 믿을 만한 사람이에요.

6. 원형: V(동사원형)

I'll let her know. 내가 그녀에게 알려줄게.

🍌 to부정사 vs 전치사 구분법

바나나　to부정사는 명사, 형용사, 부사 세 가지 품사로 쓰이기 때문에 각 품사별 역할을 따로 배울 거예요. 우선 to부정사가 명사로 쓰일 때는 동명사와 거의 비슷합니다. 명사가 쓰이는 사리인 S(주어), C(보어), O(목적어) 자리에 쓸 수 있죠. 다만 전명구 자리에는 쓰지 않아요.

짬뽕   전명구에는 왜 못 써요?

바나나   두 가지 이유가 있어요. 첫째, 혼동을 피하기 위해서예요. to부정사의 to 는 전치사 to와 똑같이 생겼잖아요? 그래서 문장에서 전명구 자리에 오면 전치사와 헷갈릴 수 있어요. 아래 그림의 문장을 볼까요?

I was made for loving you.
나는 너를 사랑하기 위해 태어났어.

위의 문장에서 전치사 for 뒤에 loving이라는 동명사가 왔어요. 이때 for to love 라고 쓰면 어떨까요? to가 전치사인지 to부정사인지 헷갈리겠죠?

짬뽕   정말 그러네요! 😵 love는 명사도 되고 동사도 되는 단어라서 더 구분 하기 어려운 것 같아요!

바나나   Exactly! 자, 그럼 두 번째 이유! to부정사는 두 번 끊어서 발음하기 때 문에 다른 단어가 붙으면 발음이 더 어려워져요. 동명사와 비교해볼게요.

〔동명사〕   having 해빙 / serving 썰빙 / loving 러빙 → 끊지 않고 한 번에 발음
〔to부정사〕 to have 투, 해브 / to serve 투, 썰브 / to love 투, 럽 → to와 동사
         사이를 끊어서 두 번에 걸쳐 발음

자, 그런데 여기에 전치사까지 넣어볼게요.

for to love 폴, 투, 럽 → 세 번 끊어서 발음

단어를 무려 세 번이나 끊기 때문에 발음하기가 쉽지 않아요. 그래서 전치사+to 부정사 조합은 쓰지 않기로 한 거죠!

짬뽕　　그렇군요! 그런데 선생님, 그럼 to부정사가 언제 명사로 쓰이고 형용사로 쓰이는지 어떻게 구분해요?

바나나　이게 참 어려운 부분이죠. 사실 그냥 봐서는 구분하기 쉽지 않은데요, 아래 두 가지 프로세스로 구분할 수 있어요.

1. 위치 보고 파악

① 주어, 보어, 목적어 자리에서 '~하는 것'으로 쓰이면 명사
② 명사의 뒤에서 '~하는/~할'처럼 후치수식하면 형용사
③ 문장의 제일 앞 혹은 뒤에서 '~하기 위해서' 등으로 해석되면 부사

2. 해석 통해 파악

① 명사로 해석되는 경우 '~하는 것'
② 형용사로 해석하는 경우 '~하는/ ~할'
③ 부사로 해석하는 경우 '~하기 위해서/ ~해서'

짬뽕　　으… 저 같은 영어 초보에겐 쉽지 않겠는데요. ☹

바나나　익숙해지면 금방 알아볼 수 있지만 처음엔 어려울 수 있어요. 우선 좀 더 자세하게 공부하고 점검해봐요. 그럼 to부정사가 명사로 쓰이는 경우부터 차근차근 배워볼까요? ☺

 **to부정사의 역할 & 종류**

---
to부정사의 명사적 용법

1. 주어 S

To be a hero **is to be lonely.** 영웅이 된다는 것은 외로워지는 것이다.

To see **is to believe.** 보는 것이 믿는 것이다.

To increase the benefits **for customers is my duty.** 고객의 이익을 증가시키는 것이 **나의 의무다.**

* 영어는 주어가 긴 형태를 좋아하지 않기 때문에 항상 가주어 it을 앞에 쓰고, 진짜 주어인 to부정사는 뒤로 넘겨 가주어-
 진주어 형식으로 바꿉니다.

To be a hero is to be lonely. → It is to be lonely to be a hero.

→ 주어와 보어가 똑같이 to V 형태라면 '구어체' 느낌이 강해지고, 가주어-진주
 어 형식으로 바꾸면 좀 더 '문어체' 느낌을 줍니다.

To see is to believe. → To see is to believe.

→ 속담은 가주어-진주어 형식으로 쓰지 않고, 문장이 길어도 가주어-진주어 형
 식을 잘 쓰지 않습니다.

To increase the benefits for customers is my duty.

→ It is my duty to increase the benefits for customers.

2. 보어 C

The best thing about my job is getting to help people.

내 직업의 최고 장점은 사람들을 돕는다는 거야.

They seem to be satisfied. 그들은 만족스러워 보인다.

3. 목적어 O

He started to feel nervous. 그는 긴장감을 느끼기 시작했다.

I don't want to ask you any help. 나는 너에게 어떤 도움도 요청하고 싶지 않아.

I like to run. 난 달리기를 좋아해.

4. to부정사로 만드는 명사구

바나나　wh- 의문사와 to부정사를 합하면 명사구를 만들 수 있어요. S(주어), C(보어), O(목적어), 전명구에 모두 쓸 수 있습니다.

① what to V(무엇을 ~할지)

　We have to decide what to do. 우리는 무엇을 할지 결정해야 해.

② which to V(무엇을 ~할지)

　Can you tell me which to choose? 무엇을 선택할지 말해줄 수 있어?

③ who(m) to V(누구를 ~할지)

　I don't know who to thank. 누구에게 감사해야 할지 모르겠어.

　(＊ whom은 형식적인 표현으로 주로 문어체로 여겨짐)

④ what N to V(어떤 N을 ~할지)

　Did he tell you what color to buy? 걔가 어떤 색깔을 사야 할지 너한테 말해줬니?

⑤ which N to V(어떤 N을 ~할지)

　I know which school to go to. 나는 어떤 학교에 가야 할지 알아.

⑥ whose N to V(누구의 N을 ~할지)

　Let me know whose book to read. 누구의 책을 읽을 건지 알려줘.

⑦ where to V(어디로 ~할지)

　She advised me where to travel. 그녀는 나에게 어디로 여행할지 조언해줬어.

⑧ when to V(언제 ~할지)

　We will decide when to start. 언제 시작할지 결정할 거예요.

⑨ how to V(어떻게 ~할지)

Everyone knows how to cook **Ramen.** 누구나 라면을 어떻게 요리하는지 안다.

— to부정사의 형용사적 용법

1. 한정적 용법

바나나   항상 명사 뒤에서 후치수식하며 형용사처럼 쓰여요.

I want something to drink. 나는 마실 것을 원해.

It's time to take a bus. 버스를 탈 시간이야.

He is the boy to fight **tonight.** 얘가 오늘 밤 싸울 소년이야.

She is the one to tell you what to do. 그녀가 너에게 뭘 해야 할지 알려줄 사람이야.

Do you have some money to lend me? 나한테 빌려줄 돈 좀 있어?

2. 서술적 용법 = be to V

바나나   'be to 용법'으로 알려진 약간 딱딱한 표현으로 뉴스, 신문, 발표, 연설 등에서 많이 쓰여요. be동사 뒤 보어 자리에 to부정사가 오면 상황에 따라 '예정/의무/가능/운명/의도' 등으로 다양하게 해석되는데, 90%는 미래로 해석됩니다.

〔예정〕 **President Trump is to visit Seoul next Monday.**

트럼프 대통령이 다음 주 월요일 서울을 방문할 예정입니다.

〔의무〕 **The students on this course are to take a midterm exam.**

이 코스의 학생들은 모두 중간고사를 치러야 합니다.

〔가능〕 **You are to get a pay rise at the end of this year.**

당신은 올해 말 월급 인상을 받을 수 있을 거예요.

〔운명〕 **She was to become a superstar.** 그녀는 슈퍼스타가 될 운명이었다.

[의도] If you are to be successful, you need to focus on your school work.

성공하고자 한다면 학교 공부에 좀 더 신경을 써야 한다.

to부정사의 부사적 용법

바나나 부사적으로 '동사 / 형용사 / 부사 / 문장 전체' 등을 꾸미며 문장 제일 앞
혹은 제일 뒤에 위치합니다.

① ~하기 위해서

I moved to the UK to study at Oxford University.

나는 옥스퍼드 대학에서 공부하기 위해 영국으로 이사했다.

I am going to study hard to beat you! 나는 너를 이기기 위해 열심히 공부할 거야!

② ~해서(happy / sorry / sad 등 감정형용사와 많이 씀)

I am so proud to be one of your team. 당신 팀에 합류해서 정말 자랑스럽습니다.

I am so glad to meet you! 너를 만나서 정말 기뻐!

I am sorry to hear that. 그 소식을 들어서 마음이 좋지 않아.

③ ~하기에(too 혹은 enough와 함께 많이 씀)

It's too expensive to buy. 사기에 너무 비싸.

He looks too tired to go to work. 그는 일하러 가기에 너무 피곤해 보여.

I am old enough to live alone. 나는 혼자 살기에 충분히 나이를 먹었어.

We have enough money to spend. 우리는 쓸 돈이 충분해.

④ ~하다니(smart / stupid / lucky 등 성질형용사와 많이 씀)

He was so stupid to steal that money. 그 돈을 훔치다니 그는 너무 멍청해.

You were right to pay him back. 그에게 돈을 돌려주다니 네가 옳았어.

⑤ 그 결과 ~하다(시간의 경과에 따라 일어나는 자연스러운 결과)

I grew up to be a healthy, positive person. 나는 건강하고 긍정적인 사람으로 자랐다.

Rain and freezing temperatures combine to make snow.

비와 차가운 온도가 만나면 눈이 된다.

⑥ 그러나 그 결과 ~하고 말았다(기대하지 않은 반대의 결과)

He bought a new cell phone only to lose it again.

그는 새 휴대폰을 샀지만 결국 다시 잃어버렸다.

I got to the station only to find that my train had already left.

기차역에 도착했지만 결국 기차는 떠난 뒤라는 걸 알게 되었다.

 to부정사의 준동사적 특징

바나나 to부정사 또한 동명사와 마찬가지로 준동사의 특징을 가지고 있어요. 정리하면서 예시를 함께 볼게요.

1. 동사적 의미를 가진다

→ to sleep(자는 것) / to eat(먹는 것)

2. 동사의 짝을 받는다

I want to see her smile. 나는 그녀가 웃는 것을 보고 싶어.

I went back home to take care of my sister. 난 언니를 돌보기 위해 집으로 돌아갔다.

3. 시제가 있다

→ to V~(~하는 것) / to have PP(~한 것)

4. 부정을 나타낼 수 있다

→ not to V(하지 않는 것)

5. 수동을 나타낼 수 있다

→ to be PP(~되는 것)

6. 의미상의 주어를 가진다

① 일반적인 의미상의 주어: for N to V

It is really hard for me to find a girlfriend. 여자친구를 찾는 일은 내겐 정말 어려워.

It was impossible for me to pass the test. 내가 그 시험을 통과하는 것은 불가능한 일이었어.

There are three options for you to choose. 네가 선택할 수 있는 옵션이 3개 있어.

② 특성/성질형용사가 올 때의 주어: of N to V

It is very nice of you to introduce him. 그를 소개해주다니 정말 친절하군요.

It is sweet of him to give me this opportunity. 나에게 이런 기회를 주다니 그는 정말 다정해.

짬뽕　솔직히 to부정사는 학교 다니면서 1000번 이상 들어본 문법 용어인데, 제대로 이해한 적이 한 번도 없었어요. 이렇게 싹 정리하고 나니까 너무 속이 후련한 거 있죠? 후아~! 😊

to부정사 소화 다(?) 됐어요~!

바나나 I feel you! 저도 그 기분 알죠! 그렇게 어렵지 않았죠? 😀

짬뽕   엇? 네⋯ 😥 특히 어제 동명사를 배우고 나니까 준동사의 특징이 머릿속에 잘 정리되더라고요. 오늘 내용은 꼭 여러 번 복습해서 제 걸로 만들게요.

바나나 Keep up the good work! 지금처럼 잘해주시고 그럼 우린 또 **내일 바나나요!** 🍌

오늘 배운 내용

▶ to부정사의 뜻

▶ to부정사 vs 전치사 구분법

▶ to부정사의 준동사적 특징

▶ to부정사의 형태 & 해석

▶ to부정사 역할 & 종류

to부정사의 뜻

영어계의 만능 엔터테이너로 명사/형용사/부사, 총 세 가지 품사로 쓰인다. 한자로 '아닐 부(不), 정할 정(定), 말씀 사(詞)'를 써서 '품사를 정할 수 없다', 즉 문장에서 다양한 품사로 쓰여 한 가지 품사로 정할 수 없다는 의미이다.

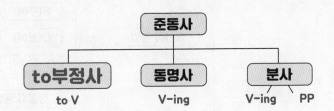

to부정사의 형태 & 해석

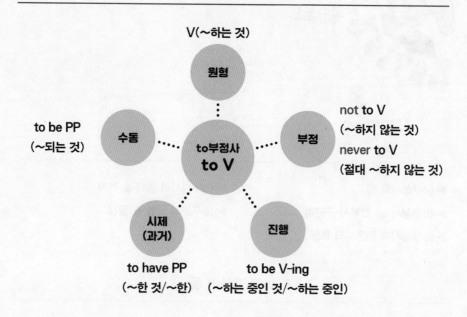

to부정사의 역할 & 종류

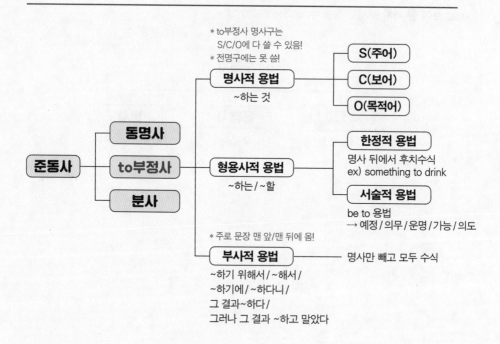

to부정사의 준동사적 특징

① 동사적 의미

→ **to sleep**(자는 것), **to eat**(먹는 것)

② 동사의 짝

I want to see her smile. 나는 그녀가 웃는 것을 보고 싶어.

I went back home to take care of my sister. 난 언니를 돌보기 위해 집으로 돌아갔다.

③ 시제

→ **to V**~(~하는 것), **to have PP**(~했던 것)

④ 부정

→ **not to V**(하지 않는 것)

⑤ 수동

→ **to be PP**(~되는 것)

⑥ 의미상의 주어 존재

〔 **일반적인 의미상의 주어: for N to V** 〕

It is really hard for me to find a girlfriend. 여자친구를 찾는 일은 내겐 정말 어려워.

There are three options for you to choose. 네가 선택할 수 있는 옵션이 3개 있어.

〔 **특성/성질형용사가 올 때의 주어: of N to V** 〕

It is very nice of you to introduce him. 그를 소개해주다니 정말 친절하군요.

It is sweet of him to give me this opportunity. 나에게 이런 기회를 주다니 그는 정말 다정해.

오늘의
바나나 퀴즈

1. 준동사와 관련하여 아래의 빈칸을 채우세요.

① 의미: _____의 모양을 살짝 바꿔 다른 품사(_____ / _____ / _____)로 활용하는 것

② 종류: to_____사, _____사, _____사

2. 다음 빈칸을 채우세요.

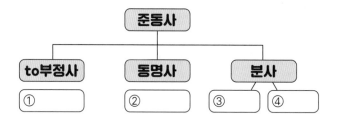

3. 아래 to부정사의 역할에 관해 빈칸을 채우세요.

영어계의 _____로 '명사 / 형용사 / 부사' 모든 역할을 다 할 수 있다.

4. 아래 to부정사의 의미에 관해 빈칸을 채우세요.

한자로 '_____ 부(不), _____ 정(定), _____ 사(詞)'로 '품사를 정할 수 없다'
라는 뜻이다. 총 세 가지 품사 _____ / _____ / _____로 쓰여서 품사를 하나로
정할 수 없다는 의미이다.

5. 다음 빈칸을 채우세요.

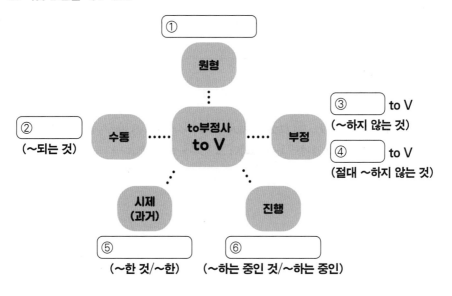

6. to부정사의 준동사적 특징에 관해 다음 빈칸을 채우세요.

① _____ 의미를 가진다.

② 동사의 _____을 받는다.

③ _____가 있다.

④ _____을 나타낼 수 있다.

⑤ _____을 나타낼 수 있다.

⑥ 의미상의 주어를 가진다. ┌ 일반적인 의미상의 주어: ____ N to V

　　　　　　　　　　　　 └ 특성 / 성질형용사가 올 때의 주어: ____ N to V

7. 아래 제시한 to부정사의 역할을 사용해서 한 문장씩 마음대로 영작하세요.

〔 to부정사의 명사적 용법: ~하는 것 〕

① 주어(S) _____

② 보어(C) _____

③ 목적어(O) _____

④ 한정적 용법 _____

⑤ 서술적 용법 _____

〔 to부정사의 부사적 용법: ～하기 위해서/～해서/～하기에/～하다니/
그 결과 ～하다/그러나 그 결과 ～하고 말았다 〕

⑥ 명사 빼고 다 수식 _____

8. 각 문장에서 어법상 틀린 부분을 찾아 바르게 고치세요.

① It is very nice for you to introduce him. 그를 소개해주다니 정말 고마워!

_____

② It's too expensive buying. 사기에 너무 비싸.

_____

③ Do you have some money lending me? 빌려줄 수 있는 돈이 좀 있어?

_____

④ To go any further is unnecessary. 계속해서 진행하는 것은 불필요한 것 같아.(이쯤에서 그만두자)

_____

9. 괄호 안에 알맞은 것을 고르세요.

① I chose (to be / being) a schoolteacher. 나는 선생님이 되기로 결심했다.

② I don't know how (to make / making) money. 나는 어떻게 돈을 버는지 알지 못한다.

③ He is tall enough (to ride / riding) the roller coaster.

그는 이 롤러코스터를 타도 될 만큼 키가 크다.

④ This computer is too slow (to download / downloading) a movie.

이 컴퓨터는 영화를 다운로드하기에 너무 느리다.

10. 각 단어마다 제시한 문장의 차이점을 파악하고 바르게 해석하세요.

[remember]

① Arty remembers to lock the car.

_____

② Arty remembers locking the car.

_____

③ Arty remembered to call his mother.

_____

④ Arty remembered calling his mother.

_____

[forget]

⑤ Arty forgot to lock the door.

_____

⑥ Arty forgot meeting you last year.

_____

[stop]

⑦ Arty stopped the slide show to ask the audience what they were thinking.

_____

⑧ Arty has stopped buying expensive gifts for Banana because they are planning to buy a new house.

_____

[try]

⑨ My computer didn't work and Arty tried turning the computer off and on.

_____

⑩ Arty tries to speak Korean every day.

_____

11. 괄호 안에 알맞은 말을 고르세요.

① I want (to eat / eating) something sweet. 달콤한 뭔가를 먹고 싶어.

② I finished (to write / writing) a book. 책 쓰는 일을 끝냈다.

③ I enjoy (to play / playing) piano. 나는 피아노 치는 것을 좋아한다.

④ You must learn (to control / controlling) your temper. 너는 성질 죽이는 법을 좀 배워야 해.

⑤ I didn't expect (to see / seeing) you here. 여기서 너를 보게 될 줄 예상 못 했어!

12. 다음 문장에 쓰인 to부정사의 용법을 쓰세요.

> to부정사에는 (명사적 / 형용사적 / 부사적 용법)이 있다.

① He bought some flowers to give to his girlfriend. (_____)

② It is wonderful to have trustworthy friends. (_____)

③ Arty double-checked the spelling of his name to avoid any mistakes.

　(_____)

④ I beg to differ with you. (_____)

⑤ I have some dresses to wash. (_____)

13. 다음 문장을 영작하세요.

① 여름방학은 여행 가기 가장 좋은 시기이다.

_____

② 나는 매일 일기 쓰는 것을 좋아한다.

_____

③ 친구들과 공부하면 더 동기부여를 받기 때문에 친구들과 함께 공부하고 싶어.

_____

④ 아이들은 엄마를 찾을 수 없을 때 울기 마련이다.

_____

＊ 정답은 p.507~508을 참고하세요.

DAY 15

준동사:

PPL냐 V-ing냐, 그것이 문제로다, 분사!

오늘 배울 내용

- 분사의 뜻

- 분사의 역할

- 분사의 형태 & 해석

- 주의해야 할 분사

- 분사의 준동사적 특징

DAY 11~15 수업과
관련된 영상은
← 여기!

짬뽕　아이고… 바나나쌤, 저 오늘 엄청 피곤해요. I am so tired. 새로 산 매트
리스가 'made in China'인데 자고 나면 허리가 아파요.

바나나　이런… 허리 아픈 짬뽕을 위해 I have exciting news!(신나는 소식이
있어요!) 오늘 수업은 여기서 접겠습니다!

짬뽕　네? 시작도 하기 전에요? 😮

바나나　오늘 배울 분사를 짬뽕이 이미 다 아는 것 같거든요. 😃

짬뽕　네? 전 분사의 '분'도 모르는데요….

바나나　하하! 분사를 모른다고 생각하지만 이미 쓰고 있었을걸요? 방금 짬뽕이

말한 "I am so tired."나 'made in China' 둘 다 분사를 써서 만든 문장이거든요.

짬뽕 오! 저게 분사라고요? 그런데 쌤이 오늘 수업을 접자고 하시니 더 열정적으로 공부하고 싶은 건 왜일까요? 😬

바나나 좋아요! 그럼 오늘은 준동사의 마지막이자 넘버 3인 분사를 열정적으로 배워봐요! 😊

🍌 분사의 뜻

> PP냐 V-ing냐,
> 그것이 문제로다!

바나나 먼저 분사의 이름부터 살펴볼게요. 짬뽕, 분사가 뭔지 이름만으로 추측할 수 있겠어요?

짬뽕 분사라… 이름만으로는 전혀 감이 안 오네요…. 동명사처럼 이름부터 티를 내면 좋을 텐데 말이죠.

바나나 살짝 힌트를 줄까요? 분사는 사실 별칭이 있는데요, 바로 '동형사'랍니다.

짬뽕 저 알 것 같아요! 분사는 '동사인 듯 동사 아닌 동사 같은 형용사'죠?

바나나 역시 우리 짬뽕은 영재야, 영재! 맞아요. 이 별칭을 들으니 바로 느낌이 팍! 오죠?

짬뽕 이럴 거면 애초에 이름을 동형사라고 짓지, 왜 분사라고 했을까요?

바나나 문법학자들도 다 이유가 있다고 합니다. 😊 분사의 '분'은 한자로 '나눌 분(分)'을 쓰는데 분사는 동사를 두 가지 모양으로 나누기 때문이에요.

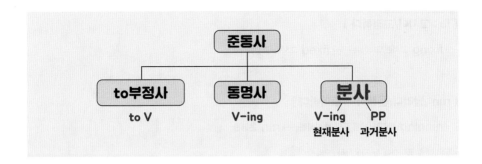

위의 그림처럼 V-ing 형태를 '현재분사', PP 형태를 '과거분사'라고 부릅니다.

> **▶ 분사**
>
> 〔현재분사〕 V-ing: ~하는/~하는 중인(능동/ 진행의 의미)
> 〔과거분사〕 PP: ~된/~진/~받은(수동/완료의 의미)

짬뽕   해석을 보니까 다 형용사 같은데요? 그럼 이 V-ing, PP는 문장에서 형용사로 쓰이나요?

바나나   That's right! 😃 그럼 형용사는 문장에서 어떤 역할을 하죠?

짬뽕   명사를 꾸며주거나 보어 자리에 올 수 있어요.

바나나   분사도 똑같아요! 명사를 앞과 뒤에서 꾸며주거나(한정적 용법) 보어 자리에서 주어를 꾸미거나(SC 역할) 목적어를 꾸며줄(OC 역할) 수 있어요(서술적 용법). 그럼 본격적으로 분사의 역할을 배우기에 앞서 동사를 분사로 만드는 연습을 해볼게요.

〔 move: 움직이다/감동시키다 〕

⟶ moving 움직이는/감동을 주는 ⟶ moved 옮겨진/감동받은

〔 fix: 고치다/고정하다 〕

→ fixing 고치는/고정하는 → fixed 고쳐진/고정된

〔 run: 달리다/운행하다/출마하다 〕

→ running 달리는/운행 중인/출마하는 → run 운행된

* '달리다 & 출마하다'는 자동사라 PP의 뜻이 없음

〔 write: 쓰다 〕

→ writing 쓰는 → written 쓰인

〔 break: 깨다 〕

→ breaking 깨는 → broken 깨진

 분사의 역할

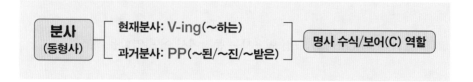

1. 명사를 꾸미는 분사(한정적 용법)

I want to write a moving story. 나는 감동을 주는 이야기를 쓰고 싶어.

She gets a fixed income from her company. 그녀는 회사로부터 고정된 수입을 얻고 있어.

Joseph Biden was Obama's running mate. 조지프 바이든은 오바마의 러닝메이트(선거 동반 출마자)였다.

No one ever died of a broken heart. 이별의 상심(깨어진 심장) 때문에 죽는 사람은 없어.

He gave me a book written in French. 그는 프랑스어로 쓰인 책을 한 권 주었다.

2. 보어 역할을 하는 분사(서술적 용법)

① 2형식 주격보어

I was moved by his movie. 나는 그의 영화를 보고 감동받았어.

The book was very disappointing. 그 책은 아주 실망스러웠다.

His speech was so boring. 그의 연설은 너무 지루했다.

Everyone got bored. 모두가 지루해졌다.

② 5형식 목적격보어

Leave the door closed. 문을 닫아두세요.

I heard my music playing in a record shop. 나는 레코드 가게에서 내 음악이 나오는 것을 들었다.

I saw her dancing. 나는 그녀가 춤추는 것을 보았다.

Keep your mouth shut. 입 닫고 있어.(너의 입을 닫힌 상태로 유지하라는 뜻)

3. 동사의 시제 & 수동태

바나나   분사는 형용사의 역할을 할 뿐만 아니라 일반조동사(auxiliary verb)와 함께 시제와 수동태를 만들기도 해요. 이미 동사 편에서 배운 '진행형'과 '완료형' 그리고 나중에 배울 동사의 '수동태'에도 분사가 쓰입니다.

〔진행형〕 be V-ing: ～하는 중이다

〔완료형〕 have PP: 지금까지 ～해왔다

〔수동태〕 be PP: ～되다/～지다/～받다

짬뽕   어쩐지…. V-ing(～하는 중이다), PP(～된/～진/～받은), 이 두 의미가 낯설지 않은 이유가 있었네요.

바나나   아마 배운 내용들이 머릿속에 차곡차곡 쌓이면서 문법의 퍼즐도 하나씩 맞춰지고 있을 거예요.

🍌 분사의 형태 & 해석

1. 기본 분사

> ① V-ing(~하는/~하는 중인)
> ② PP(~된/~진/~받은)

① V-ing(~하는/~하는 중인)

sing 노래하다 → singing 노래하는

clean 청소하다 → cleaning 청소하는

② PP(~된/~진/~받은)

check 체크하다 → checked 체크된

make 만들다 → made 만들어진

2. 복합분사: 분사가 다른 단어와 합쳐진 형용사구

> ① 부사 + V-ing(~하게 ~하는)
> ② 부사 + PP(~하게 ~된)
> ③ 형용사 + V-ing(~한 상태로 ~하는)
> ④ 형용사 + PP(~한 상태로 ~된)
> ⑤ 명사 + V-ing(~를 ~하는)
> ⑥ 명사 + PP(~에 의해 ~된)

① 부사+V-ing(~하게 ~하는)

hard-working employee 열심히 일하는 직원

fast-running man 빠르게 달리는 남자

early-rising sun 일찍 떠오르는 태양

② 부사＋PP(~하게 ~된)

well-made **album** 잘 만들어진 앨범

newly-married **couple** 신혼부부

newly-born **baby** 갓난아이

well-known **YouTuber** 잘 알려진 유튜버

③ 형용사＋V-ing(~한 상태로 ~하는)

good-looking **man** 잘생긴 남자

delicious-looking **food** 맛있어 보이는 음식

④ 형용사＋PP(~한 상태로 ~된)

hard-boiled **egg** 완숙된 달걀(삶은 달걀)

ready-made **sauce** 이미 만들어진 소스(시판 소스)

⑤ 명사＋V-ing(~를 ~하는)

time-consuming **work** 시간이 많이 걸리는 일

english-speaking **people** 영어를 사용하는 사람들

video-making **company** 비디오를 만드는 회사

⑥ 명사＋PP(~에 의해 ~된)

hand-made **car** 수작업으로 만든 차

sun-dried **tomato** 햇볕에 말린 토마토(선드라이드 토마토)

home-cooked **meal** 집에서 만든 음식

3. the + 분사

① the V-ing(하는 사람 or 물건/~하는 사람들 or 물건들)
② the + PP(~된 사람 or 물건/~된 사람들 or 물건들)

① the V-ing(하는 사람 or 물건 / ~하는 사람들 or 물건들)

the dying 죽어가는 사람들/ the dancing 춤추는 사람들

② the + PP(~된 사람 or 물건 / ~된 사람들 or 물건들)

the dead 죽은 사람들/ the unexpected 예상치 못한 일

4. 유사분사: 분사는 아니지만 분사와 유사한 역할을 하는 형용사

형용사 + 명사 -ed: ~한 명사를 가진

hot-tempered people 성격이 불같은 사람들

brown-eyed girls 갈색 눈을 가진 소녀들

warm-hearted person 마음이 따뜻한 사람

짬뽕   선생님, 분사가 아닌데도 분사랑 비슷하다는 유사분사는 도대체 뭔가요?

바나나   자, 유사분사 예시를 자세히 들여다볼까요?

brown-eyed girls → 갈색 눈을 가진 소녀들

brown-eye는 동사가 아닌 '갈색 눈'이라는 뜻의 명사죠? 원래 분사는 '동사'에 -ing 혹은 -ed를 붙여서 만드는데, 이렇게 명사에 -ed를 붙여 eye를 eyed로,

마치 '분사화'한 것같이 쓰는 걸 말해요.

짬뽕   오! 그냥 분사인 줄 알았는데 자세히 보니 명사였네요! 신기해요!

 주의해야 할 분사

1. 감정분사

바나나   감정분사란 감정을 나타내는 동사를 분사 V-ing / PP 형태로 바꿔 쓰는 것을 말해요. 분사 중에 학생들이 가장 어려워하는 부분이기도 하죠. 그럼 자주 쓰는 감정분사를 살펴볼게요.

[자주 쓰는 감정분사]

감정동사	현재분사	과거분사
interest (흥미를 끌다)	interesting (흥미로운)	interested (흥미가 생긴)
amaze (놀라게 하다)	amazing (놀라운)	amazed (놀란)
bore (지루하게 하다)	boring (지루한)	bored (지루함을 느낀)
embarrass (당황하게 하다)	embarrassing (당황하게 하는)	embarrassed (당황함을 느낀)
excite (신나게 하다)	exciting (신나는)	excited (신나게 된)
surprise (놀라게 하다)	surprising (놀라게 하는)	surprised (놀라게 된)
please (기쁘게 하다)	pleasing (기쁘게 하는)	pleased (기쁨을 느낀)
satisfy (만족시키다)	satisfying (만족을 주는)	satisfied (만족을 느낀)
disappoint (실망시키다)	disappointing (실망을 주는)	disappointed (실망을 느낀)
confuse (혼란을 주다)	confusing (혼란을 주는)	confused (혼란을 느낀)
shock (충격을 주다)	shocking (충격을 주는)	shocked (충격늘 느낀)

여기서 감정분사의 핵심 포인트! 현재분사는 주어가 어떠한 감정을 '주는' 상황에서 쓰고, 과거분사는 주어가 어떠한 감정을 '느끼는' 상황에서 쓴다는 점이에요. 그런데 대부분의 학생이 한국적으로 해석하다 보니 실수하기 쉬워요.

짬뽕   한국적인 해석이라는 게 무슨 말인가요?

바나나   예를 들어 형용사 exciting을 한국어로 해석하면 '신나는'이죠? 그래서 '나는 신난다'를 직역해서 "I am exciting."이라고 쓰는 거예요.

짬뽕   아, 이렇게 쓰는 게 틀린 거예요? 그럼 어떻게 써야 하나요? 😟

바나나   자, 정확하게 해석하면 exciting은 '신나게 하는', excited는 '신나게 된'이에요. 주어가 신나는 감정을 '주는' 사람이면 exciting, 신나는 감정을 '느끼는' 사람이면 excited를 쓰는 거죠.

짬뽕   아! 그럼 '나는 신난다'는 '내가 신나는 감정을 느끼는' 거니까 "I am excited!"가 맞겠군요!

바나나   Exactly! 잘못된 예와 옳은 예를 더 보여줄게요. 우리는 따분할 때 한국어로 "나 너무 지루해."라고 자주 말하죠?

바나나   그리고 기분 좋을 때는 이렇게 말하죠? "나 너무 신나!"

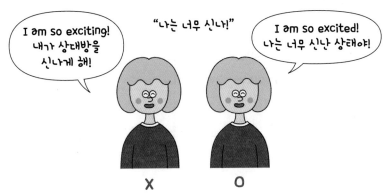

* "I am so exciting!"은 내가 다른 사람을 신나게 한다는 뜻인데, 영어로는 성적인 의미로 해석되기도 하니 특히 조심!

> ▶ 감정분사
>
> 감정을 주면 → V-ing
> 감정을 느끼면 → PP

짬뽕   아! 이제 좀 감이 오네요! 한국어로 말할 땐 감정을 내가 느끼는 건지 상대가 느끼는 건지 그 차이가 명확하지 않은데, 영어는 정확하게 구분해서 쓰는군요. ☺

바나나   That's right! 😊 그럼 조금 더 연습해볼까요?

나는 어제 충격적인 소식을 들었다.(소식이 충격을 '주는' 것)
→ I heard shocking news yesterday.

그 수업은 너무나 지루했다.(수업이 시쿠한 감정을 '주는' 것)
→ The class was so boring.

난 너한테 정말 실망했어.(내가 실망감을 '느꼈'다고 쓰거나, 상대방이 실망감을 '주었'다고 쓸 수 있음)

→ **You disappointed me.** 너는 나를 실망시켰다.(분사가 아닌 동사로 쓴 경우)

→ **You are very** disappointing. 너 정말 실망스럽다.

→ **I am** disappointed **in you.** 난 너한테 실망했어.

바나나 어때요? 예문과 함께 바뀐 문장들을 보니 이해가 되죠? 그럼 이제 짬뽕도 문장을 한번 만들어봐요.

짬뽕이네 집

나는 짬뽕 brother~

~~~~ ~~~~~!

Q. 짬뽕이 친구를 집에 데려왔는데 오빠가 집에서 속옷만 입고 돌아다니고 있다! 오빠 때문에 창피한 짬뽕이 한 말은?

* 힌트: embarrass(창피하게 하다)

짬뽕 으… 자신은 없지만 한번 해볼게요. 😣

① **You are** embarrassing! 너 진짜 쪽팔려!

② **I am** embarrassed **of you!** 너 때문에 (내가) 쪽팔려!

③ **You** embarrassed **me!** 너는 나를 창피하게 했어!

바나나 이야~! 짬뽕, 정말 대단한데요? 현재분사, 과거분사, 감정동사 세 가지 형식 모두 문장을 잘 완성했어요!

짬뽕   선생님, 그런데 감정을 느끼는 걸 왜 PP 형태로 쓰는 거예요? 보통 PP 는 '당한다, 받는다'로 해석하는데, 감정을 당한다고 해석하니 너무 어색해요. 감 정은 내가 느끼는 것 아닌가요?

바나나   감정은 내가 느끼는 것이지만, 감정을 느끼기까지 타인이나 주변 상황 등에 영향을 받기 때문이에요. 혼자 가만히 있는데 창피하거나, 놀라거나, 신나 는 감정을 느끼지는 않잖아요? 어떤 사건이나 상황, 분위기, 행동에 의해 '좌지우 지'되는 것이 감정이죠. 결국 사람은 외부 환경이나 타인에 의해서 감정을 '느끼 게 되니까' PP형을 씁니다.

반면 사물을 생각해봐요. 컵이 깜짝 놀라거나 휴대폰이 창피함을 느끼나요? 사 물은 감정을 느끼지 않아요. 그래서 사물에 감정동사를 쓸 때는 과거분사 PP형 을 쓰지 않습니다. 항상 현재분사 V-ing를 사용해서 감정을 주는 역할만 하죠.

2. 현재분사 V-ing vs 동명사 V-ing

짬뽕   쌤, 현재분사 V-ing와 동명사 V-ing는 똑같이 생겼는데 어떻게 구분 해요?

바나나   영어에는 똑같이 생긴 게 얼마나 많습니까! 하지만 문제없이 구분할 수 있는 비결은 항상 뭐다?

① 순서   ② 해석

영어에서는 이 두 가지가 가장 중요해요. 현재분사는 형용사이기 때문에 명사의 앞과 뒤 혹은 보어 자리에 오고, '~하는'이라고 해석합니다. 반면 동명사는 명사 로서 주어, 보어, 목적어, 전명구 자리에 쓰이고 '~하는 것'이라고 해석해요. 아래 예시로 둘의 차이를 살펴볼게요.

〔 동명사 〕

Eating breakfast **has many benefits.** 아침을 먹는 것에는 많은 장점이 있다.

→ 문장 제일 앞에 와서 S 역할을 하고 '~하는 것'으로 해석되니 확실하게 '동명사'로 보이죠?

〔 현재분사 〕

Look at the baby eating the ice cream! 아이스크림을 먹는 저 아기 좀 봐!

There are little puppies running around. 뛰어다니는 작은 강아지들이 있다.

→ 두 문장 모두 명사 baby와 puppies를 후치수식하고 '~하는'으로 해석되니 명백한 '현재분사'입니다.

3. 과거분사 PP vs 과거동사

바나나 '현재분사 vs 동명사'도 헷갈리지만 문법 문제에 정말 많이 나오는 건 '과거분사 vs 과거동사'예요.

[과거와 과거분사 형태가 같은 동사]

현재	과거	과거분사
find (찾다)	found	found
call (부르다)	called	called
spend (쓰다)	spent	spent
lose (잃다)	lost	lost

과거형과 과거분사의 형태가 똑같은 동사가 많아서 독해 실력이 부족하면 구분하기가 어려울 거예요. 이때는 보통 해석을 통해 구분하는데요, 아래 예시를 통

해 확인해봐요.

The people invited **to my party also** invited **me to their party.**

내 파티에 초대된 사람들은 나를 그들의 파티에 초대했다.

→ 첫 번째 invited는 과거분사로 '내 파티에 초대된'으로 해석하고, 두 번째 invited는 과거동사로 '초대했다'로 해석합니다.

A guy called **Terry** called **my name.** 테리라고 불리는 남자가 내 이름을 불렀다.

→ 첫 번째 called는 과거분사로 '불리는'으로 해석하고, 두 번째 called는 과거동사로 '불렀다'로 해석합니다.

🍌 분사의 준동사적 특징

바나나 분사 또한 준동사이기 때문에 동사적인 특징을 가집니다.

1. 동사적 의미를 가진다

→ falling(떨어지는) / fallen(떨어진)

2. 동사의 짝을 받는다

I am very satisfied **with your performance.** 난 네 연기에 매우 만족해.

There is a baby sleeping **in my room.** 내 방에 자는 아기가 있어.

3. 부정을 나타낼 수 있다

→ not V-ing(~하지 않는) / not PP(되지 않은)

짝짝짝!! 😊
짬뽕! 축하해요!
오늘이 몇 월 며칠이죠?

_____ 년
_____ 월 ____ 일요.
그런데 저 왜 축하받는 거죠?
(두근두근~! 😎)
(*여러분도 오늘 날짜를 쓰세요!)

바나나   후후, 오늘이 무슨 날인 줄 아십니까?

짬뽕   오늘요? 글쎄요… 쌤, 저 자꾸 기대하게 되는데요?

바나나   😊 오늘은 짬뽕과 이 책을 보는 학생들 대부분이 태어나서 처음으로!
문법책을 처음부터 끝까지 읽은 역사적인 날이에요! 꺅~! 😃

짬뽕   우와, 세상에! 바나나쌤, 오늘 진짜 중요한 날이잖아요! 감격스러워서
눈물이… 훌쩍! 😣

바나나   저도 마찬가지예요! 짬뽕과 여러분 모두 저와 함께하는 문법 공부 1달
중 절반의 여정을 잘 따라와줘서 너무너무 고마워요. 여러분은 이로써 '바나나
잉글리시' 문법책 1권을 마무리하게 되었답니다.

오늘까지 배운 내용은 영어 문법의 기초 중에서도 가장 중요한 기반이 되는 내용이에요. 이제 2권에서 배울 내용들은 여러분의 영문법 실력을 기초에서 중급으로 업그레이드해줄 거랍니다.

이 책을 꼼꼼히 읽은 친구들이라면 새로운 내용을 배우기도 하고, 영문법에 관한 궁금증을 해결하기도 했을 거예요. 혹시라도 책을 읽으며 궁금증이 생겼다면 www.artyandbanana.com을 방문해주세요. 책과 관련된 추가 자료를 얻을 수 있고, 질문할 수 있는 게시판도 마련되어 있어요. 그럼 오늘 수업 내용도 열심히 복습하고 2권에서 좀 더 심화된 내용으로 만나요. 15일 수업 마치느라 수고했고, 다음 시간에 또 바나나요!

오늘 배운 내용

▶ 분사의 뜻   ▶ 분사의 역할   ▶ 분사의 형태 & 해석

▶ 주의해야 할 분사   ▶ 분사의 준동사적 특징

분사의 뜻

분사는 한자로 '나눌 분(分), 말씀 사(詞)'를 써서 '나누어 쓰다', 즉 동사의 모양을 둘로 나누어 쓴다는 뜻이다. '동형사'로 불리기도 하며 현재분사(V-ing) 과거분사(PP) 두 가지로 나눈다.

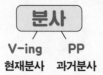

분사의 종류 & 역할

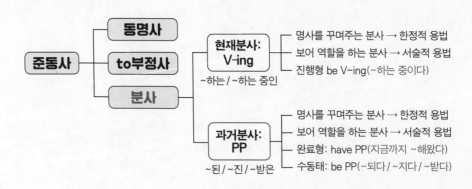

분사의 형태 & 해석

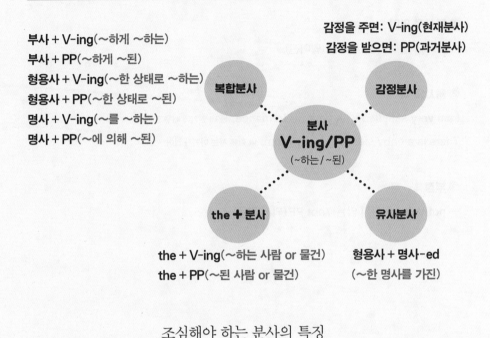

부사 + V-ing(~하게 ~하는)
부사 + PP(~하게 ~된)
형용사 + V-ing(~한 상태로 ~하는)
형용사 + PP(~한 상태로 ~된)
명사 + V-ing(~를 ~하는)
명사 + PP(~에 의해 ~된)

감정을 주면: V-ing(현재분사)
감정을 받으면: PP(과거분사)

복합분사

감정분사

분사
V-ing/PP
(~하는 / ~된)

the + 분사

유사분사

the + V-ing(~하는 사람 or 물건)
the + PP(~된 사람 or 물건)

형용사 + 명사-ed
(~한 명사를 가진)

조심해야 하는 분사의 특징

① 감정동사

감정동사를 분사화할 때 현재분사와 과거분사를 혼동하는 경우가 많다. 이것은 한국적 해석으로 인한 명백한 실수다. 분사가 수식하는 대상이 감정을 주는 것인지 받는 것인지 잘 구분한 다음, 감정을 주면 V-ing, 받으면 PP를 쓴다.

② 현재분사 vs 동명사

해석과 순서를 잘 살펴 문장에서 하는 역할이 형용사인지 명사인지 명확하게 구분한다. 형용사일 때는 현재분사로, 명사일 때는 동명사로 쓰인 것이다.

③ 과거분사 vs 과거동사

정확한 해석을 통해 문장에서 동사로 쓰이는지 형용사로 쓰이는지 구분한다. 동사로 쓰이면 과거동사이고, 명사를 수식하는 형용사로 쓰이면 과거분사이디.

분사의 준동사적 특징

① 동사적 의미

→ falling (떨어지는) / fallen (떨어진)

② 동사의 짝

I am very satisfied with your performance. 난 네 연기에 매우 만족해.

There is a baby sleeping in my room. 내 방에 자는 아기가 있어.

③ 부정

→ **not V-ing** (~하지 않는) / **not PP** (되지 않은)

1. 준동사와 관련하여 아래의 빈칸을 채우세요.

① 의미: _____의 모양을 살짝 바꿔 다른 품사(_____ / _____ / _____)로 활용하는 것

② 종류: to_____사, _____사, _____사

2. 다음 빈칸을 채우세요.

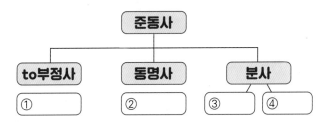

3. 다음 빈칸을 채우세요.

4. 다음 빈칸을 채우세요.

부사 + V-ing ①

부사 + PP ②

형용사 + V-ing ③

형용사 + PP ④

명사 + V-ing ⑤

명사 + PP ⑥

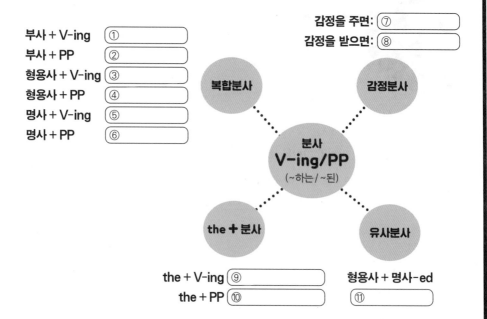

감정을 주면: ⑦

감정을 받으면: ⑧

복합분사

감정분사

분사
V-ing/PP
(~하는 / ~된)

the ✚ 분사

유사분사

the + V-ing ⑨

the + PP ⑩

형용사 + 명사-ed

⑪

5. 다음 빈칸을 채우세요.

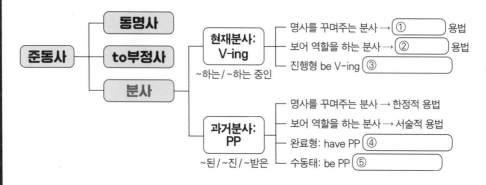

준동사

동명사

to부정사

분사

현재분사:
V-ing
~하는 / ~하는 중인

명사를 꾸며주는 분사 → ① ___ 용법

보어 역할을 하는 분사 → ② ___ 용법

진행형 be V-ing ③

과거분사:
PP
~된 / ~진 / ~받은

명사를 꾸며주는 분사 → 한정적 용법

보어 역할을 하는 분사 → 서술적 용법

완료형: have PP ④

수동태: be PP ⑤

6. 분사의 준동사적 특징에 관해 다음 빈칸을 채우세요.

① _____ 의미를 가진다.

② 동사의 _____을 받는다.

③ _____을 나타낼 수 있다.

7. 아래 문장을 바르게 해석하세요.

① The families of the dead and wounded will receive special care.

_____

② Here comes our newly-married couple!

_____

③ I heard that your boss is very hot-tempered.

_____

8. 오늘 배운 내용을 바탕으로 아래 문장을 영작하세요.

① 우리 아빠는 성격이 하도 불같아서 누구도 아빠에게 나쁜 소식을 말할 수가 없었다.

_____

② 우리 엄마는 그 소식을 듣고 충격을 받지도 놀라지도 않았어요.

_____

③ 그들은 착하고, 정직하고, 열심히 일하는 사람들이다.

_____

④ 그 영화는 정말로 실망스럽더군요.

_____

⑤ 그는 조금 창피한 듯 보였다.

_____

⑥ 프로젝트가 성공적이었다는 소식을 알게 되니 정말 만족스럽군요.

_____

9. 다음 중 분사가 아닌 것을 고르세요.(복수 정답)

① Tell me one thing at a time. You're confusing me!

② I found it all very confusing.

③ His explanation was too confusing.

④ I am in a confused state of mind.

⑤ They confused me by asking a lot of questions with a rush.

※ 정답은 p.508을 참고하세요.

오늘의 명언 about '행동'!

"The worst people to serve are the poor people. Give them free, they think it's a trap. Tell them it's a small investment, they'll say can't earn much. Tell them to come in big, they'll say no money. Tell them try new things, they'll say no experience. Tell them it's traditional business, they'll say hard to do. Tell them it's a new business model, they'll say it's MLM. Tell them to run a shop, they'll say no freedom. Tell them run new business, they'll say no expertise. They do have somethings in common: They love to ask google, listen to friends who are as hopeless as them, they think more than an university professor and do less than a blind man.

Just ask them, what can they do. They won't be able to answer you. My conclusion: Instead of your heart beats faster, why not you just act faster a bit; instead of just thinking about it, why not do something about it. Poor people fail because of one common behaviour: Their Whole Life is About Waiting."

"가장 돕기 힘든 이가 가난한 자들이다. 그들은 자유를 주면 함정이라고 이야기하고, 작은 사업에 대해 이야기하면 돈을 벌지 못한다고 하고, 큰 사업에 대해 말하면 돈이 없다고 하고, 새로운 것을 시도하라고 하면 경험이 없다고 한다. 전통적인 사업은 이제 어렵다고 하고, 새로운 비즈니스 모델은 다단계라고 한다. 상점을 운영하라고 하면 자유가 없다고 하고, 새로운 사업은 전문 지식이 없다고 한다.

그들이 가진 공통점이 하나 있다. 포털사이트에서 검색하기를 좋아하고, 자기만큼 미래가 없는 친구의 이야기에 귀를 기울인다. 대학교수보다 더 많이 고민하고, 장님보다 더 적게 움직인다. 그들에게 물어보라. 그들이 무엇을 할 수 있는지. 아마 대답하지 못할 것이다.

나의 결론은 이렇다. 마음만 급하게 먹는 대신에 조금 더 빠르게 행동하는 건 어떤가? 왜 행동하지 않는가? 가난한 사람들은 한 가지 공통된 행동 때문에 실패한다. 그들의 인생은 기다림이 전부다."

— Ma Yun

* serve(돕다/대하다) / trap(속임수) / investment(투자) / traditional(전통적인) / MLM(Multi-level marketing)(다단계) / run(운영하다) / freedom(자유) / expertise(전문 지식) / have something in common(공통점을 가지고 있다) / hopeless(미래/가망이 없는) / blind(장님의) / conclusion(결론) / instead of(~하는 대신에) / behavior(행동) / whole(전체의)

바나나쌤의 한마디!

위의 지문은 중국 최대 전자 상거래 업체인 '알리바바'의 창업자 마윈이 한 말이에요. 무언가를 시작하기 전에 "이건 이래서, 저건 저래서 안 될 거야!"라며 매사에 부정적인 태도로 시도조차 하지 않는 행동을 따끔하게 지적하는 부분이 제게는 인상 깊게 남았습니다.

우리는 실패하는 것을 두려워할 게 아니라, 아무것도 하지 않는 것을 두려워해야 합니다. "너무 늦었어. 이미 틀렸어."라고 말하려면 차라리 "뭔가를 시작하기엔 너무 귀찮아."라고 하세요. 그 편이 조금 더 솔직하니까요. 지금 이 책을 펼친 여러분은 이미 영어 공부를 실천으로 옮긴, 행동하는 사람입니다.

퀴즈 정답!

매일매일 15일간 열심히 공부한 내용을 바탕으로
퀴즈도 꼼꼼하게 풀어봤죠?
정답을 맞춰보면서 다시 한번 복습해봐요

DAY 2   085

[1형식]
① Ghosts exist.
② Everybody dies. / All men die.
③ This machine works.

[2형식]
① I am cute. / I am adorable.
② We are high school students.
③ You will be a successful singer. /
   You will make a successful singer.

[3형식]
① Arty misses Banana.
② I met Banana.

[4형식]
① He gave me a dollar. / He gave me one dollar.
   / He gave me $1.
② Banana teaches me English.

[5형식]
① He makes me happy.
② My mom calls me a princess.

DAY 3   110

① I sat here yesterday.
② He became lonely. / He got lonely.
③ She bought a bag.
④ I will give you my heart. /
   I will give all my love to you.
⑤ I will make him happy.

DAY 4   140

1. 사람 / 사물 / 물질 / 개념 / 현상 등 지구상에 존재하는 모든 것의 이름

2. 일반명사(보통명사) / 집합명사 / 물질명사 / 고유명사 / 추상명사

3. ① 주어: 행위의 주체
   ② 타동사의 목적어: 3 · 4 · 5형식 타동사의 목적어
   ③ 전치사의 목적어: 전명구를 만드는 전치사의 짝
   ④ 주격보어(SC): 주어를 보충 설명하는 명사 보어
   ⑤ 목적격보어(OC): 목적어를 보충 설명하는 명사 보어
   ⑥ 동격: 앞에 나온 명사 뒤에 붙여서 같은 의미를 추가해주는 명사

4. ① a / an   ② the   ③ s / es

5. ① a   ② an   ③ the   ④ 동사원형

6. ② apples   ⑤ cookies

7. ① an arm   arms
   ② a key   keys
   ③ an idea   ideas
   ④ an ox   oxen
   ⑤ a bee   bees

8. ① I have a money.
   → I have money.
   ② There are many fishes.
   → There are many fish.
   ③ I drink milks every morning.
   → I drink milk every morning.
   ④ Arty made chicken curry for the lunch.
   → Arty made chicken curry for lunch.
   ⑤ I go to a bed at 11 pm.
   → I go to bed at 11 pm.
   ⑥ He gave me an advice for my business.
   → He gave me a piece of advice for my business.
   ⑦ I am having hard time.
   → I am having a hard time.

9. ① an   ② an   ③ a   ④ an   ⑤ the
   ⑥ an   ⑦ a

10. ① the window   ② my best regards(wishes)

1. 사람, 사물, 장소의 이름을 대신하여 가리키는 말

2. ① 인칭대명사: I / you / we / he / she /
they / it / me / us / him / her / them…
② 재귀대명사: myself / ourselves / yourself /
yourselves / herself / himself / itself /
themselves
③ 지시대명사: this / these / that / those
④ 부정대명사: one / all / some / any /
each / both / other / another / either /
neither / none

3. ① 성별을 알기 힘든 아기 혹은 동물(강아지 / 고양
이) 등을 대신하는 경우
ex) How old is it?
② 얼굴이 보이지 않아 누구인지 모르는 경우(문밖
/ 전화상)
ex) Who is it?
③ 나 기억 안 나? 나 ○○야.
ex) Don't you remember me? It's Arty!
④ 사물을 대신 받는 경우
ex) I will take it.
④ You are not sure.
⑤ 앞에 나온 특정 단수단어를 대신해서 쓰는 경우
ex) A: Your dress is so pretty.
B: I can give it to you.
⑥ 상황을 대신 받는 경우(시간 / 요일 / 특정한 날
/ 계절 / 날씨 / 하늘색 / 온도 / 거리)
ex) It's sunny today.

4. 주어 / 목적어 / 보어 / 전명구(명사가 쓰일 수 있
는 곳이라면 대명사도 모두 쓰일 수 있다)

5. ① I am looking at me in the mirror. I see one
sad girl. I want to hug her. → myself
② Each of us have a personal calling from
God. → has

③ He think that he is somebody. → thinks
④ Nobody like you. → likes
⑤ Everyone miss Kimchi except Arty and me.
→ misses

6. (1) ② other   (2) ③ others

7. ① (날씨) 오늘 날씨가 너무 좋다.
② (온도) 오늘 너무 춥다.
③ (특정한 날) 오늘 우리 기념일이야, 자기야!
④ (요일) 오늘 금요일이다! 오늘밤 파티하자!
⑤ (시간) 벌써 5시네?
⑥ (계절) 이제 여름이야!

8. ① That / this ② those
③ those

9. ① him   ② her, She   ③ her, him

10. ① Either   ② neither   ③ none
④ no one   ⑤ nothing

1. 한 문장에서 주어의 1) 움직임 2) 상태/성질 등을
서술하는 말

2. ① be / am / are / is / was / were / been
② be동사와 조동사를 제외한 모든 동사들
③ S + be동사 + not
④ S + 조동사 not + V
⑤ be동사 + S ?
⑥ 조동사 + S + V ?

3. ① am   ② was   ③ are
④ were   ⑤ is   ⑥ was
⑦ are   ⑧ were

4. (1) be동사
[성격]
① 겸손하다   ② 긍정적이다
[특징]
① 의문문을 만들 때 직접 문장 맨 앞으로 나간다.
(Are you okay?)
② 부정문을 만들 때 not을 뒤로 보낸다.
(You are not sick.)

(2) 일반동사
[성격]

① 게으르다 ② 떠민다
[특징]
① 의문문을 만들 때 조동사를 문장 앞으로 대신 보낸다.(**Do you want to build a snowman?**)
② 부정문을 만들 때 **not**을 조동사에게 떠민다.
(**I don't like studying!**)

5. ① missed ② has been ③ had
④ stay ⑤ hope

6. ① Does she like your gift?
② Do they play basketball?
③ Am I your girlfriend?
④ Are you sure?
⑤ Is he in the room?

7. ① She doesn't like your gift.
② They don't play basketball.
③ I am not your girlfriend.
④ You are not sure.
⑤ He isn't in the room.

8. ① I'm ② I ain't
(원래는 잘 줄여 쓰지 않는다. **I ain't** 로 줄여 쓰면 슬랭처럼 여겨진다)
③ You're ④ You aren't
⑤ He's ⑥ He isn't
⑦ It's ⑧ It isn't
⑨ Arty's ⑩ Arty isn't
⑪ We're ⑫ We aren't
⑬ They're ⑭ They aren't

9. ① comes ② teaches
③ goes ④ mixes
⑤ cries ⑥ studies
⑦ says ⑧ enjoys

10. ① cost cost
② met met
③ spent spent
④ came come
⑤ ran run
⑥ saw seen
⑦ wrote written

1. 명사를 수식하는 말로 명사의 상태나 특징을 설명하는 단어

2. ① 주격보어
② 목적격보어
③ 전
④ 짧은 형용사
⑤ 형용사구 '–(하이픈)' 연결
⑥ 후
⑦ –thing / –body / –one / –where로 끝나는 특정 명사 수식
⑧ 두 단어 이상의 형용사구

3. ① main / only / total / major / former / latter / inner / outer / indoor / outdoor / golden / drunken / international / national / medical / public / criminal
② alive / alone / alike / asleep / awake / aware / afraid / ready / certain / glad / fond / ignorant / sorry

4. ① a / an / the
② my / your / his / their / Renee's
③ this / that / these / those
④ many / much / some / any / a lot / a few / a little
⑤ Korean / French / American
⑥ all / every / other / another / any / either / neither / many / no
⑦ pretty / arrogant / bright / tall
⑧ interesting / exciting / moving / dancing
⑨ whose / which / what
⑩ which / what

5.

Dear mom,
Hi, mom. How have you been? I just started to attend school and am very happy.
Right now I am in a big American city, Tampa, Florida. I rent a very cozy, humble apartment.
It is an old place with brown wooden floor.
I have two roommates so I don't feel lonely.

One of them is Val. She is very beautiful and thoughtful.
The other one is Silvia. She loves playing video games with violence and doesn't really come out of her room. I think she is not very talkative as well. We will see if we can get along well.
I miss you.
Your daughter, Renee.

6. ① His both parents are from Singapore.
   → Both of his
   ② He looks really nicely and friendly, but he is seriously jealous of me. → nice
   ③ The next presidential election in South Korea is due in fifth years. → five
   ④ You are not allowed to carry some pistols in this country. → any
   ⑤ I got any food for you. → some

 DAY 8 273

1. 문장에서 감초 같은 역할로 쓰여 문장의 의미를 더 풍부하게 해주고 주로 시간, 장소, 방법 등을 나타냄

2.
① 빈도부사	always, usually, frequently, often, sometimes, seldom, never
② 정도부사	very, so, a lot, quite, terribly, awfully, badly
③ 양태부사	beautifully, terribly, awfully, elegantly, quickly
④ 장소부사	here, there, home, forward, backward, upward, downward
⑤ 시간부사	today, tomorrow, currently, recently, lately, early, late
⑥ 의문부사	when, where, why, how
⑦ 관계부사	when, where, why, how
⑧ 지시부사	this, that
⑨ 접속부사	therefore, thus, however, nevertheless, moreover, likewise, similarly

3. ① always ② usually ③ frequently ④ often ⑤ sometimes ⑥ occasionally ⑦ rarely ⑧ seldom ⑨ hardly ever ⑩ never

4. [순서]
   ① 장 → 방 → 시 혹은 방 → 장 → 시를 지켜주지만 비교적 자유로움
   ② 짧은 것부터 긴 순서로 쓰고, 본인이 중요하다고 생각하는 순서로 써도 됨
   [위치]
   ① 형용사 앞: 부사는 형용사를 수식하는 용도로 형용사 앞에 자주 쓰임
   ② 다른 부사 앞: 부사는 다른 부사를 수식하는 용도로 다른 부사 앞에 자주 쓰임
   ③ 동사 뒤 / 문장의 맨 뒤: 동사나 문장 전체를 수식할 때는 뒤에서 후치수식함
   ④ 문장의 맨 앞: 문장 전체를 수식할 때는 문장의 맨 앞에 오기도 함

5. 비뒤-조뒤-일동앞

 DAY 9 300

1. 전치사+명사류='전명구'이고, 이 안에서 명사를 꾸미는 역할을 하면 형용사구, 부사처럼 주로 시간, 장소, 원인, 수단으로 쓰이는 경우에는 부사구라고 함

2. ① 명사, 전명 ② 전치사, 동사

3. ① 명사를 꾸며주는 역할
   ② 부사처럼 주로 시간, 장소, 원인, 수단

4. ① 대명사 ② 동명사 ③ 명사절

5. ② reflection 6. ④ among 7. ③ him

8. ① by / through ② for ③ since ④ for ⑤ in ⑥ in ⑦ at

9. in 10. at

1. ① 연결고리 / 접착제
② 단어–단어, 구–구, 절–절

2. ① 대등, and / or / but / nor / so / for / yet
② 주절, 종속절
a. S / C / O, 전명구, 동격
b. 원인, 양보, 대조, 조건
c. 관계대명사, 관계부사

3. ① and　　② or　　③ but
④ only　　⑤ but also　　⑥ both
⑦ either　　⑧ neither　　⑨ but

4. ① but　　② and　　③ Either
④ neither　　⑤ When　　⑥ as
⑦ as　　⑧ since

5.

for	and not
and	because
nor	but
but	therefore
or	either
yet	in addition to
so	however

1. 현재　　현재진행
현재완료　　현재완료진행
과거　　과거진행
과거완료　　과거완료진행
미래　　미래진행
미래완료　　미래완료진행

2.

과거	단순시제	I did it.
	진행시제	I was doing it.
	완료시제	I had done it.
	완료진행시제	I had been doing it.

현재	단순시제	I do it.
	진행시제	I am doing it.
	완료시제	I have done it.
	완료진행시제	I have been doing it.

미래	단순시제	I will do it.
	진행시제	I will be doing it.
	완료시제	I will have done it.
	완료진행시제	I will have been doing it.

3. ① years before　　② days before
③ until then　　④ till S+V
⑤ since 시점　　⑥ for 기간
⑦ until now　　⑧ just
⑨ by then　　⑩ by 시간
⑪ by 연도　　⑫ used to / would V
⑬ 상태　　⑭ 동작
⑮ 왕래발착　　⑯ about
⑰ go / come / arrive / depart / leave / drive / start / travel / fly

4. ① 나는 아침을 먹는다.(아침 식사를 하는 사람이란 뜻)
② 나는 아침을 먹고 있다.(바로 지금 먹고 있다는 뜻)
③ 아기는 늘상 울기 마련이다.(아기라는 대상의 특징을 일반적으로 묶어서 하는 말)
④ 아기들이 배가 고파서 울고 있다.(바로 지금 울고 있는 아기들을 이야기함)
⑤ 나는 영어를 가르치는 사람이다.(직업을 나타낼 수 있음)
⑥ 나는 지금 2반에서 영어를 가르치고 있다.(당장의 행동을 설명함)
⑦ 너는 귀엽다.(상태동사가 현재형으로 쓰이면 있는 그대로 해석하면 됨)
⑧ 너 지금 까불고 있네.(상태동사는 현재진행형으로 잘 쓰지 않는데, 이렇게 쓰는 경우에는 다른 의미를 가지는 경우가 많다)

5. ① We ~~have livod~~ in the same apartment in 2019.
→ We lived in the same apartment in 2019.

② I used to **working** for insurance company.
→ I used to work for insurance company.
③ I will call you after I **will finish** my homework!
→ I will call you after I finish my homework!
④ I **am loving** you so much!
→ I love you so much!
⑤ **Did you go to** Europe?
→ Have you been to Europe?
⑥ I **studied** English since I was 17.
→ I have studied English since I was 17.
⑦ I **am soon cry.**
→ I am about to cry.
⑧ **It's been** a hectic day tomorrow.
→ It will be a hectic day tomorrow.

6. ① 완료　② 계속　③ 경험　④ 결과

7. ① He **will have forgotten** me by then.
② I **am leaving!**
③ **Money** comes and goes.

8. ① If a typhoon comes tomorrow, I won't go to school.
② If I were you, I would break up with him.
③ It's better to have loved and lost than never to have loved at all.

9. ② selected　③ was　④ was guarded

10. ① Jane and Clint have been seeing each other for a year now.
② No arrests have been made.
③ He has been taking advantage of me.

 **DAY 12**　　　　418

1. ① 동사원형　② 도울　③ 매니저

2. ① do / have / be
② can / could / may / might / must / ought to / shall / should / will / would

3. ① 인칭　② 시제　③ 부정어　④ 의문문

4. ① 인칭　② 시제　③ 부정어
④ 의문　⑤ 의미
⑥ ~일 리가 없다
⑦ ~할 수 있었을 텐데
⑧ ~했을지도 모른다
⑨ ~했더라면 ~했을 텐데
⑩ ~했음에 틀림없다
⑪ ~했어야 했는데(안 했다)
⑫ ~하는 것이 좋을 거다

5. ① respect　② would
③ don't　④ had better
⑤ be able to　⑥ Can
⑦ couldn't　⑧ May
⑨ might　⑩ should
⑪ must　⑫ must have
⑬ should　⑭ must not
⑮ don't have to　⑯ have to
⑰ must not

6. ① would　② will
③ would　④ Would

7. ① am going to　② am going to
③ will

8. ① 회사에선 나를 '아빠'라고 부르지 말아야 해.
② 회사에선 나를 '아빠'라고 부르면 안 된다.
* shouldn't를 쓰면 '~하지 말아야 해'라고 가볍게 하는 말이지만, should not을 쓰면 훨씬 더 진지하고 무게감 있는 표현으로 '~하면 안 된다'라고 경고하는 말로 받아들일 수 있다.
③ 지금은 일을 그만둬서는 안 돼.
④ 지금 일을 그만두는 건 불가능한 일이야.
* can't와 cannot은 거의 비슷하게 쓰이지만 can not으로 띄어 쓰면 의미가 조금 달라진다. "You can't quit ~"이 타이르는 말이라면 "You can not quit~"은 딱 잘라서 하는 말이다.

9.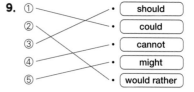

1. ① 동사, 명사 / 형용사 / 부사
   ② 부정, 동명, 분

2. ① to V   ② V-ing   ③ V-ing   ④ PP

3. ① -ing
   ② 동사
   ③ 주어(S) / 보어(C) / 목적어(O) / 전명구

4. ① 소유격 + V-ing   ② being PP
   ③ not   ④ never
   ⑤ having PP

5. 본문을 보며 여러분이 쓴 문장 형식이 맞는지 확인해
   보세요. 여러분이 쓴 게 정답입니다!

6. ① Thank you for help me in many ways.
   → Thank you for helping me in many ways.
   ② Work with you has been so much fun.
   → Working with you has been so much fun.
   ③ I like spend time with you.
   → I like spending time with you.
   ④ I cannot help to laugh!
   → I cannot help laughing!
   ⑤ Arty farted without apologize.
   → Arty farted without apologizing.

7. (1) ③ being
   (2) ④ to seeing

8. ① to lock   ② to call   ③ working
   ④ saying   ⑤ going

9. ③ Walking tall, my ex-boyfriend walked right
   past me.

10. ① Speaking in English is not easy.
    ② Arty's favorite activity is cuddling.
    ③ We postponed returning to America.
    ④ Let's go for shopping after lunch.
    ⑤ I don't recommend using a smartphone
      before going to bed.

1. ① 동사, 명사 / 형용사 / 부사
   ② 부정, 동명, 분

2. ① to V   ② V-ing   ③ V-ing   ④ PP

3. 만능 엔터테이너

4. 아닐, 정할, 말씀
   명사 / 형용사 / 부사

5. ① V(~하는 것)   ② to be PP
   ③ not   ④ never
   ⑤ to have PP   ⑥ to be V-ing

6. ① 동사적   ② 짝
   ③ 시제   ④ 부정
   ⑤ 수동   ⑥ for, of

7. 본문을 보며 여러분이 쓴 문장 형식이 맞는지 확인해
   보세요. 여러분이 쓴 게 정답입니다!

8. ① It is very nice for you to introduce him.
   → It is very nice of you to introduce him.
   ② It's too expensive buying.
   → It's too expensive to buy.
   ③ Do you have some money lending me?
   → Do you have some money to lend me?
   ④ To go any further is unnecessary.
   → It is unnecessary to go any further.

9. ① to be   ② to make
   ③ to ride   ④ to download

10. [remember]
    ① 아티는 차를 잠가야 하는 것을 기억하고 있다.
    ② 아티는 차를 잠근 것을 기억하고 있다.
    ③ 아티는 그의 엄마에게 전화해야 하는 것을 기억
      하고 있었다.
    ④ 아티는 그의 엄마에게 전화한 것을 기억하고 있
      었다.

    [forget]
    ⑤ 아티는 문을 잠그는 것을 깜빡했다.

⑥ 아티는 작년에 너를 만난 것을 까먹었다.

〔 stop 〕
⑦ 아티는 청중들이 무슨 생각을 하고 있는지 묻기 위해 슬라이드 쇼를 멈추었다.
⑧ 새로운 집을 살 계획이기 때문에 아티는 바나나에게 비싼 선물을 사 주는 것을 멈췄다.

〔 try 〕
⑨ 내 컴퓨터가 고장 나서 아티가 컴퓨터를 껐다 켜는 시도를 했다.
⑩ 아티는 매일 한국어를 하려고 노력한다.

11. ① to eat   ② writing
③ playing   ④ to control
⑤ to see

12. ① He bought some flowers to give to his girlfriend. → 부사적 용법
② It is wonderful to have trustworthy friends.
   → 명사적 용법
③ Arty double-checked the spelling of his name to avoid any mistakes. → 부사적 용법
④ I beg to differ with you. → 명사적 용법
⑤ I have some dresses to wash.
   → 형용사적 용법

13. ① Summer vacation is the best time to travel.
② I like to keep a diary every day.
③ I want to study with my friends because it helps me stay more motivated.
④ Kids tend to cry when they can't find their mother.

 DAY 15   **495**

1. ① 동사, 명사 / 형용사 / 부사
② 부정, 동명, 분

2. ① to V   ② V-ing
③ V-ing   ④ PP

3. ① V-ing   ② PP

---

4. ① ~하게 ~하는   ② ~하게 ~된
③ ~한 상태로 ~하는   ④ ~한 상태로 ~된
⑤ ~를 ~하는   ⑥ ~에 의해 ~된
⑦ V-ing (현재분사)   ⑧ PP (과거분사)
⑨ ~하는 사람 or 물건   ⑩ ~된 사람 or 물건
⑪ ~한 명사를 가진

5. ① 한정적   ② 서술적
③ ~하는 중이다   ④ 지금까지 ~해왔다
⑤ -되사 / -지다 / -받다

6. ① 동사적   ② 짝   ③ 부정

7. ① 사상자(죽은 자들과 다친 자들)의 가족은 특별한 보살핌을 받을 것입니다.
② 저기 신랑 신부가 오는군요!
③ 듣기로, 당신 보스가 욱하는 성질이라고 하더군요.

8. ① My dad was so hot-tempered that no one could tell him any bad news.
② My mom was neither shocked nor surprised by the news.
③ They are good, honest, hard-working people.
④ The film was terribly disappointing.
⑤ He looked a bit embarrassed.
⑥ It is very satisfying to know that the project was a success.

9. ① Tell me one thing at a time. You're confusing me!
⑤ They confused me by asking a lot of questions with a rush.